YO SOY EL LOCO

BIOGRAFÍA AUTORIZADA DE RENÉ HOUSEMAN

FEDERICO TOPET - PABLO WILDAU

YO SOY EL LOCO / FEDERICO TOPET - PABLO WILDAU - Segunda edición
LIBROFUTBOL.com, 2022.

264 páginas; 15,2 x 22,9 cm.

ISBN 978-987-8943-01-5

1. Fútbol.
CDD 796.33409

YO SOY EL LOCO
FEDERICO TOPET - PABLO WILDAU

Cubierta: Luciano Medvetkin

Foto del autor:
© FEDERICO TOPET - PABLO WILDAU

ISBN 978-987-8943-01-5

Segunda edición: agosto 2022

ediciones@librofutbol.com
+54 9 11 2215 1982
librofutbol

Av. del Libertador 6898 – Ciudad de Buenos Aires – Argentina

ÍNDICE

PRÓLOGO 9

INTRODUCCIÓN 11

I

LA PROMESA

CAPÍTULO 1
El Cerdo de La Banda 13

CAPÍTULO 2
Bienvenido a la jungla 21

CAPÍTULO 3
Paredón y después 27

CAPÍTULO 4
Transición e incertidumbre 33

CAPÍTULO 5
Se viene el estallido 37

CAPÍTULO 6
Festival rojo y negro 43

II
LA EXPLOSIÓN

CAPÍTULO 7
El debut soñado 51

CAPÍTULO 8
Génesis de un equipo fantástico 55

CAPÍTULO 9
Ver al Globo y después... 61

CAPÍTULO 10
Salto a la libertad 69

CAPÍTULO 11
Cerca del Pacífico 75

CAPÍTULO 12
La estrella mundial 79

CAPÍTULO 13
Realidad nacional 85

CAPÍTULO 14
Terror al Fifí 89

CAPÍTULO 15
Más grande que Pelé 93

CAPÍTULO 16
Indiscutido en la selección 101

CAPÍTULO 17
Entre River y Boca 107

CAPÍTULO 18
La antesala de la felicidad 113

CAPÍTULO 19
25 millones de argentinos ... 119

III
LA CAÍDA

CAPÍTULO 20
Globo querido ... 125
Metropolitano 1978 ... 126
Nacional 1978 ... 127
Metropolitano 1979 ... 127
Nacional 1979 ... 128

CAPÍTULO 21
La ruta del adiós ... 131

CAPÍTULO 22
Demasiada presión ... 137

CAPÍTULO 23
Loco y Millonario ... 145

CAPÍTULO 24
Volver ... 151

CAPÍTULO 25
Su última locura ... 157

CAPÍTULO 26
Lejos de todo ... 161

CAPÍTULO 27
Una cuenta pendiente ... 165

CAPÍTULO 28
Atrapado en libertad ... 171

CAPÍTULO 29

Un grito en la oscuridad 177

CAPÍTULO 30
Punto final 183

IV
LA ESPERANZA

CAPÍTULO 31
Verde pasión 187

CAPÍTULO 32
Quemero hasta la muerte 193

CAPÍTULO 33
El Gordo y la Nena 201

CAPÍTULO 34
Lulú 209

CAPÍTULO 35
Cacho 215

CAPÍTULO 36
La Ema y el Cholo 221

CAPÍTULO 37
Olga 227

CAPÍTULO 38
Houseman por Houseman 235

CAPÍTULO 39
Anecdotario 247

CAPÍTULO 40
Todas sus estadísticas 259

SOBRE LOS AUTORES 263

De Federico Topet

A mi esposa Julieta, por el amor de todos los días.
A mis hijas Micaela y Malena, por la dulzura eterna.
A Tato, por compartir mi pasión por Excursio.
A Lionel Messi, por jugar al fútbol.
Y a mi papá Héctor, por enseñarme cada día que la lucha nunca se abandona.

De Pablo Wildau

A Romina, por haber soñado (y seguir haciéndolo).
A Ari y Sabri, por haber llegado.
A Fredo, mi papá, por su apoyo, siempre incondicional.
A Inés, Pupi, Jorge, Débora y Matías, por estar tan cerca (a pesar de la distancia) y haberme señalado el camino.
A la memoria de Moisés, que cuando yo era chico me decía que en el fútbol "está todo arreglado" (y pensar que nunca quise creerle...).
A mis abuelos, porque sé que se hubieran sentido orgullosos.

De Federico Topet y Pablo Wildau

Al hombre sin el cual nada de esto existiría: René Orlando Houseman

Este libro pudo ser publicado con base en las entrevistas, recopilación y redacción que a los autores les demandó un año de trabajo, así como también gracias a muchas personas que aceptaron colaborar gustosamente en la entrega de testimonios. Este último grupo de gente se encuentra conformado por exfutbolistas y dirigentes; por compañeros y amigos del protagonista de esta historia; por los integrantes de su Houseman; y por todos aquellos que desinteresadamente prestaron su apoyo para que el proyecto pudiera cristalizarse. A todos ellos vaya nuestro afectuoso agradecimiento:

Carlos Walter Houseman, Héctor Eduardo Houseman, Ema del Valle Houseman, Carlos Pécora, Diego Houseman, Jésica Houseman, Olga Soto Báez, Gabriel Noto, Héctor Cuitiño, Tomás Simere, Mario Fortunato, Jorge Sanabria, Miguel Ronci, Rodolfo Chitti, Eduardo Deluca, Juan José Salegas, Buffet del Club Excursionistas, Perla Otalora, Oscar Meles, Vicente Bonavena, Carlos Babington, Juan José Zanola, familia Di Nome, Raúl Seguí, Ariel Prat, Ariel Minimal, Guillermo Villanueva, Julio Boccalatte, Marcos González Cézer.

Además, nuestra especial mención a los integrantes del CIHF (Centro para la Investigación y la Historia del Fútbol).

En un párrafo aparte, un invalorable agradecimiento al autor del prólogo, Horacio Pagani, y al del epílogo, Néstor Vicente, por su excelente predisposición, paciencia y generosidad.

Por último, los autores deseamos darle las gracias al artífice, impulsor fundamental de esta obra y fuente máxima de nuestra inspiración: René Orlando Houseman.

PRÓLOGO

Se le podía decir "atorrante" o "villero" o "inconsciente" para explicar su forma de jugar al fútbol con la picardía que se adquiere en la calle, en la miseria de la comida escasa y las noches largas. De todas las maneras se lo podía definir a René, un jugador excepcional, un puntero de habilidad y desborde, de gambeta y freno, de diagonal y gol, para identificarlo con su origen. Pero, esencialmente, había una razón que lo justificaba (y lo condenaba): su afán por la libertad. Quería ser libre el Loco. Tan libre como un pájaro. Para jugar sin ataduras, sin complejos, sin condicionamientos. Claro, para lograrlo tenía que afectar las reglas de la convivencia, de los buenos modales, del respeto por los otros. Y hasta el respeto por él mismo, por el ciudadano Houseman. Su paso fue fulminante. De Defensores a un Huracán campeón. El viejo Huracán, repleto de glorias pasadas, remozado por una idea futbolera de estilo y compromiso que le impuso César Menotti en 1973; que tenía incluidas las libertades para los creadores; y que de un salto pasó a la selección que conducía Enrique Sívori y que empleaba otros rigores. Apenas había cumplido los 20 años. No pudo René aguantar el encierro de una larga concentración y se escapó para volver a la villa del Bajo Belgrano con sus amigos, los vagos de siempre. Lo entrevisté aquella vez para una nota en El Gráfico y mostró la cara de la sinceridad, la única que tenía, a fin de cuentas. Sabía de la falta, pero no podía arrepentirse aunque lo intentara. La plata no le interesaba, dijo. No podía pensar –no debía, al cabo– que algún día pagaría las consecuencias ante tanta desaprensión. Le pregunté qué opinaba de los compañeros que se habían quedado en el predio de Luz y Fuerza y contestó sin afectación. "Ellos están podridos del encierro, pero piensan en el porvenir". "¿Y vos?". "Yo también, pero prefiero ser libre". Y por eso jugaba como jugaba, sin pensar en la condena que seguiría. Igual fue al Mundial de Alemania 74 y fue campeón del mundo en el 78. Claro, su carrera, su esplendor, fueron breves, pero ocurrieron. Quiso ser libre y nunca se traicionó. Por eso resultó tan rica su historia. Y fue excelente la idea de Pablo Wildau y Federico Topet de desgranarla desde el rigor y la admiración. Porque René el Loco Houseman dejó una estela en el fútbol argentino. Y valía la pena un relato como este, cubierto de datos y de emociones.

Horacio Pagani

INTRODUCCIÓN

René fue un libro, y un libro merece ser René. René Orlando fue un manual y este es un indispensable reconocimiento, vital, por esa ofrenda que supo regalarle al más bello de los juegos. René Orlando Houseman son tres nombres propios: palabras mayores. Houseman fue también barrilete cósmico, con permiso de Víctor Hugo, porque remontó la ilusión de quienes amamos la belleza y la impronta del fútbol en su expresión esencial: la de jugar.

René nos emocionó. Y junto con él surcábamos los extremos del verde césped para desbordar de alegría. René fue una semilla que germinó libre, como y cuando quiso. Su juego fue circo: malabarista, payaso y magia. Por eso resultaba impostergable reconstruir su historia. Y hacerlo con la misma maestría con la que él delineó sus gloriosas páginas como futbolista. Con estos finos trazos, los autores pintaron el cuadro de este ser que sigue siendo un culto a la humildad y la sencillez. Houseman se mareó con muchas cosas, pero nunca con la fama. Y sigue siendo ese hombre íntegro, primitivo, desinteresado, adorable y enternecedor que en aquellas tardes domingueras, con sus eternas gambetas, nos encendió de luz el corazón para convertirse, por siempre, en leyenda.

Alejandro Magaldi

I
LA PROMESA

CAPÍTULO 1

EL CERDO DE LA BANDA

El modesto caserón del barrio Los Lagos se alborotó el 19 de julio de 1953. Aquella mañana invernal, en el hospital municipal de La Banda, Elba Lediz Mores trajo al mundo al último de sus vástagos. Junto con su marido, Walter Máximo Houseman, llamaron al niño René Orlando. El matrimonio tuvo en total seis hijos, dos de los cuales murieron a muy corta edad. De René, el benjamín, no puede decirse que naciera con un pan bajo el brazo, pues la pobreza de la familia era extrema. Sí habían tenido épocas de mayor prosperidad, sin embargo, cuando la desgracia llamó a su puerta, se instaló para quedarse por mucho tiempo.

Ningún integrante del clan familiar imaginó entonces que ese diminuto ser que acababa de ver la luz y que en los brazos de su madre gritaba desde un destartalado catre sería famoso menos de dos décadas más tarde.

Los Lagos era uno de los rincones más humildes de La Banda, segunda ciudad de Santiago del Estero, que en los años c50 contaba con 60 000 pobladores. En esa localidad nació Elba, la madre de René, el 25 de mayo de 1920. Hija de Pedro Álvarez –un descendiente de españoles– y de Serafina Mores –una indígena cuyos ancestros llevaban varias generaciones en la provincia–, Elba fue bautizada con el apellido materno. Su padre, si bien la aceptó como hija, nunca llegó a reconocerla por la vía legal, al igual que a sus otros hermanos.

Elba viajó a Buenos Aires a los 18 años. Recaló en un inquilinato de la calle Conde 1250, del barrio de Colegiales. Allí fue recibida por su hermana Emilia, quien la había antecedido en el viaje y ya contaba con un trabajo en la capital. La joven santiagueña no demoró en conseguir empleo de mucama con cama adentro.

Tampoco tuvo que esperar demasiado para conocer al hombre con el cual se casó a los 22 años. Se llamaba Walter Máximo Houseman y vivía a pocas cuadras de la pensión, en Zapiola 2460. Su esposo era hijo de un norteamericano y una alemana: Charles Henry Houseman y Ema Desens.

Esta pareja –los abuelos a los que René nunca conoció– vivía en los Estados Unidos, pero a principios del siglo XX debió embarcarse súbitamente con destino latinoamericano, en una fuga que tuvo características cinematográficas. Él, un jugador profesional de naipes, estafó con una cuantiosa suma de dinero a acaudalados parientes de su esposa y la huida del país del norte se tornó imperiosa.

El barco que abordaron hizo una escala en Brasil. Charles y Ema descendieron, proyectando una vida nueva en tierras completamente desconocidas y a salvo de la persecución que habían dirigido en su contra. No está claro el sitio en el que desembarcaron, aunque existen indicios de que habría sido en un pueblo del sur brasileño, en el que además nació Carlos, hermano mayor de Walter y tío de nuestro ilustre personaje.

No pasó tanto tiempo para que el matrimonio y su hijo abandonaran el lugar y bajaran hasta la Argentina, radicándose en la santafesina localidad de Guadalupe. Allí, el 25 de diciembre de 1917 nació Walter Máximo, el padre de René; también un hermano mellizo, que falleció poco después de nacer.

Poco antes de que Walter cumpliera la mayoría de edad, se vio atraído por el gigantesco imán que significaba Buenos Aires en la década del t30. La pensión de la calle Zapiola 2460 sirvió para resguardar su espíritu pueblerino en la gran ciudad. Un día, su camino se cruzó con el de Elba y ambos terminaron uniéndose para toda la vida.

Se conocieron en Plaza Italia. Ella había salido a pasear con una compañera de trabajo. Él, rubio, alto y de ojos claros, daba vueltas por la zona. Se vieron. Se gustaron. Walter pensó en conquistarla. Sus aires de galán lo impulsaron a proponer la charla. Elba cayó en la red. Se pusieron de novios y terminaron casándose.

Así lo hicieron el 5 de septiembre de 1942 en la Iglesia San Pablo Apóstol, ubicada en la que hoy es la aAvenida Álvarez Thomas y su intersección con Palpa, muy cerca del hotel que albergaba a Elba en su soltería. Establecido el vínculo matrimonial, los recién casados residieron un tiempo en la pensión de la calle Zapiola y a continuación se mudaron a una isla del Tigre, en la que la familia Houseman adquirió una propiedad.

Poco después, Walter y su flamante esposa regresaron a La Banda. A él lo contrataron para que formara parte del equipo que trabajaba en la construcción del dDique Los Quiroga, una imponente obra situada sobre el cauce del rRío Dulce, que en la actualidad consta de una central hidroeléctrica de gran envergadura y es un motivo de orgullo de toda la provincia.

Walter era un oficial carpintero muy respetado en su ámbito profesional. Otra de las tareas que llevó a cabo en Santiago fue la construcción de establecimientos educativos para erradicar las viejas escuelas-rancho. Se destacaba por su inteligencia y una gran cultura reflejada, por ejemplo, en los cinco idiomas que dominaba con fluidez. Sus conocimientos de alemán habían sido claves para que lo emplearan en la construcción del dique, dado que los encargados de levantar la obra tenían, precisamente, origen germano.

El primer hijo del matrimonio, Carlos Walter, nació en La Banda, el 17 de julio de 1943. El segundo, Raúl Alberto, el 28 de febrero de 1945. Sin embargo, enfermo de meningitis, murió cuando aún no había cumplido dos años. La infausta noticia implicó un fuerte sacudón en la vida de la pareja, pero repercutió de modo más cruel en la conducta de Walter, que comenzó a sentir un irrefrenable placer por beber descontroladamente.

Debido a esa inclinación, pronto acabó por perder su excelente empleo. La pareja emprendió entonces el regreso a Buenos Aires, donde el 12 de julio de 1947, en el hospital Pirovano, nació Ema del Valle, quien sería la única hija mujer de la dinastía. Casi inmediatamente Elba volvió a quedar embarazada, pero el próximo vástago no nació en la Capital Federal, sino en La Banda, ciudad a la que todos retornaron cuando Héctor Eduardo –el tercero de los hermanos– aún estaba en el vientre de su madre. Finalmente, nacería el 13 de diciembre de 1949.

Pero las épocas de prosperidad habían quedado lejos. Por más que Walter se esforzaba por volver a su antiguo bienestar, tropezaba con las dificultades generadas por una adicción al alcohol cada vez más marcada. Ahora, con varias bocas que alimentar, ya no tenía su anterior empleo en el dique; en cambio, la familia procuraba sobrevivir con algunas changas y con los trabajos que la mujer conseguía como personal de limpieza.

El 6 de junio de 1952 nació Hugo Alberto. Pero otra enfermedad incurable terminó con su vida en enero de 1953, cuando solo tenía siete meses. Entonces, Elba ya estaba embarazada nuevamente. Ella tenía 33 años y unos cuantos golpes que la vida le asestó sin piedad. En una implacable seguidilla, a la pérdida de dos hijos había que añadirle una desgarradora escasez de recursos, lo que conllevó a que fueran reiteradas las ocasiones en las que el hambre castigó su humilde hogar.

En medio de semejante tristeza, surgió un motivo para sonreír; la felicidad volvió a presentarse ante los Houseman en la piel de esa criatura de cabello renegrido, tez blanquecina y cuerpito muy delgado, que vio la luz el 19 de julio de 1953: René Orlando. El primer nombre fue elegido porque un sobrino de Elba –hijo de su hermana– se llamaba de la misma manera y a ella le agradaba. El origen de Orlando, en cambio, es una incógnita.

Cuando Walter todavía no se había volcado a la bebida, existía una pasión –mucho más sana– que lo cautivaba desde su niñez. El padre de René gozaba plenamente del fútbol, ya sea viéndolo o practicándolo. Simpatizaba con River, deslumbrado por un período en el que la famosa Máquina de Muñoz, Moreno Perdernera, Labruna y Loustau era una de las sensaciones de los campeonatos locales. Más adelante, desde que comenzó a frecuentar el Tigre, se hizo hincha furioso de los Matadores, convirtiéndose en un habitué a los tablones de la cancha del club, que por entonces era un infalible militante de la Primera División del fútbol argentino.

Una anécdota, que sirve para corroborar su grado de fanatismo, está referida a que el 27 de julio de 1947 llevó por primera vez al estadio de Victoria a su hija Ema. Fue en un partido contra Racing, que Tigre perdió tres a uno. La bebita tenía 15 días de vida...

Si se trataba de jugar, a Walter le tiraba más el arco. En Santiago del Estero tuvo la oportunidad de ver al fútbol como algo más que un mero pasatiempo. Si bien nunca sobrepasó el amateurismo, fue durante varios años arquero de la Primera División de Argentinos del Norte. Hasta contaba con un seudónimo, que calificaba su notable elasticidad: el Pez Volador.

No caben dudas de que sus hijos heredarían esa genética relacionada al deporte. De los tres varones, más allá del éxito con el que se desempeñaron en uno u otro lado, todos fueron futbolistas.

El menor de ellos, René, también se hizo merecedor de un apodo que lo identificó desde muy chiquito. Le decían el Cerdo, en alusión a la tenaz resistencia que le tenía al baño con jabón blanco y a la costumbre de andar siempre por el barro.

Como consecuencia de la adicción de Walter al alcohol, a principios de 1955 la armonía en el hogar de los Houseman estaba definitivamente quebrada. La enfermedad había arrastrado al padre a hacer cosas inauditas. La manía de correr a su suegra por toda la casa era una ingenuidad, comparada con otras prácticas.

Por ejemplo, obligaba a Héctor y Ema a trenzarse a golpes hasta sangrar, con el simple objetivo de divertirse. Los sometía a fuertes palizas y los hacía bailar chamamés luego de pegarles. Los conminaba a arrodillarse sobre maíz. O los mandaba a comprar mortadela y dejaba que los chicos comieran solo si él descartaba alguna feta.

Por las noches, Walter era capaz de acostarse con una botella de vino a su lado y seguir tomando al despertarse, sea cual fuere la hora. Así las cosas, la ruptura era previsible. El matrimonio le hizo frente, entonces, a una separación que venía avanzando hasta caerse de madura. Pero que no sería definitiva.

Walter regresó a Buenos Aires y se instaló en el hotel de Zapiola y Monroe. Pero para él las cosas solo empeoraban. Su propósito original de conseguir un empleo digno, chocó de frente contra sus problemas de adicción. No obstante, más adelante, su excelente currículo le valió para sortear los obstáculos generados por su enfermedad y ser contratado en una obra de El Salvador y Canning (hoy Scalabrini Ortiz) en el barrio de Palermo.

No pasó mucho tiempo para que su esposa también bajara hasta la capital, impulsada por las penurias económicas que no se habían detenido con la ausencia paterna. La acompañaron el Cholo y René, quien –siendo un bebé– pisó por primera vez suelo porteño. En La Banda permanecieron Cacho y Ema, con intenciones de sumarse al resto en cuanto las circunstancias favorecieran la radicación definitiva del clan lejos de Santiago del Estero.

Pero la epidemia de poliomielitis que aterrorizó al país demoró los planes. La población infantil de Buenos Aires se vio amenazada en el 55 por los altos índices de mortalidad causados por el ataque de la epidemia en la capital porteña. Así como muchos chicos escapaban con sus padres hacia sitios más alejados,

también Elba tomó la determinación de volver con sus dos hijos menores a La Banda.

Entretanto, Cacho, el primogénito de los Houseman (que ya tenía la necesidad de asumir el rol protagónico que por la lejanía de Walter estaba vacante), ganaba un sueldo modesto armando canastos para embalar cebollas en Santiago del Estero.

También a Ema ya la empleaban para tareas domésticas. Tenía solo nueve años. A su vez, doña Elba trabajaba y llevaba a cuestas, de un lado para otro, a sus hijos más pequeños. Eso le valió que sus vecinos le dedicaran un comentario despectivo: "Ahí van la pata y los patitos", murmuraban al ver pasar al clan.

La miseria era un factor que daba lugar a situaciones incalificables, como el hecho de que los hijos menores de la familia fueran codiciados por matrimonios imposibilitados de procrear. Vistos como gringos –por la ascendencia europea de la rama paterna–, no fueron pocas las ofertas que la madre recibió para darlos en adopción. Sin embargo, ella las desechaba de manera tajante, sin detenerse a pensar siquiera que el dinero ofrecido equivalía a sumas que pocas veces había visto en su vida.

Pero por más que la dignidad disimulara ciertas carencias, la delicada situación que atravesaban se tornaba insostenible. Ante la necesidad de hallar una salida que mitigara el hambre, Cacho, todo un hombrecito con sus 13 años, se instaló en Buenos Aires con la meta de adelantarse al viaje que inevitablemente harían sus parientes al poco tiempo. Las luces de la gran ciudad eran una tentación irresistible para los habitantes del interior que abrigaban esperanzas de progreso.

En un país en el que estaba todo por hacerse, mucha gente entendía que las posibilidades que ofrecía la capital eran superiores a las del resto del país. Por ende, una inmensa cantidad de inmigrantes inundó barrios capitalinos y del conurbano bonaerense en aquellos años. Provenían de los países limítrofes (mayormente Paraguay y Bolivia) y, como se mencionó, de las provincias argentinas. Estos últimos eran los famosos "cabecita negra", apodo con el que fueron identificados por los porteños de clases sociales más altas. A pesar de la clara manifestación de desprecio que contenía el mote, el mismo fue tomado como bandera por los provincianos y, con el correr de los años, la calificación viró desde lo despectivo hacia un rasgo dignificante que terminó identificando a esas clases proletarias, a las cuales Eva Perón había denominado, cariñosamente, como los grasitas.

Cuando Cacho pisó Buenos Aires, se encontró con una sorpresa: su padre vivía. Se topó con él en el inquilinato de la calle Conde, aquel que estaba habitado por los parientes de Elba. Su estupor estaba basado en una carta que Carlos –el hermano de Walter y tío de Cacho– le escribió a la familia residente en La Banda algunos meses atrás. En ella expresaba que Walter había fallecido en los bombardeos sobre Plaza de Mayo del 16 de junio de 1955, triste jornada en la que un sector de la Fuerza Aérea intentó –sin éxito– derrocar al presidente Juan Domingo Perón.

Su hermano había inventado esa respuesta, porque nada sabía del paradero de Walter y ya no se le ocurría qué otra contestación dar ante las cartas repletas de preguntas que le enviaban desde Santiago.

Pero el padre de los Houseman no era uno de los 364 hombres que perecieron bajo las diez toneladas de bombas. Walter estaba vivo, aunque su estado no revestía ninguna mejoría. Por el contrario, la bebida seguía deteriorando su salud y, según Cacho comprobó, a menudo perdía la conciencia, deambulando sin sentido por las calles.

Algunos meses más tarde, el hijo mayor envió una suma de dinero a Santiago del Estero. Con ella, su madre compró los pasajes y organizó lo que sería el desembarco definitivo del grupo familiar.

Una calurosa mañana de principios de 1957, un agudo silbido anunció el ingreso de la formación del viejo Ferrocarril Central Argentino (hoy Bartolomé Mitre) a la estación La Banda. Elba y sus hijos se apretujaron en el tren, con todas sus pertenencias. Lo poco que tenían subió con ellos al vagón, donde valijas de cartón y asientos de madera pintaban un típico panorama de mediados de siglo en la Argentina. Por supuesto, los Houseman no eran los únicos: persiguiendo objetivos similares, familias enteras se amontonaban en los asientos, con la íntima ilusión de cambiar su presente chacarero por un futuro más complaciente, vinculado al vértigo que proponía la monstruosa urbe.

El tren había salido de San Miguel de Tucumán. Su agotador trayecto establecía más de 24 horas de viaje hasta su contacto con Retiro. Nunca se sabía con exactitud el horario de arribo. En su recorrido, atravesaba de noroeste a sudeste las provincias de Santiago del Estero y Santa Fe, en cuyos pueblos seguía ascendiendo gran número de pasajeros. Inclusive, el maquinista era capaz de detener su marcha si en el medio del campo alguien le hacía señas con deseos de subir.

Cuando por fin llegaron a la terminal y la marea humana despejó la plataforma, los viajeros divisaron un rostro conocido que, junto a Cacho, esperaba pacientemente el arribo de la mujer y sus hijos. Era Walter. Su recibimiento, mezcla de alegría y sorpresa, provocó un shock emocional en el grupo, pues ese hombre del que nada se sabía últimamente, se había enterado de la llegada de su familia y allí estaba, presuroso de reencontrarse con ella.

Walter precisaba otra oportunidad. Y le dio a sus seres queridos una noticia: juntos, se irían a vivir a una casilla del Bajo Belgrano que él mismo había levantado, en una villa que crecía rápidamente en la zona norte de la Capital Federal. Sin que nadie se atreviera a contradecirlo, buscaron la calle y abordaron un colectivo de la línea 130, que 40 minutos después los depositaría en su flamante hogar.

En el camino, el pequeño René parecía descubrir un mundo nuevo. Sentado en las rodillas de su hermana, no se despegaba del sitio privilegiado que ambos encontraron junto a una ventanilla. Con mirada incrédula, observaba cada detalle del increíble paisaje de cemento. Próximo a su destino final, el colectivo pasó por los bosques de Palermo. Un semáforo interrumpió su marcha. Los ojitos oscuros del Cerdo también se detuvieron en un grupo de muchachos que jugaban

al fútbol. Por unos segundos, el picado acaparó toda su atención. El serpenteo de la pelota lo estremeció. Desde la imaginación de sus cuatro añitos, sintió que se arrimaba a ella. Tuvo unas ganas incontenibles de pisarla. De patearla. De meter un gol. De gritarlo. De correr. De que lo abrazaran...

El colectivo arrancó y René perdió de vista el juego. Pero durante el resto del día no dejó de pensar en la pelota. Ya instalado en su morada del Bajo, cuando las sombras de la noche ganaban la partida, el gringuito, exhausto, se durmió en los brazos de su mamá. Y en un fantástico sueño, gambeteó al arquero, se metió en el arco con pelota y todo y festejó su golazo. Como loco.

CAPÍTULO 2

BIENVENIDO A LA JUNGLA

En la Argentina, algunas cosas no eran las mismas desde el nacimiento de René hasta que los Houseman anclaron definitivamente en Buenos Aires. Lo más sustancial se relaciona con el profundo cambio que experimentó la conducción del país, ya no más gobernado por Perón, sino por el régimen militar (denominado Revolución Libertadora) que asumió el 20 de septiembre de 1955, tres meses después del sangriento bombardeo a Plaza de Mayo.

Derrocado el emblemático hombre que durante nueve años (repartidos en un doble período) había impuesto su singular estilo de gobierno, su sillón quedó primero en manos de Eduardo Lonardi –que solo permaneció 50 días en la presidencia– y luego de Pedro Eugenio Aramburu, quien merced a un nuevo sublevamiento se hizo del poder en noviembre de 1955 y lo mantuvo hasta mayo de 1958. Durante este período, la familia Houseman se radicó en la Capital Federal.

Uno de los perfiles del gobierno golpista se basaba en un profundo desprecio al peronismo, hecho que quedó en evidencia cuando este partido fue declarado ilegal y sus integrantes perseguidos una vez que asumió Aramburu. Consecuencia directa de ello, no es difícil deducir que fue el asalariado el sector del pueblo que más sufrió el cambio de timón. No solo la desarticulación del movimiento obrero –a través de la suspensión del estatuto sindical y la intervención de la CGT– golpeó a las clases más bajas. Aparte, las políticas económicas impulsadas por los militares provocaron aumentos de precios en el mercado interno, siendo los bolsillos de los pobres los más afectados.

De cualquier modo, si bien los tiempos más florecientes se veían amenazados por una crisis que avanzaba a paso firme, las oleadas migratorias seguían asentándose sobre Buenos Aires, atraídas por el proceso de industrialización que había estallado algunos años atrás. La villa del Bajo Belgrano fue uno de los tantos polos en los que se concentraron esas corrientes, coincidiendo en ella pobladores de países fronterizos y representantes de la inmigración interna. El resultado para la villa fue un alto crecimiento en el número de sus habitantes.

Buenos Aires fue el artífice del cambio en las costumbres de los Houseman. Entre tantas cosas que se modificaron, estaba el apodo de René, que ya nunca más fue el Cerdo de La Banda. En sus primeros años en la ciudad, empezó a

desarrollar la picardía criolla y una forma de contestación que ameritó el apodo que lo identificó en su niñez. Muchas veces, cuando le ordenaban una tarea, la respuesta llegaba con un tono desafiante: ¡Que no! Los dos monosílabos, entonces, se fusionaron para que surgiera el pintoresco sobrenombre: Quenó.

Cuando los Houseman llegaron al lugar, la expansión demográfica todavía no era importante. Por eso consiguieron acaparar sin dificultad toda una esquina. Su dirección exacta era Blanco Encalada 904, en su intersección con Dragones. La vivienda era espaciosa. Tanto, que sus ocupantes se dieron el lujo de tener cada uno su propia habitación. Con excepción de Quenó, que por ser el más chico dormía en la pieza de la madre, sus hermanos pudieron disfrutar de la independencia dentro del ámbito hogareño. Además, había un patio de generosas dimensiones.

El panorama del barrio fue cambiando con la caída de las hojas del almanaque. Lo que era un caserío disperso a fines de la década del c50, se modificó en función de un caudal migratorio que no cesaba. Diez años más tarde, era muy difícil hallar lotes vacíos. La villa fue alcanzada por un crecimiento insospechado, llenándose de moradores que se hacinaban en las nuevas construcciones. Las parcelas quedaron subdivididas por una infinidad de pasadizos, verdaderos laberintos complicados de transitar sin un conocimiento previo. Y las canchas de fútbol que decoraban el raleado paisaje lentamente fueron sucumbiendo ante el avance incontenible de la chapa y el cartón.

Nada varió, no obstante, en cuanto a la esencia del asentamiento, que seguía exponiendo sus pasillos con canaletas, con agua corriendo a través de ellas y agua estancada metros más allá; ropa secándose al sol; puertas infaliblemente abiertas en verano, para que un poco de aire atenuara el calor bochornoso, mientras los ventiladores eran elementos inalcanzables, destinados a gente de alto poder adquisitivo. En las puertas no había que hacer girar ninguna llave: para entrar o salir bastaba correr la cortina de tiritas de plásticos multicolores. Adentro, solo se comía y se dormía; en el tiempo restante, todos estaban en la calle. Los chicos jugando; y los grandes haciendo colas en las canillas públicas, a los efectos de llenar baldes para cocinar y limpiar.

Una vez que la villa estuvo en su apogeo, las 15 manzanas, delimitadas por la Avenida Monroe y las calles La Pampa, Dragones y Artilleros, se convirtieron en una ciudad en miniatura. El Bajo Belgrano tenía vida comercial propia y, más allá de los típicos potreros, existía espacio para que crecieran instituciones sociales y deportivas. Una de ellas era una pequeña escuela ubicada en Olazábal, entre Húsares y Cazadores. Conocida como Wayná –un vocablo guaraní que significa "ejemplo de trabajo y fortaleza"–, funcionaba además como punto de reunión para jugar al voleibol, si bien sus alcances iban más lejos, pues nucleaba a jóvenes de la zona, que la consideraban un lugar de pertenencia. Jugando a ese deporte, que le gustaba y practicaba con facilidad, Quenó representó a la escuelita en varios torneos. Allí también entabló una amistad con una chica paraguaya que, junto a su familia, se había radicado en la Argentina a la edad de dos años. Se llamaba Olga Soto Báez. Pronto, aquella relación adolescente excedió el límite de la canchita del Wayná y la simpatía mutua se intensificó, habilitando el nacimiento del amor y haciendo ineludible el desenlace que concluiría en el altar. El matrimonio de René y Olga seguía vigente 42 años después de que en la iglesia Nuestra Señora de las Mercedes los declararan marido y mujer en 1973.

Hacia fines de los s70, la geografía de la villa volvió a mutar. Y lo que era puro bullicio, de repente quedó reducido al más absoluto de los silencios. Las topadoras enviadas por el intendente Osvaldo Cacciatore desmantelaron en pocas semanas una barriada que tardó varias décadas en constituirse. El nuevo gobierno de facto, que tomó el poder en 1976, decretó que en vísperas del Mundial 78, la del Bajo Belgrano –y otras villas miseria de la capital– debían desaparecer, para que no dieran muestras de pobreza frente a la gente que vendría del exterior.

Dos décadas antes de que eso aconteciera, los Houseman se acomodaron en la villa. Anteriormente a que el sueldo de futbolista de René pudiera dotarlo de cierto confort, su rancho no dejaba de ser muy humilde, más allá de su amplitud. Buena parte de él estaba construido con latas aplanadas, superpuestas una encima de otra. El piso era de cemento. Se cocinaba con garrafa y el agua salía de una canilla exclusiva para los habitantes de la casa, un elemento que, en el barrio, daba cierta imagen de estatus. Pero, por otra parte, los Houseman no estaban a salvo de padecer un factor externo que atentaba contra la tranquilidad de la villa entera. En tal sentido, el relativo confort que tenían se hizo añicos la primera vez que cayó granizo.

Por otro lado, las cercanías al Río de la Plata y la presencia subterránea del arroyo Vega –su cauce corre justamente por las entrañas de la calle Blanco Encalada–, daban lugar a que la zona fuera muy permeable a inundaciones y las inclemencias climáticas desataban el caos con frecuencia.

En marzo de 1960, la Capital Federal sufrió una de las inundaciones más graves de su historia. En el Bajo Belgrano las pérdidas fueron cuantiosas. El gobierno de Arturo Frondizi procuró enmendar la delicada situación con medidas de emergencia. Muchos habitantes de la villa –entre ellos Cacho, Cholo y su padre– fueron evacuados en un sitio que se acondicionó en el viejo Balneario (más adelante, Parque Norte). A otros los trasladaron en helicóptero hasta la Quinta Presidencial, donde se los alojó hasta que la situación se normalizó. En ese grupo estaban Quenó, su mamá y su hermana. Allí los bañaron, les dieron comida, ropa limpia y camas calientes. Acostumbrados a padecer todo tipo de incomodidades, Elba y sus hijos no extrañaron el hogar, sino, por el contrario, quizás hubieran preferido que las aguas no bajaran nunca, para quedarse en ese hospedaje de ensueño que era la mansión de Olivos.

De regreso a la rutina, la madre prosiguió con su trabajo de empleada doméstica, por lo que pasaba la mayor parte del día afuera. La necesidad de que sus hijos no sufrieran privaciones la impulsaba a levantarse a las seis de la mañana. Cuando volvía, eran las 11 de la noche. Aun así, no eran pocas las veces que el hambre golpeaba con toda su furia. Entonces los Houseman sentían en carne propia cómo el estómago se les pegaba a la piel.

La vestimenta holgada y descolorida que usaban no tenía que ver con los designios de la última moda. Más bien era cuestión de ponerse lo que había, con

tal de combatir el frío de los inviernos. Por ende, las situaciones en las que los hermanos compartían ropa eran comunes. También era habitual que los chicos se calzaran zapatillas con agujeros y de números más grandes a los que correspondían sus pies. Pantalones remendados y remeras encogidas por tanta tabla de lavar, eran la señal inequívoca de que la pobreza no era cuento, sino una realidad que castigaba con una crudeza que dolía.

Walter, el padre, vivía bajo el mismo techo, pero aislado en una habitación. En la práctica, estaba separado de su esposa y ausente del grupo familiar más allá de su presencia física. Pese a las promesas, nunca había podido superar su adicción, factor clave de esa marginación.

El poco dinero que conseguía no lo usaba para colaborar con la canasta, sino para comprarse cigarrillos y vino. Solía quedarse horas y horas bebiendo en el boliche de Artilleros y el pasaje Temperley. Cuando no le era posible regresar por sus propios medios, Ema lo buscaba y se lo llevaba a la rastra, dibujando sobre la vereda un sendero de eses imaginarias.

El delicado estado de Walter –tenía una cirrosis avanzada– atravesó distintas etapas. Por momentos, hacía una vida medianamente normal. Pero en ocasiones, padecía ataques que obligaban a internarlo. Fue así como se transformó en paciente del Hospital Borda. Durante un año estuvo alojado en el neuropsiquiátrico, lapso en el cual desconcertó hasta a los propios médicos por su notable inteligencia. Mientras estuvo hospitalizado, en sus raptos de lucidez creó una biblioteca y el primer kiosco que hubo en el establecimiento. Un día lo dejaron salir a comprar cigarrillos para abastecer el puesto. Al darse cuenta de que estaba afuera, se escapó y desde Barracas regresó a pie hasta Belgrano.

En 1964 lo internaron en el viejo edificio del Hospital de Clínicas. Estaba muy grave. El doctor Oscar Pérgola le dijo a la familia que de esa noche no pasaba, pero pasaron 15 años más. Walter mejoró y pese a caer reiteradamente en altibajos, murió recién en 1979, en el hospital Eva Perón, de San Martín. Fue sepultado en el cementerio de Morón.

Un año antes de su deceso, el diario Los Principios, de Córdoba, le hizo la única nota periodística de su vida, en ocasión del campeonato mundial ganado por la Argentina. Un cronista de ese periódico realizó una entrevista familiar, y llegado el turno de mencionar a don Walter, escribió textualmente:

"(...) Incluso el anciano señor Houseman, que dice no entender nada de fútbol y además no le gusta, tuvo que acceder a nuestra requisitoria periodística:

'Honestamente, tengo que reconocer que me siento muy orgulloso de mi hijo. Estoy muy contento. René emplea su tiempo en algo que le gusta, que lo hace sentir muy bien y que sabe hacerlo. Desde muy chico jugaba al fútbol en el potrero y sabía que si tenía un poco de suerte, iba a llegar, y lejos'".

En cuanto a Elba, falleció en 1995. La enfermedad de Alzheimer que se le declaró y su condición de diabética, complicaron sus últimos años de vida. Sus restos descansan en el cementerio Parque de Hurlingham.

René empezó el ciclo escolar en el 59. Asistía a la escuela José C. Paz, de Sucre y Migueletes. No era de los alumnos más aplicados. Le costaba concentrarse. Físicamente permanecía en el pupitre, pero a menudo su mente volaba para recalar en lo que ya constituía su gran pasión: el fútbol. Mientras el docente de turno enseñaba matemáticas o lengua, él imaginaba gambetas, fintas y goles. A veces, sus escapadas excedían lo mental y quienes sin resultado lo buscaban en el aula, generalmente lo encontraban corriendo detrás de una pelota en algún descampado cercano. Consigo solía llevar el sanguchito que doña Elba le preparaba para que comiera en la escuela.

Había una maestra, sin embargo, que no pasó inadvertida para los ojos del niño de La Banda. La señorita Leticia era la única que lograba que ese alumno díscolo prestara atención en el estudio, algo que para los demás profesores parecía ser una misión imposible. Gracias a su belleza y su dulzura, ella capturó el corazón de Quenó, que se enamoró perdidamente desde la inocencia de sus siete años.

La contrafigura de Leticia era el maestro Ríos, de tercer grado. Dueño de una severidad digna del siglo pasado, golpeaba en los dedos con una regla a los estudiantes que no hacían caso. Y como el nombre de René solía estar en esa suerte de lista negra, las veces que salió de la escuela con las manos enrojecidas no fueron pocas.

El benjamín de los Houseman nunca más se olvidó ni de una ni de otro. Ambos docentes, desde los extremos, fueron la síntesis del paso de René por el colegio primario, cuyo sexto grado logró terminar con mucho esfuerzo.

El primer equipo por el cual simpatizó el santiagueño fue San Lorenzo. Su hermano mayor –fanático del Ciclón– ejercía sobre él una influencia imposible de esquivar a tan corta edad. Cacho lo llevó dos veces al viejo Gasómetro y a René le quedó grabada una famosa delantera: Facundo, Coco Rossi, Ruiz, Sanfilippo y Boggio. Pero de todos, el que más lo impresionó fue Sanfilippo, porque "el Nene era el más chiquito y el más vivo de todos".

Su simpatía por los colores azulgrana no duró demasiado. A los nueve años le empezó a gustar Boca. Esta vez, lo que incidió en su decisión no fue el mandato familiar, sino la admiración que sentía cuando por televisión veía jugar a Ángel Clemente Rojas.

"Yo siempre admiré a Mané Ponce, pero mi ídolo fue Rojitas. La Cintura Loca... Nunca vi un jugador así. A ese lo veía jugar y se me ponía la piel de gallina".

Y terminó de convencerse que debía hacerse xeneize el 9 de diciembre de 1962, una fecha imborrable en el calendario auriazul. Esa tarde Antonio Roma le atajó a Delem un penal definitorio en La Bombonera, lo que posibilitó que Boca venciera a River uno a cero y fuera el campeón de la temporada en la jornada siguiente. En esta ocasión, la que entró a tallar fue la influencia materna:

"Estábamos escuchando el partido en casa y la vi a mamá rezando para que el brasileño no hiciera el gol. Me quedé al lado de ella y cuando oí que Roma se lo había atajado juré que desde ese momento me hacía hincha de Boca".

René tendría a Delem como técnico en Huracán 13 años más tarde. A esa altura de su trayectoria, ya convertido en una estrella del fútbol argentino, Houseman orgulloso estaba de su condición de hincha quemero. La fidelidad que sentía por Boca era solo un lindo recuerdo de la niñez, archivado definitivamente a partir de su traspaso a Parque de los Patricios y de sus grandes hazañas con la casaca del Globo.

CAPÍTULO 3

PAREDÓN Y DESPUÉS

–¡Quenó, cortala con esa pelota!

René oía los gritos de doña Elba, pero no los escuchaba. Por más que alcanzara a percibir las protestas de su madre, provenientes desde adentro de la casilla de Blanco Encalada y Dragones, él seguía dándole a la desvencijada número cinco contra el paredón de la esquina. Era capaz de permanecer horas y horas practicando el incomparable ritual. Solo el ruido que el estómago le hacía al mediodía o la oscuridad de la noche lograba detenerlo. Por supuesto, también suspendía su actividad atraído por la convocatoria de sus compinches para ir a jugar verdaderos partidos en los potreros del barrio. Esas citas de honor eran prioridad número uno en la vida del menor de los Houseman, que a los diez años ya había descubierto que lo que más le importaba era jugar a la pelota.

A esa edad, Quenó también se dio cuenta que los tiritos contra el paredón o los desafíos en la canchita de la villa eran capaces de complementarse perfectamente con otros partidos de jerarquía más elevada, en los que podía vestir camiseta, pantaloncito y medias.

Todo eso lo encontró en el club ubicado en Pampa y Miñones, en el otro extremo del Bajo Belgrano, donde el barrio empezaba a confundirse con Palermo. Allí, en Excursionistas, su hermano mayor –al que admiraba profundamente– había comenzado a jugar en la Primera División. Cada vez que los Verdes eran locales, René caminaba las diez cuadras que separaban el club de su casa.

Pronto, ese recorrido comenzó a efectuarlo con mayor frecuencia, ya que un descubridor de talentos lo vio jugar y quedó impactado por la impresionante habilidad que empezaba a desarrollar para el fútbol. Se llamaba Constantino San Marcelino, un hombre de voluminosa contextura física que ostentaba el cargo de entrenador en el baby fútbol de Excursionistas. Ni bien lo vio hacer un par de gambetas, reclutó a René para su equipo y de esa manera se inició un período de tres años en los cuales el niño con futuro de crack, pasó a ser la estrella de un conjunto que ganó en cuanta cancha se presentó.

El baby fútbol de Excursionistas tenía dos categorías. Una era la 52; la otra, la 53. Esta última era la mejor. No solo porque en ella pasó a jugar el santiagueño, sino porque además estaba formada por otros chicos que también derrochaban

condiciones. Cada uno de ellos posee su propia historia en el fútbol, sin el brillo de la de Houseman, pero muy ligada a la pasión que todos sentían por el más popular de los deportes.

El arquero se llamaba Alberto Montero. Todos lo conocían por Beto. Llegó a jugar una temporada (1971) en la Primera de Excursionistas, y falleció de cáncer en 2004. Beto también atajó en Peñarol de Mar del Plata durante el gobierno militar, siendo secuestrado y luego liberado por las fuerzas genocidas.

Dos eran los defensores: Carlos Alberto Colorado Pettinato –que dejó de jugar muy tempranamente– y Gabriel Pepe Noto. Este último no trascendió como futbolista, pues al pasar a la Quinta División se fracturó la tibia y el peroné en un entrenamiento en los bosques de Palermo. En cambio, mucho después tuvo una notoria labor como dirigente del mismo club. La misma se terminó en 1991, cuando trompeó a un árbitro en la cancha de Tigre.

En el medio actuaba un solo hombre: Héctor Adolfo Cuitiño. Lo llamaban el Oreja, debido a una característica física bastante evidente (sus órganos auditivos contrastaban con su cabeza más pequeña). En su caso llegó hasta la Tercera División, ya que la misma desgraciada lesión que afectó a Pepe, también hizo que su carrera se truncara definitivamente en un partido contra Temperley. Quienes lo vieron en acción, coincidieron en que Cuitiño tenía pasta para llegar más lejos de lo que hasta entonces era la Primera C. El Oreja se dedicó luego a ser entrenador. Lo hizo en varias entidades, si bien en Excursionistas –donde seguía trabajando en 2015– pasó gran parte de su vida. A fines de los o80 descubrió a un nenito que lo dejó impresionado. Su mamá –una vecina del Bajo Belgrano– un día sentenció ante la presencia de Cuitiño: "Mi hijo va a jugar en el Barcelona". El entrenador la miró y no le dijo nada. Tomó de la mano al nene, que tenía siete años, y se lo llevó al Ateneo Colegiales. Se llamaba Javier Saviola.

La delantera estaba compuesta por Osvaldo Cacciatore (alternó varios años en la Primera albiverde), Roberto Conejo Mackinze (después del baby no jugó más) y René Houseman. Jorge Peralta era el séptimo componente del plantel e ingresaba en forma permanente.

Con el equipo ya armado y actuando en gran nivel, se sumaron otros dos pibes que debieron aguardar su turno, aunque después descollaron notablemente.

Carlos Ángel López era uno de ellos. Había venido con su familia de Misiones, y empezó en Excursionistas trabajando de peón de limpieza, con 13 años. De a poco, tratando de vencer su timidez, se empezó a prender en los picados cuando terminaba de barrer. En 1970 saltó a la Primera y fue vendido a los 18 años a River. Luego jugó en numerosos clubes: Estudiantes, Vélez, Argentinos, Boca, Racing, e inclusive en la selección nacional. Se retiró cerca de los 40 años, en Bolivia.

El otro era Jorge Sanabria. También hizo el camino del baby y las inferiores, hasta acceder a la Primera en 1969, con 16 años. En 1973 y 1974 salió goleador del campeonato de la C y fue vendido a Huracán. En el Globo se reencontraría con Quenó –uno de sus grandes amigos de la infancia–, recibiendo además el seudónimo que lo identificó durante el resto de su carrera: Lulú.

Pepe Noto entregó su testimonio a propósito del mítico conjunto que integraba y de su jugador-estrella:

"Miren lo que habrá sido ese equipo que Carlitos y Lulú al principio eran suplentes... Tres años estuvimos invictos. La cancha se llenaba para vernos jugar".

Las proezas de Excursionistas estaban construidas en torno a un rendimiento colectivo fabuloso, pero su mayor esplendor, sin dudas, lo aportaba la genial inventiva de Quenó.

–René fue lo más grande que vi en mi vida –resumió Noto–. A esa edad ya se sabía que estábamos ante la presencia de un fenómeno. Hubo muchos partidos que los ganó él solo. Nosotros le dábamos la pelota y él se arreglaba. Había que matarlo a patadas para sacársela...

En los años s60, la organización del fútbol infantil estaba en pañales. A falta de campeonatos de liga, los equipos debían aguzar el ingenio para participar de torneos o conseguir desafíos. Cobraban importancia, entonces, las gestiones de los técnicos que, operando también como delegados, eran los encargados de armar partidos contra otras entidades. De esta manera, a lo largo del año, los chicos recorrían Capital Federal y el Gran Buenos Aires jugando contra diversos clubes. En el caso de Excursionistas, cada dos semanas viajaban en el viejo Ford Polara de don Osvaldo Cacciatore, un empeñoso trabajador de las divisiones inferiores que vivía enfrente del club y por ese entonces colaboraba con el técnico, siendo además el padre de Osvaldito, uno de los delanteros del equipo.

Un personaje muy particular era el entrenador, Constantino San Marcelino. Sus dirigidos le tenían un cariño especial, en virtud de su excelente predisposición a la enseñanza y su identificación para con la institución. Lo llamaban simplemente Marce, o Gordo, consecuencia natural de su obesa figura.

Pero sus funciones no se limitaban a formar el equipo, sino que debía desarrollar tareas dirigenciales para mantener la actividad en una entidad en la cual lo que no se hacía a pulmón, no existía. Y para no ser madrugado por colegas que convivían en un medio en el cual sacaba ventaja el más pícaro.

Para ello, a menudo debía apelar a estrategias non sanctas. Por ejemplo, fraguar la edad de los jugadores, hecho muy común en las competencias juveniles de todas las épocas, si bien 40 años atrás las trampas se hacían de manera mucho más abierta. Claro ejemplo de ello resulta el ardid que el Gordo practicó cierta vez con el Oreja: como le hacía falta un jugador menor que él, pero también precisaba alguien con muchas condiciones, hizo que Cuitiño –a quien ya entrado en la adolescencia le había empezado a salir vello en sus piernas– se afeitara sus extremidades para dar una imagen más aniñada.

René era un integrante más de ese grupito. Y era el compañero más buscado para cualquier tipo de desafíos, aunque nadie lo llamara por su verdadero nombre:

–Para nosotros nunca fue René. Le decíamos Quenó, su apodo familiar. Todavía hoy, cada vez que me lo cruzo, lo sigo llamando así –contó Noto, que vivía en Libertador y Sucre, en los años en que esa imponente avenida simplemente era una calle repleta de casas tipo chorizo y el barrio de Belgrano muy lejos se hallaba de sufrir la explosión demográfica que lo transformaría por completo.

–Se jugaba oficialmente los sábados –continuó relatando Pepe–, pero durante la semana, especialmente en época de vacaciones, nos pasábamos todo el día en el club. Jugábamos a la pelota en la pista del patio. Pero no era fácil quedarse en ese lugar porque don Antonio Masciotra, el intendente, no quería saber nada con nosotros. Cuando nos corría nos íbamos al rancho de los Salas, un campito que quedaba atrás de la vieja tribuna visitante. Ahí armábamos desafíos contra todos los equipos del barrio. Nuestro clásico era con el club Gath y Chaves...

También eran famosos los picados que se armaban en una cancha ubicada sobre la calle La Pampa, casi Figueroa Alcorta. Dicho reducto estaba a seis cuadras de Excursionistas y por su cercanía a la villa, era utilizado por sus pobladores para crear verdaderas contiendas futbolísticas. Durante años, las grandes hazañas de Houseman se desarrollaron mayoritariamente en ese desparejo terreno. El brillo del santiagueño prevalecía entre las nubes de polvo que levantaban el ir y venir de los jugadores.

–Del equipo de baby de Excursionistas, René era el único chico que vivía en el Bajo Belgrano –reveló Pepe–. Los demás estábamos más cerca del club, del otro lado de la villa. Por eso él a veces quizás se sentía un poco incómodo. Era bastante introvertido, por ahí miraba para abajo... Pero a los demás nunca se nos hubiera ocurrido hacer diferencias. Durante la semana lo veíamos menos, porque nosotros andábamos todo el día en el club, mientras él se quedaba con su gente más allegada cerca de su casa del Bajo.

Tal como aseguró Noto, no existían diferencias sociales entre chicos de la misma edad, menos aún si se trataba de los integrantes de aquel gran cuadro de baby. Sin embargo, entre los adultos que regían los destinos de Excursionistas, la gente de la villa no era vista con buenos ojos. Si bien su proximidad al club ameritaba que los Verdes tuvieran muchos hinchas y varios jugadores de esa procedencia, cierto recelo hacía que la convivencia entre ambos sectores sociales no fuera del todo buena. Sin embargo, la irrupción de las topadoras en la villa y el paso del tiempo lograron convertir esa tendencia discriminatoria en una fuerte empatía con la humilde barriada erradicada por las juntas militares en 1978. No en vano, la hinchada de Excursionistas pasó a denominarse, precisamente, los Villeros.

Pero en la década del s60, ser villero no era fácil en el club donde jugaban el mayor y el menor de los hermanos Houseman. Cacho se alejó a fines de 1966, cansado de sus discrepancias con los directivos. Varios meses después, Quenó siguió sus pasos, desalentado por una suma de episodios entre los cuales se mezcló el desprecio hacia la gente de la villa y una particular forma de ser, que ya empezaba a caracterizar su propia personalidad.

En 1968, luego de pasear su invicto por toda la capital y el conurbano, aquel legendario equipo dejó el baby y sus integrantes comenzaron a apuntar a la cancha de 11. Bajo las indicaciones de San Marcelino y Cacciatore, se llevaron a cabo pruebas para los que deseaban iniciar sus pasos en el fútbol de AFA. René y sus compañeros formaron parte de ese período y, por supuesto, tenían asegurado el ingreso a la Séptima División.

El grupo del baby siguió, casi en su totalidad. El santiagueño, en cambio, no lo hizo, alejándose misteriosamente de la institución. El detonante fue un extraño suceso que René simplificó muchísimos años después con una drástica frase:

–Me fui porque un dirigente no quería jugadores de la villa.

La apreciación de Houseman no deja de ser certera. No obstante, la investigación trazada permitió cotejar su resumida visión con otras versiones que, sin desmentir la anterior, ofrecen una perspectiva más completa de los acontecimientos que llevaron al futuro astro a no querer saber más nada con Excursionistas. Al menos, en aquel entonces.

Una de las versiones fue dada por Noto, protagonista del lapso en el cual transcurrieron las mencionadas prácticas:

–Él se fue de Excursionistas porque lo acusaron de un robo que no cometió. Resulta que en las inferiores había un grupito de pibes que no estaban para jugar, pero los dejaban porque pagaban una cuota y gracias a ella podían solventarse algunos gastos que generaban las divisiones inferiores. Eran chicos de clase más alta, que vivían en una zona más acomodada del barrio. Un día, a uno de los pibes le desapareció del vestuario una de esas viejas camisetas de interlook que se usaban antes. Les avisaron a los dirigentes y de repente todos lo señalaron a René, como que él había sido el culpable. Quenó se ofendió y no volvió nunca más. Él era muy travieso, pero nunca fue un ladrón.

Héctor Oreja Cuitiño relató otra anécdota referida al tema:

–En el club había un kiosquito de chapa, de los que se usan para vender panchos y gaseosas los días de partido. Durante la semana estaba cerrado, pero adentro se guardaban cajones de 7 Up. Muchas veces nosotros andábamos alrededor del kiosco tratando de llegar a esas botellas. Sobre todo después de entrenar, porque teníamos sed. No lo tomábamos como un robo, sino como una travesura de pibes. René aprovechaba que era de físico chiquito y a veces lograba colarse por abajo. Un día lo pescó don Antonio Masciotra. Le dijo de todo y él dejó de venir.

Los episodios narrados son elocuentes. Ambas anécdotas no se contradicen entre sí, sino que coinciden en un contexto que, sin dudas, incidió de manera determinante para que el destino futbolístico de Houseman alterara su rumbo original. En las conversaciones mantenidas con René para este libro, él aseguró no recordar ninguna de las dos versiones, aunque no negó su existencia. En cambio, se preocupó en aseverar, de manera tajante, que nunca fue amigo de lo ajeno:

–Lo que cuentan por ahí sea cierto, aunque sinceramente yo no me acuerdo... Lo que sí aseguro es que en mi vida toqué una cosa que no me correspondía. Yo jamás le robé nada a nadie.

La escasa tolerancia que algunos dirigentes le tenían a ese grupo de chicos –que no obstante tendrían que haber sido motivo de orgullo, por sus grandes actuaciones–, la mirada despectiva que había para con la gente de la villa y las célebres travesuras del propio Quenó, conspiraron para acelerar su salida.

De no haber ocurrido así, tal vez Houseman hubiera seguido en las divisiones menores de Excursionistas, llegando pronto a primera. Pero las circunstancias

obraron de modo diferente y solo tres años después, el santiagueño apareció con todas sus luces en el plantel superior de Defensores de Belgrano, el clásico rival de los Villeros.

–Nosotros éramos fanáticos de Excursionistas –puntualizó Noto–, pero no tomamos como una traición lo de René. Él tal vez se enojó con los dirigentes, pero nunca dejó de admitir que seguía siendo hincha del mismo club. Ni siquiera habiendo salido campeón con Defensores.

Es posible que en Pampa y Miñones no hayan sido muchos los que notaran la ausencia de Houseman. Luego de algún tiempo, la mayoría se había olvidado del pibito de la villa, el talentoso hermanito de Cacho, cuyo paso por la Primera División también se había transformado en un lejano recuerdo para la tribuna albiverde.

Pocos años más tarde, al ver su apellido en los diarios, los más memoriosos recordaron al instante que el wing derecho del que todos hablaban no era otro que Quenó, ese santiagueño revoltoso que un día se fue ofendido para nunca más volver.

Algunos se habrán reprochado por el hecho de haberlo dejado ir. Otros habrán lamentado la situación. Pero probablemente todos en Excursionistas se hayan sentido muy orgullosos de que Houseman triunfara en el fútbol grande.

CAPÍTULO 4

TRANSICIÓN E INCERTIDUMBRE

Entre el alejamiento de Houseman de Excursionistas y su llegada a Defensores de Belgrano, hubo un paréntesis de dos años. En ese lapso Quenó alternó, con escaso entusiasmo, trabajo y estudio. Sin embargo, jamás puso por debajo de esas dos cosas su gran pasión: el fútbol.

Cuando terminó la primaria en la escuela de Sucre y Miñones, las necesidades familiares lo obligaron a buscar empleo. Su padre Walter estaba enfermo y recluido a una silla de ruedas. Elba, su madre, trabajaba todo el día como mucama y lavandera. Cacho ya estaba casado y mantenía su propia familia. Cholo y Ema, sus otros dos hermanos, también aportaban lo suyo, como para que las necesidades básicas estuvieran satisfechas en la casa de Blanco Encalada y Dragones.

El benjamín de los Houseman no fue la excepción. René tuvo varias ocupaciones en su adolescencia. Todas sirvieron para que acumulara una experiencia laboral interesante, aunque de todas maneras ninguna duró demasiado.

Uno de los empleos que más disfrutó fue el que tuvo en la carnicería El Triunfo, ubicada en Artilleros y Echeverría, a tres cuadras de su casa. Su labor consistía en recorrer los viejos carritos de la Costanera con el camión del reparto. Eso lo hacía por las mañanas. A la tarde, por supuesto, la cita de honor era con la pelota.

Lo más risueño de la situación está referido a que Oscar Canavese, el dueño del local, era un acérrimo hincha de Huracán. Años más tarde, cuando René se transformó en referente del Globo, aquel carnicero que una vez le dio empleo lo invitaba a comer a los mismos restaurantes que Houseman había visitado tiempo atrás, como repartidor.

También tuvo otro trabajo de repartidor, pero en este caso con un lechero. Aquí la leyenda indica que, mientras el carro circulaba por las calles, Quenó lo seguía. Pero no iba caminando nada más, sino que hacía jueguito con una pelota durante todo un trayecto que superaba las 30 cuadras. Los vecinos, que ya le conocían esa habilidad, lo aplaudían al verlo pasar.

Otro de sus trabajos fue el de cadete de una farmacia. Y además fue sodero. Pero irremediablemente sus ocupaciones encontraban el certificado de defun-

ción si el fútbol se interponía. Su prioridad, desde luego, pasaba por la diversión que implicaba un picadito.

En virtud de ello debió descartar, por ejemplo, su labor en la carnicería:

–Los domingos era el día de más laburo y yo nunca podía ir, porque jugaba campeonatos –apuntó el Loco, haciendo alarde de su sabia decisión.

Varios de esos torneos se disputaban en la célebre canchita de La Pampa y Figueroa Alcorta. Lo que en la década del n90 se convertiría en una plaza con juegos infantiles (lindante con un antiguo predio donde los jubilados juegan a las bochas, y que sobrevivió a todos los cambios sufridos por el barrio), cuando allí se levantaba la villa había un extenso terreno con dos arcos, que oficiaba de escenario para las más duras contiendas futbolísticas.

Cantidad de notables jugadores pisaron el suelo polvoriento de la mencionada cancha. Una cancha sin césped ni tribunas, pero pródiga en futbolistas que derrochaban calidad en cada gambeta. La gran mayoría jamás logró trasponer la frontera del anonimato. Pero hubo uno que sí lo consiguió. Se lucía en un equipo al que bautizaron como una célebre serie norteamericana de televisión protagonizada por mafiosos y policías, pero cuya otra acepción obedecía a un poderío que lo hizo ganador de cuanto campeonato lo tuvo como partícipe: Los intocables.

–A los 14 años jugaba en los potreros del Bajo Belgrano en un cuadro de barrio que se llamaba Los intocables. Porque nadie podía ganarnos. Ni los indios que nos esperaban en otros barrios, cuando salíamos de la canchita de Pampa y Dragones, entre el golf y la cancha de Excursionistas. Allí era marcador de punta, número tres. Mi hermano mayor, Carlos Walter, que tiene 29 años y llegó a jugar en la primera de Excursionistas, era el diez. Mi otro hermano, Héctor Eduardo, de 22 años, marcaba el medio, como número dos. Y todos los demás muchachos del equipo eran mayores que yo. Por eso no me cuesta para nada amoldarme a jugar entre los cracks que tiene Huracán en la Primera. Si siempre jugué al lado de tipos grandes, enfrentando a gente mayor, desde que tenía 14 años...

Es sencillo deducir que el dueño de estas declaraciones no es otro que el Loco. Las formuló en el primer reportaje largo que le concedió a El Gráfico en abril de 1973. René, que todavía no había cumplido los 20, terminaba de dar un gigantesco salto al estrellato. Un lustro antes, no obstante, era tan ignoto como aquella legión de soñadores que despuntaba el vicio en los descampados del Bajo y alrededores.

A mediados de 1968, Quenó se preparaba para festejar sus 15 años. Unos días antes, el domingo 23 de junio, se reunió con un grupo de amigos con un propósito común: ir a ver el superclásico que River y Boca sostendrían en el Monumental. Eran las épocas en las que René proclamaba su admiración por Ángel Clemente Rojas. El sutil movimiento de su cintura lo fascinaba, y fue en parte esa razón la que lo impulsó a tomar la determinación de ir a la cancha. Por Rojitas, Quenó se había hecho hincha de Boca luego de su efímera simpatía por San Lorenzo, pero nunca había tenido la oportunidad de ver en vivo a su máximo referente futbolístico.

Esa tarde, en cambio, se dio el gusto de hacerlo. Pero nunca imaginó que lo que a la mañana empezó como una alegre jornada, el atardecer transformaría en la catástrofe más grande de la historia del fútbol argentino: nada menos que la tragedia de la Puerta 12.

Quenó pudo haber sido una de las víctimas del accidente que costó 71 vidas –la mayoría menores de edad– y cientos de heridos. Pero por un designio del destino eludió el peligro –obviamente, sin saberlo– mediante una de sus célebres travesuras.

René se hallaba en la popular visitante. Desde allí, observó cómo Rojitas le quitó la gorra a Amadeo Carrizo. El santiagueño festejó con ganas la ocurrencia de Ángel Clemente. Enseguida, su espíritu transgresor lo llevó a poner en práctica una riesgosa acción. Acción a la que tal vez le quedó debiendo el hecho de seguir con vida...

–Entramos por la Puerta 12, pero no nos quedamos en la popular, sino que saltamos dos metros hasta un techado –relató René–. Por ahí pasamos a la platea donde ven los partidos los inválidos. No se veía tan bien, pero no estábamos apretados como allá arriba. Y por eso nos salvamos de lo que pasó al final...

El cero a cero definitivo nunca consiguió entibiar la gélida tarde invernal. Los más de 80 000 hinchas empezaron a desconcentrarse, defraudados por el pobre espectáculo. De pronto, una terrible avalancha originada en las escaleras internas del sector popular de Boca encontró freno en la Puerta 12, que estaba cerrada. Nunca se supo por qué la cerraron ni se hallaron los culpables de semejante acto de irresponsabilidad.

La desesperación se apoderó del oscuro túnel con salida a Figueroa Alcorta. El pánico y la muerte se vieron cara a cara, y la asfixia fue la causa por la cual decenas de personas perecieron sepultadas bajo la marea humana.

Cuando Quenó caminaba rumbo a su casa, vio a lo lejos aparecer una silueta inconfundible. Era su madre, que había escuchado por la radio la trágica noticia y, presa del miedo y la confusión, no sabía para qué lado salir corriendo.

Doña Elba tampoco sabía qué hacer para que su hijo más chico dejara de darle tanta bolilla al fútbol y pusiera más dedicación en sus obligaciones.

"Vieja, estas piernas la van a salvar", era la frase que –como ya se mencionó– le repetía Quenó desde que era muy chiquito. Su mamá, ocupada en que la endeble economía del hogar no se fuera en picada, no lo tomaba demasiado en serio, aunque por los comentarios de amigos y vecinos intuía que René tenía condiciones para el fútbol.

De todas formas, los reproches maternos poco influían si su hijo se cruzaba con una número cinco. Siempre había un pretexto para que Houseman siguiera su idilio con la pelota, que a veces era de goma, otras de trapo, y en los partidos grandes se transformaba en una de cuero con marca y todo.

Los intocables –aunque la más importante– era solo una de las múltiples exigencias que el mundo del fútbol le demandaba. Además estaban los partidos que jugaba en el club Wayná; en el Estrella de Belén; en el parque que está entre la vía del Ferrocarril Belgrano y la aAvenida Figueroa Alcorta, al lado de

River; en el equipo de la empresa Bosch, en la que trabajaba Cacho, su hermano; o en el Defensores de Florida.

A los 15 años, René participó de un torneo sudamericano realizado en el viejo Circuito KDT de Palermo. Como Paraguay no mandó una delegación por los altos costos, se reclutaron chicos de la villa del Bajo, donde residía una enorme colectividad guaraní, a los efectos de representar a su seleccionado. René quedó en ese equipo, que salió campeón, ganándole la final a la Argentina por tres a cero, ante el aliento de la gran cantidad de paraguayos que se acercaron al KDT.

–Les pegamos un baile bárbaro a todos. Y en la final, ¿quién hizo los tres goles? ¡Papá! –evocó el Loco, sin permitir que la modestia se entrometiera entre sus hazañas más resonantes.

Si bien René no desarrolló al mismo tiempo toda esa actividad futbolística, la misma transcurrió en un período de no más de dos años. En dicho lapso, el santiagueño también jugó para un equipo de AFA, que en los s60 gozó de una prosperidad que en el siglo XXI ha quedado muy lejana: Atlanta.

Su paso por los Bohemios pasó casi inadvertido. Sin embargo, en los registros del club consta que Houseman anduvo por allí al final de esa década. Así lo atestigua una nota de Edgardo Imas en una de las páginas que Atlanta posee en internet:

"Pocos conocen el dato, pero René Orlando Houseman, alias Loco o Hueso, alguna vez vistió los colores del Bohemio en fútbol infantil, allá por el año 1969. No llegó a jugar oficialmente, pero revistó en el plantel de la categoría 1955, que dirigía técnicamente Ángel Rocha y cuyo delegado era ese batallador incansable del fútbol de los más pequeños, Isaac Tirzler. Algunos de los compañeros de Houseman en ese equipo fueron Carlos Carrió, Francisco Azzolini y Eduardo Filipetti, conocidos porque llegaron luego a la Primera de Atlanta.

Houseman no pasó con ellos a Novena División y el motivo puede ser deducido sin mucha dificultad: el Loco figuraba en la categoría 1955, pero había nacido el 19 de julio de 1953. Evidentemente, algún inconveniente con sus documentos debió de haber impedido que fichara para Atlanta y, por lo tanto, que su magia se quedara en Villa Crespo".

Impactados por sus cualidades técnicas, en Atlanta pretendían que se quedara. Su entrenador le insistió para que así lo hiciera. Pero el hecho de no tener los documentos empantanó su situación, agravada porque René, despreocupado como era, no hizo grandes esfuerzos en solucionar el inconveniente. Ya desde muy chico, Quenó huía de cualquier tipo de trámite administrativo.

Concluida su fugaz estadía en las infantiles bohemias, el santiagueño se sumergió en su rutina habitual: alguna changa laboral y mucho fútbol en los potreros. Su displicente marcha por la vida amenazaba con chocar de frente contra los avatares que le tenía preparado un destino semejante al de muchísimos pobladores de la villa del Bajo.

Pese a haber cumplido ya 16 años, todavía estaba a tiempo de torcer el rumbo. Pronto, tendría la gran oportunidad de intentarlo...

CAPÍTULO 5

SE VIENE EL ESTALLIDO

"Preparate porque vas a jugar en Primera. Yo a vos te pongo aunque me echen...".

La frase de José Arce Gómez resonó con fuerza en la cabecita de Quenó. Al pibe se le iluminaron los ojitos. Él sabía que el Chele lo tenía entre sus jugadores predilectos. Lo había fichado con edad de Sexta para Defensores de Belgrano. Y ahora que su entrenador había dejado las divisiones inferiores para ser promovido a Primera, le prometía llevarlo con él. René se dio cuenta de que Arce Gómez era un hombre de palabra...

Houseman llegó a su nuevo club a comienzos de 1970. Tenía 16 años. En Defensores necesitaron 15 minutos para tomarlo. No importaron sus piernas flacas, ni su origen villero. Lo realmente valedero era que con la pelota hacía la diferencia. Lo pusieron en un picadito. De inmediato lo sacaron.

"Pensé que me pegaban un voleo en el orto, pero me dijeron que fuera a la secretaría. Tenía que llenar unos papeles porque me fichaban".

Así recordó René su primer día en Libertador y Comodoro Rivadavia. También puso especial énfasis en destacar lo que Arce Gómez significó en su vida.

–El Chele fue como un segundo padre para mí, él se la jugó por lo que sentía y yo nunca voy a dejar de agradecérselo–reconoció.

Lo hizo tanto cuando el técnico aún vivía como cuando ya había dejado este mundo, pues un día Arce Gómez se marchó a su España natal y allí falleció.

Aquella tarde de febrero, el español se quedó perplejo al comprobar su extraordinaria habilidad. René había ido a probarse por la insistencia de José Salegas, un chico que ya jugaba en Defensores y que era vecino de su barrio.

–Tenés que venir a Defe, dejá de jugar en los potreros y entrá a un club de verdad –lo convenció, harto de ver cómo ese crack en potencia dejaba pasar el tiempo, desperdiciándose en campeonatos alejados de las grandes luminarias, teniendo condiciones como para hacerlo en el fútbol de AFA.

René le hizo caso. Pero no concurrió solo a la prueba. Junto con él, fueron cuatro chicos más de la villa del Bajo. Todos pasaron el control de calidad del Chele y también fueron incorporados. Sin embargo, un solo jugador logró cautivar al técnico luego de haber tocado la pelota un par de veces. Era el pequeño Hou-

seman, quien rápidamente se convirtió en una pieza insustituible de la Sexta División, jugando en la posición de ocho.

René recordó a uno de los compañeros que concurrieron con él a la prueba, y le añadió un comentario muy personal:

–Se llamaba Miguel Caballero Aguirre y era paraguayo. Pobrecito, ya murió. Tenía habilidad, inteligencia, le pegaba con las dos piernas. Pero no pudo seguir porque le faltaban los documentos de radicación. El fútbol es ingrato, deja mucha gente por el camino. Hay otros que en un potrero, con zapatillas, la dejan así chiquita, pero se ponen botines y parecen minas con tacos altos.

Salegas tenía muy presente aquel día en el que llevó a Quenó al club:

–Yo ya jugaba en las inferiores y le dije que se viniera –contó para este libro el hombre que en 1993 comenzó a trabajar en la utilería de los rojinegros–. En las canchas del Bajo él sobresalía ya desde muy chiquito. Era un fuera de serie, superior a todos. Se notaba que iba a llegar lejos.

Salegas vivía en Dragones 2350, a unos pocos metros del domicilio de la familia Houseman. Por tener casi su misma edad, se criaron juntos. La amistad que tenían estaba sustentada por otra coincidencia que los unía: ambos eran oriundos de la misma provincia y llegaron siendo muy pequeños a Buenos Aires. La diferencia es que José lo hizo desde la capital de Santiago del Estero, y René, de La Banda.

–Andábamos todo el día juntos. Quenó paraba en mi casa. Le encantaban las empanadas que hacía mi vieja, lo mismo que ese mate cocido que se volcaba en las latas vacías de durazno. Yo no iba tanto a su casa por el problema que tenía el padre, y porque la madre trabajaba mucho. Pero eran lindas épocas.

La historia personal de Salegas posee ribetes particulares: cuando estaba muy cerca de dar el salto a la Primera, la tan temida fractura de tibia y peroné –esa lesión que tantas carreras hizo añicos– le puso punto final a su continuidad como jugador. Un potrero de la villa, ubicado frente a la cancha del Instituto del Liciado, fue el escenario de la trágica lesión. Luego consiguió un empleo municipal como barrendero. Cuando erradicaron la villa, en el 78, se mudó con su padre a Villa Ballester, y más tarde edificó su propia vivienda en Don Torcuato.

Con el correr de los años, Salegas –durante muchísmos años utilero de Defensores– y Houseman dejaron de verse:

–Trabajando en la contra, para mí era difícil ir a Excursionistas. Y a él le pasa algo peor en Defe: si lo nombrás, te dicen: "Qué venís a insultar acá". Pero yo me sigo considerando su amigo. Algunas veces nos cruzamos y nos quedamos charlando. También lo invité al cumpleaños de mi hija. Todo lo que hemos vivido no se puede borrar por el simple hecho de que exista una rivalidad deportiva en el medio.

El puesto de volante derecho era desconocido para el santiagueño de La Banda. En los diversos equipos que había integrado hasta ese momento se había desempeñado mayoritariamente por la izquierda, ya sea de wing o marcador de punta. No obstante, el flamante lugar que le asignó Arce Gómez no le preocupó en lo más mínimo:

–Me resultó tan fácil como jugar de tres o de once –comentó con desparpajo mucho tiempo después.

Luego de verlo en acción en las divisiones menores del fútbol afista, el hombre que lo había fichado confirmó que no se equivocó al creer, en solo 15 minutos, que estaba frente a un fenómeno. El pibe realmente la rompía. Para él no existía diferencia entre jugar en los descampados de la villa o hacerlo bajo la organización de la AFA. Su predominancia en las inferiores era tan grande que el Chele, recurriendo a un viejo ardid, lo incluía en varias categorías, utilizando documentos que obviamente no eran los que correspondían.

En los días previos a la novena fecha del campeonato de Primera B del 71, el técnico tomó otra decisión. Y pronunció la frase que encabeza este capítulo:

–Vení, Quenó. –Lo apartó del grupo, llamándolo por el que todavía era su apodo de niño–. Preparate porque vas a jugar en Primera. Yo a vos te pongo aunque me echen...

No eran tiempos de prosperidad para los rojinegros. En las primeras ocho fechas, solo habían sacado cuatro puntos y estaban últimos junto con Deportivo Morón. Ese 29 de mayo Defensores recibía a Almirante Brown, que ostentaba una colocación mucho más cómoda. La voz del estadio anunció la formación: Sambucetti; Gianetti, Caminos, Notaris y Bonnia; Houseman, Gianello y Dubanced; Rivero, Domínguez y Eduardo Fernández.

Los hinchas diseminados en el raleado sector local se preguntaron quién sería ese debutante de apellido alemán. Los que solían estar al tanto de lo que sucedía en las inferiores, respondieron:

–Es un pibe que anda bárbaro, tiene 17 años...

El único signo de escepticismo de la gente se basaba en el temor de que un chico con tan buenas aptitudes tuviera que saltar a la Primera en un momento delicado del equipo.

–Está bien, mientras no lo quemen...

El ácido comentario se oyó en la tribuna techada. Sin embargo, con el correr de los minutos la incertidumbre se fue transformando en gestos de aprobación. En el segundo tiempo ya brotaron algunos aplausos para ese número ocho que mucho colaboró para cambiarle la cara al equipo, que había arrancado en desventaja. Almirante abrió el marcador, pero Defensores lo dio vuelta en el complemento, con dos goles de Domínguez. Y cuando el triunfo ya se paladeaba, sobre la hora Tursi selló el empate en dos.

El matutino La Prensa le dedicó algunas líneas –no demasiado complacientes– al futuro crack:

"El debutante René Orlando Houseman, 16 años (Nota de los autores: en realidad tenía 17), no consiguió entrar en la justa medida con sus compañeros del mediocampo, repuntando en la segunda parte".

A raíz de esa igualdad, Defensores de Belgrano quedó anteúltimo, con cinco puntos. Morón cerraba la tabla con cuatro.

La semana siguiente Arsenal recibió a Defensores. Los de Sarandí eran los punteros del torneo. Houseman fue ratificado en el primer equipo. Pero esta vez, ni él ni sus diez compañeros pudieron sobrevivir al papelón que determinó un

rotundo cinco a cero en contra. La siguiente fecha Español visitó el barrio de Núñez. René no se movió del elenco titular, aunque en el segundo tiempo fue reemplazado por Dubanced. Su equipo volvió a caer, en esta oportunidad por dos a cero, y al cabo de este encuentro pasó a compartir el último puesto con el Gallito.

Un esguince de tobillo obligó a Quenó a parar algunas semanas. Cuando estuvo en condiciones de reaparecer, Arce Gómez ya no era más el técnico de la Primera. En su lugar había asumido José Abastante, un entrenador que casi no lo conocía y prefirió, en esos días difíciles, endilgarles la responsabilidad de luchar para no descender a los más grandes del plantel.

No obstante, jugó un partido más en el período de Abastante. Fue el 1 de agosto, por la 16ª fecha. Houseman se sentó en el banco, ingresando luego por Vignotto. Defensores perdió con Talleres dos a cero como local y quedó sin compañía en el fondo de la tabla. Pocos días atrás, René había cumplido la mayoría de edad.

A partir de esa tarde se mantuvo alejado por tres meses de la Primera División. Jugaba con frecuencia en la Tercera, división a la que mucha gente iba a ver solo para disfrutar de su fútbol. Después, se quedaba a mirar los partidos del equipo superior que, por cierto, no conseguía levantar cabeza y era acosado por el bajo puntaje en forma cada vez más severa.

En la 25ª fecha, la situación de Defensores de Belgrano ya era gravísima. Contra Arsenal perdió su séptimo cotejo consecutivo y tenía solo 11 puntos, 7 menos que el anteúltimo: Estudiantes. Esa tarde debutó Antonio D'Accorso como técnico. Pero tampoco el nuevo entrenador duró más de unas pocas semanas. El 30 de octubre, los rojinegros cayeron frente a Comunicaciones y quedaron al borde del cadalso. Enseguida comenzó una huelga de jugadores profesionales que afectó a todo el fútbol local. En consecuencia, la mayoría de los clubes introdujo formaciones juveniles. Defensores no fue la excepción y con un elenco de escaso roce en Primera, enfrentó a Nueva Chicago el 6 de noviembre, en la cancha de Vélez. Ya se había marchado D'Accorso. En cambio, Quenó reapareció como titular, en su posición habitual de volante.

Defensores solo contaba con chances remotas de salvarse. Por lo pronto, faltando tres fechas, debía vencer sí o sí a su rival, también implicado en la zona roja. A los cuatro minutos se colocó en ventaja por intermedio de un jugador que así marcó su primer gol oficial. Era Houseman quien permitió que al sufrido público defensorista se le prendiera al menos una llamita de esperanza, definiendo con categoría ante el arquero Curti. Pero la alegría resultó efímera, porque el tanteador terminó favoreciendo a Chicago cuatro a dos y el descenso quedó sellado en forma irreversible.

Las dos jornadas restantes, que sirvieron solo para cumplir con el fixture, fueron encaradas con ese equipo de jóvenes. Como local, Defensores superó dos a uno a Estudiantes, jugando el santiagueño en la posición de diez. En la despedida del magro año futbolístico, los chicos del Dragón perdieron seis a dos contra Quilmes. La historia del partido pudo haber sido distinta si René concretaba lo que hubiera sido un golazo cuando el Cervecero ganaba dos a uno, pero su disparo se estrelló en el travesaño. En el segundo tiempo, fue suplantado por Celli.

La suerte estaba echada. Defensores de Belgrano jugaría la próxima temporada en Primera C. Pero la revancha llegaría muy rápido. Tanto para la institución como para el talentoso chiquilín al que Arce Gómez había subido a Primera ese año y al que pronto la vida le cambiaría totalmente.

CAPÍTULO 6

FESTIVAL ROJO Y NEGRO

El descenso fue un golpe duro en la vida deportiva de Defensores de Belgrano. No era el primero, porque la entidad de Núñez ya había sufrido esa amargura tres veces durante el profesionalismo. Pero desde 1964 estaba nuevamente en la divisional B. Era certera la impresión de que ya se encontraba consolidado en la categoría. Inclusive estaba muy fresco el recuerdo de la sensacional campaña que casi lo lleva a Primera en 1967. Esa temporada los rojinegros salieron campeones dirigidos por Ángel Labruna, pero una insólita reglamentación que regía los campeonatos de AFA no les permitió ascender, debiendo mezclarse en un reclasificatorio con equipos de la A. El minitorneo determinó que siguiera en su división de origen.

Solo cuatro años habían pasado de aquella actuación. Luego, su nivel fue mermando hasta desembocar en el fracaso de la temporada 1971.

Los dirigentes apelaron a un referente para ejercer la dirección técnica en Primera C. La responsabilidad recayó sobre Rodolfo César Chiti, uno de los grandes jugadores de la historia del club, cuya trayectoria estaba compuesta de 16 años y más de 300 partidos, siendo la de Defensores la única camiseta que se colocó oficialmente.

El Flaco –apodo al que respondía– participó ya de veterano en la gran campaña del 67, y en el 72 hacía sus primeras armas como entrenador. Su planificación para la nueva temporada incluyó la llegada de algunos refuerzos de jerarquía. Uno de ellos era Roberto Puppo, un volante de vasta experiencia que había consumido ya sus mejores años en el fútbol. También firmaron Jorge Busti –otro de los grandes emblemas rojinegros–, Albino Valentini, el Peludo Gigliani y Vicente Vidal Ayala, un puntero derecho muy reconocido en el ascenso que, paradójicamente, había jugado el año anterior en Excursionistas, el clásico adversario que se había quedado en Primera B.

La suerte de este último jugador sería decisiva para otro futbolista nacido en el club, que había tenido ya la chance de jugar en primera, pero que ahora aparecía postergado por apellidos más ilustres. Era, por supuesto, René Houseman.

El campeonato arrancó con una goleada de Defensores por cinco a uno a Riestra. En su segunda presentación, venció a Argentino de Rosario dos a uno. Con

un director técnico más propenso a poner jugadores experimentados, René no jugó ninguno de los dos partidos. En su posición original de mediocampista por derecha se desempeñaba Puppo.

En el tercer partido Defe visitó a Argentino de Quilmes. Aquí sí con el ingreso de Quenó, que reemplazó a Biasín en el segundo tiempo y también se dio el gusto de debutar en la red. El partido estaba dos a uno para los dirigidos por Chiti, pero el Mate apretaba y el empate era una posibilidad cierta. Hasta que a los 20 minutos Houseman batió al arquero Iglesias y liquidó el partido. La siguiente semana fue el turno de Midland. Defensores se trajo otra victoria de Libertad y René volvió a ingresar por Biasín.

El 1 de abril se jugó la quinta fecha. Con puntaje ideal, el líder recibía a Brown de Adrogué. Empataron sin abrir el marcador, pero lo verdaderamente trascendente de esa tarde no fue el resultado. Tampoco el hecho de que Defensores lograra conservar la punta en soledad. Sucedió, en cambio, otro acontecimiento que marcaría un nuevo rumbo. Acaso nadie lo imaginó en aquel preciso instante en el que Vidal Ayala abandonó la cancha, lesionado, y le dejó su lugar a Houseman. Pero los que presenciaron ese momento, quizás irrelevante, sin saberlo estaban siendo testigos de una hábil maniobra del destino.

A partir de la lesión de Ayala (tuvieron que operarlo de los meniscos), por indicación de Chiti, René ingresó al equipo y prácticamente no salió por el resto del certamen. Lo hizo en la posición de wing derecho, inédita para él hasta allí. Sin embargo, ese puesto le demandó tantas satisfacciones que no solo se convirtió en la máxima figura de su equipo, sino que además su relación con el fútbol cambió de modo tan rotundo que, un año después, su vida misma había dado un sensible vuelco. Muchos se hicieron entonces la pregunta del millón: ¿estaría ese chico de origen humilde preparado para adecuarse a las encantadoras luces del éxito y el súper profesionalismo? Habrá que esperar para conocer cómo sigue la historia.

Por lo pronto, lo que nos ocupa es el camino de Defensores de Belgrano en el torneo de 1972, cuya sexta fecha lo encontró viajando a Junín. Se trataba de un choque clave, porque Sarmiento estaba una unidad más abajo y pretendía saltar a la punta con un triunfo.

Sin embargo, Defensores salió más que airoso del riesgoso compromiso, derrotando al local cuatro a uno y estirando la ventaja que los separaba en la tabla. Por primera vez, Houseman entró como titular, justificando plenamente la confianza que el técnico depositó en él y señalando el tercer tanto de la goleada.

Rodolfo Chiti –fallecido en septiembre de 2010– evocó las grandes hazañas de René, utilizando como base aquel 1972 repleto de satisfacciones:

–Yo asumí en enero de ese año y una de las primeras cosas que hice fue hablar con Arce Gómez y pedirle a Houseman, que estaba en el plantel de Cuarta. Apenas lo vi a René le dije: "Quiero que vengas a entrenar conmigo". Pero yo no lo veía físicamente apto para jugar en el mediocampo. Él era muy flaquito y en ese lugar teníamos a tipos grandes, como Busti, Redondo, Puppo o Gigliani. Igual entró como suplente algunas veces, hasta que con la lesión de Ayala lo

puse de entrada. Me acuerdo que le remarqué: "Te quiero de mitad de cancha para adelante, explotá toda tu habilidad y no te preocupes por la marca". Nos tocaba jugar con Sarmiento, pero en la semana previa jugamos un amistoso con River en el Monumental. Houseman la rompió y tuve que sacarlo, si no capaz que lo lastimaban. Didí, el brasileño que dirigía a River, enseguida me preguntó por él. Pero después de algunos malos resultados lo echaron, si no creo que hubiera ido a River antes que a Huracán. El sábado viajamos a Junín. Allá estaba Ángel Tomino, un muchacho al que yo conocía de Defensores. Antes del partido le comenté: "Miralo al siete, después hablamos". Lo que jugó el pibe ese día no se puede creer. La cancha estaba llena de gente de ellos y lo terminaron ovacionando a pesar de que perdieron por goleada. El gol que metió fue espectacular: gambeteó a no sé cuántos tipos y al arquero lo hizo revolcar dos veces antes de meterla. Me acuerdo que de la felicidad que tenía salté a la cancha y el juez de línea me quería hacer volver al banco. Le grité: "Largá la banderita y aplaudilo vos también...".

Antes de ser un alto dirigente de la Confederación Sudamericana, Eduardo Deluca fue dirigente de la entidad de Núñez. En 1972, durante el mandato del presidente Juan Ángel Díaz, manejó el fútbol profesional del club y convivió casi a diario con Houseman, al que consideró el mejor jugador que dio Defensores de Belgrano:

–El Loco era un jugador distinto, imprevisible, que no paraba de sorprenderte con las cosas que hacía dentro de una cancha. Era un tipo que rompió el molde, un inventor de jugadas. En ese partido contra Sarmiento fue una cosa de locos lo que hizo. En el gol que metió, perdió el botín en el camino y para no transgredir el reglamento, empujó la pelota con el pie que estaba calzado. Ya en esa época tenía sus cositas... Por ejemplo, se quedaba jugando picados en el club por plata hasta cualquier hora. Nosotros alquilábamos la cancha de seis a ocho, de ocho a diez y de diez a doce. René se ponía en todos los partidos. Y descalzo, jugaba... Eso sí, después había que ir a buscarlo a la villa para que viniera a las prácticas. Eso a él le encantaba. También le dábamos plata para que se comprara ropa y él la usaba para comprar discos o cosas que todo el mundo veía como inútiles. Menos él.

Deluca mantuvo su relación amistosa con René a través de los años y las décadas, aun cuando en su club, mucho después del exitoso 1972, la gente no le perdonó que hiciera público su amor por Excursionistas, y le dio vuelta la cara:

–Me da mucha pena que eso haya sucedido. Ese odio nunca lo comprendí. Como tampoco se entiende cómo un jugador de su categoría haya tenido que pasar por sus padecimientos económicos, en vez de disfrutar lo que ganó como futbolista. ¿Saben lo que podía haber sido este tipo? ¡Qué Maradona ni Maradona...!

Luego de vencer a Sarmiento, el puntero hizo lo mismo con Defensores Unidos de Zárate (tres-uno) y desde la octava a la undécima fecha, atravesó una serie de cuatro partidos con una particularidad especial: en todos ellos René se anotó en el tanteador. Contra Acassuso (tres-dos) hizo el segundo; con Flandria (cuatro-uno) también marcó el segundo; ante El Porvenir (cinco-cero) señaló la

apertura; y frente a Justo José de Urquiza (dos-cero) convirtió el que cerró la cuenta.

Lo relevante es que solo una vez más en el transcurso de su trayectoria –Metropolitano 77–, lograría señalar goles en cuatro partidos consecutivos.

En la jornada siguiente, contra Central Córdoba, no jugó, pues Vidal Ayala se restableció de su lesión y el técnico, respetando determinados códigos del fútbol, volvió a incluirlo desde el arranque como puntero derecho. El cotejo fue suspendido por incidentes cuando los rosarinos perdían dos a cero y a raíz de los desmanes, al club infractor le quitaron 16 puntos al cabo del certamen.

El entrenador introdujo variantes una semana después, disponiendo el reingreso de René como siete y el traspaso de Ayala a la punta izquierda, en lugar de Biasín. El resultado fue otra victoria por cuatro a cero, después de la cual Defensores sacó la ventaja más grande en ese campeonato: seis puntos más que Villa Dálmine.

A continuación empató con Italiano (cero-cero), venció a Fénix (tres-uno) y en la 16ª fecha perdió su invicto ante Dock Sud, por la mínima diferencia. Allí Sarmiento se acercó a dos puntos.

Villa Dálmine lo visitó a la semana siguiente. El partido era muy importante para los que luchaban por el liderazgo de la tabla, ya que los de Campana estaban cuatro unidades más atrás. Gigliani puso arriba a Defe, y Houseman estiró las cifras justo antes del final de la primera etapa. Pero la visita reaccionó en el complemento y llegó al empate que en Núñez fue tomado con sabor a derrota. Luego vino un empate en cero contra Colegiales y, cerrando la primera rueda, una goleada por cinco a uno sobre Leandro N. Alem.

El equipo de Chiti terminó encabezando la primera parte del campeonato, con 32 puntos. Sarmiento lo seguía con 27. Para el puntero santiagueño, el balance era también súper positivo. Con 19 años recién cumplidos –los celebró cuatro días antes del empate con Dálmine– se había afianzado en la Primera División e iba camino a ser considerado una de las piezas más valiosas del conjunto rojinegro. Había marcado siete goles, pero esa cantidad era casi insignificante, comparándola con la cifra que gracias a él señalaron sus compañeros, ya sea a través de asistencias o de infracciones que le cometían y derivaban en penales y tiros libres cercanos al área.

Tan alto fue su nivel, que por primera vez lo convocaron para vestir la casaca de la Argentina. Era la selección de Primera C, dirigida por la dupla José Riccardi-Gerardo Ballari. No revestía carácter oficial, pero sí contaba con todo el apoyo de la Asociación del Fútbol Argentino y de su interventor, Raúl D'Onofrio. A lo largo del año –presentándose los domingos posteriores a los encuentros del torneo local–, realizó una extensa gira por el interior, midiéndose contra equipos y combinados de Lobos, Mercedes o Rosario, por citar solo algunas localidades. También viajó a Porto Alegre y Minas Gerais, ciudades brasileñas donde venció a elencos juveniles de renombre, como el caso del poderoso Gremio. La campaña del combinado argentino fue espectacular. Habiendo jugado más de 30 partidos, perdió solo uno (uno a cero), frente a una selección juvenil que contaba con valores de la talla de Ricardo Bochini y Daniel Bertoni. Esa fue la primera vez que René enfrentó al futuro tándem de Independiente dentro de un campo de juego. Pronto, se verían las caras mucho más asiduamente.

Esa selección, compuesta por jugadores de mucha calidad para una tercera categoría, reunió a nombres como Iélamo (Riestra), Cvitkovic y Luciani (Dock Sud), Tamburrino, Herrera y Jara (Brown), Valentini, Gianetti y Ayala (Defensores de Belgrano), Julio Martínez y Domingo Fernández (Colegiales), Durich y Massei (Italiano), Santarcángelo y Jorge Sánchez (Fénix), Scungio y Oscar Fabbiani (Urquiza), Facchetti (Central Córdoba), Ramón Ramírez (Argentino de Quilmes), Capiello (El Porvenir), Francisco Sánchez (Midland) y Víctor García (Alem).

Houseman, que ya era destacado como su máxima figura, menos de un año después tuvo la posibilidad de dar el gran salto hacia la auténtica selección nacional. Sin embargo, jamás borraría de su memoria el paso por aquel inolvidable combinado de la C.

El inicio de las revanchas le deparó a Defensores tres empates consecutivos, todos por uno a uno. En la última igualdad de esta serie de tres, René marcó el primer gol, pero nuevamente el equipo no pudo mantener la ventaja. De todas maneras, Sarmiento no supo aprovechar la chance, permaneciendo dos puntos más abajo.

En la cuarta fecha el Dragón volvió al triunfo: cuatro a uno a Midland, con el tercer gol de Quenó. En la quinta se cayó estrepitosamente contra Brown: cuatro a cero en Adrogué. Aquí Sarmiento pudo haberlo alcanzado, pero un traspié contra Argentino de Rosario se lo impidió. De inmediato Defensores recuperó la memoria, construyendo una larga racha positiva que lo condujo a las puertas del título. Justo después del cachetazo frente a Brown, le tocó la visita de Sarmiento, su escolta. Y como en la primera rueda, se quedó con el triunfo (esta vez por dos a uno) y alargó la brecha a cuatro puntos.

A su próximo rival, Defensores Unidos, lo superó en Zárate por idéntico marcador. Ambos goles fueron hechos por Houseman, quien así convirtió por primera vez, dos veces en una misma tarde. El ex-Racing Ataúlfo Sánchez fue el arquero vencido. Casualmente, al partido lo vieron integrantes de la Comisión Directiva de Huracán, que quisieron comprobar con sus propios ojos si las maravillas que se hablaban del santiagueño estaban fundamentadas. La coincidencia, entonces, no pudo ser más feliz.

Los periódicos que cubrían el ascenso ya lo empezaban a mencionar con frecuencia. Algunos todavía cometían el error de escribir su apellido con doble ese, pero la mayoría no se equivocaba al resaltar sus fabulosas condiciones futbolísticas.

La racha no se detuvo en Zárate. Continuó con un triunfo ante Acassuso (dos-uno), un empate en Flandria (cero-cero) y más victorias contra El Porvenir (uno-cero), Urquiza (cuatro-cero), Central Córdoba (cuatro-uno) y Central Argentino (dos-cero). En este último partido, René señaló un golazo por encima del arquero Pesci, tras recibir una habilitación de Valentini. Quenó no estaba en el 100% de su rendimiento físico. Sus marcadores le pegaban a mansalva. Contra Urquiza había tenido que dejar la cancha como consecuencia de las patadas. Y ya no logró curarse del todo, si bien jugando a veces en una sola pierna le

bastaba para enloquecer a la defensa contraria. Frente a los rosarinos, a pesar de estar jugando "entre algodones", le cometieron dos infracciones en el área que culminaron en sendos penales convertidos por Busti.

Tras el dos a cero a Central Argentino vino un agónico éxito por dos a uno ante Italiano. El segundo gol llegó a los 40 minutos del complemento por intermedio de Redondo. El pase se lo dio Houseman.

Después, Defensores igualó cero a cero con Fénix. El partido arrojó un saldo negativo, porque René volvió a ser golpeado y, ahora sí, se vio imposibilitado de estar en las dos fechas siguientes. Sin él, y con tres tantos de Gigliani, los de Chiti vencieron a Dock Sud tres a uno. El resultado los ubicó en el umbral del retorno a la B, dado que le sacaron cinco puntos a Sarmiento y restaban seis por jugarse. Por lo tanto, con solo empatar con Dálmine se aseguraban el primer puesto. El público defensorista se trasladó masivamente a Campana. Entre ellos, aún no apto para reaparecer, estaba Quenó.

Pero una derrota por dos a uno postergó la vuelta olímpica. Fue nada más que una semana, porque el sábado 2 de diciembre se dio el gusto de ser campeón en su casa, con una goleada contra Colegiales y con el regreso de Houseman. Para él significó el retorno perfecto: más allá de haber jugado brillantemente, señaló tres de los goles con que el Dragón aplastó cinco a cero a Colegiales, y tuvo vital participación en los otros dos.

Albino Valentini inició el recorrido triunfal al capitalizar una asistencia de René, que enseguida comenzó su propio show: a los seis minutos empalmó de taco un centro que llegaba desde la esquina y dejó atónito al arquero Morán; a los 15, avanzó con pelota dominada casi desde la mitad de cancha y cuando el arquero salió a achicar lo sometió con un disparo rasante; a los 30, desde el suelo capturó una pelota que quedó boyando y conquistó el cuatro a cero y tercer gol de su cuenta personal. A los 25 minutos del complemento, dejó a tres adversarios en el camino y lo bajaron en el área. Busti, de penal, señaló el quinto gol. Gracias a ese tanto sumó 16 y quedó como el máximo scorer del equipo campeón. Claro, muchos de esos goles fueron de penal. Y varios de esos penales vinieron como consecuencia de infracciones contra Houseman, quien con 15 conquistas escoltó al capitán de su equipo.

La tarde de la consagración Defensores alistó a Anhiello; Gianetti, Morcillo, Giardullo (Notaris) y Gigli; Redondo, Busti y Puppo (Delfín Benítez); Houseman, Valentini y Biasín.

Según Chiti, la importancia del santiagueño fue vital en la obtención del campeonato:

–No descubro nada si digo que de pibe ya era un fenómeno. Por ahí alguna vez había que retarlo porque no le gustaba entrenar, pero nadie se podía enojar, si gran parte de lo que fue esa campaña se la debíamos a él. Nos hizo ganar muchos partidos. Y digan que lo vendimos porque si se quedaba con nosotros en el 73, yo no sé qué hubiera pasado. Sin Houseman ese año salimos cuartos en la B, a cinco puntos de Banfield, el campeón. Con René, quizás ahora estaríamos recordando otro ascenso a Primera...

En la última fecha los rojinegros debían enfrentar a Alem en condición de visitante, pero la AFA todavía permitía cambiar las localías en caso de que los clubes se pusieran de acuerdo, y así lo hicieron para que el campeón pudiera seguir celebrando. La cancha de Libertador y Comodoro Rivadavia se llenó nuevamente y Defensores de Belgrano redondeó su excelente campaña ganando tres a uno.

En el partido hubo una expulsión. El joven Abel Gnecco le mostró la roja a Raimundo, jugador de Alem que intentó agredir a ese adversario que le había complicado la existencia a toda la defensa del equipo de General Rodríguez. La expulsión era un símbolo de la impotencia que sentían los marcadores al tener que enfrentarse a la magia de un René Orlando Houseman listo para ingresar en su período de mayor apogeo.

II
LA EXPLOSIÓN

CAPÍTULO 7

EL DEBUT SOÑADO

Los flashes y los micrófonos apuntaban al más grande entre los grandes. Entonces Edson Arantes do Nascimento, rodeado como estaba de periodistas, mencionó: "Ese número siete es despierto y maneja bien la bola".

Pelé desconocía completamente los datos de aquel wing derecho que acababa de enfrentar al Santos, pero cuando le preguntaron qué era lo que más le había gustado de Huracán, no dudó y, sin nombrarlo, hizo alusión al Loco Houseman. Sucedió una calurosa noche de diciembre de 1973, en el Palacio Tomás Adolfo Ducó. El Globo eligió a la poderosa escuadra brasileña para jugar un amistoso, cuyo fin era el de celebrar el brillante campeonato Metropolitano obtenido esa temporada. Era la primera vez en el profesionalismo que Huracán ganaba un título de Primera División.

Asimismo, a René lo consultaron por Pelé.

–Es un monstruo, soy muy afortunado por haber estado en una cancha con él –respondió.

El Santos ganó cuatro a cero con una descollante actuación de su máximo astro, que señaló un golazo de emboquillada (el segundo) y sirvió otro (el tercero). René agregó que hasta ese día jamás había visto jugar al negro que, aunque ya entrado en años, seguía siendo –hasta allí– el mejor futbolista de todos los tiempos. Recordó, no obstante, que una vez sí había estado muy cerca de verlo en acción. Ocurrió en 1962, en la cancha de River. Se trataba de un desempate por la final de la Copa Libertadores, en el cual el Santos le ganó a Peñarol tres a cero, con dos goles de Pelé. Pese a que solo tenía nueve años, Houseman se

propuso estar en el Monumental. Pero una propuesta más tentadora lo hizo desistir y quedarse del lado de afuera:

–La noche que iba a verlo, me quedé a cuidar autos para ganarme unos pesitos y al final no fui...

Todo había transcurrido muy rápido para el punterito que un año antes todavía jugaba en Primera C. En solo unos meses pasó del anonimato casi total, a salir en tapas de revistas –y no solo las deportivas–, a ser campeón de Primera, a jugar en la selección y a que lo elogiara el mismísimo O Rei.

Su irrupción en el fútbol grande fue espectacular. Codiciado por varios clubes, finalmente el de Parque de los Patricios aceptó desembolsar lo que Defensores de Belgrano solicitaba por un préstamo de un año, y por cinco millones de pesos moneda nacional se puso la camiseta del Globo. Para la época no era una cifra demasiado alta, pero no había tantos dirigentes dispuestos a apostar por un jugador de la tercera categoría de AFA... Hasta último momento Independiente y River terciaron en la pulseada por contratarlo. Sin embargo, acabó en Huracán, entidad en la que el director técnico terminaría cayendo bajo la seducción de aquel flacucho que pronto haría hablar al país futbolero.

Por aquellos días, René confesaba:

–Cuando me habló el coronel Vilanoba, de Defensores de Belgrano, y me preguntó a qué club me gustaría ir, le contesté: "A River, porque juega como se debe jugar, al toque, con alegría, con habilidad". Me dijo que Huracán me ofrecía más y acepté. Me alegro de haberlo hecho, porque hace el fútbol que quiere César, el que a mí me gusta.

Eduardo Deluca participó activamente de las gestiones por la transferencia:

–Una de las estrategias para venderlo fue presentarlo en sociedad por Radio Rivadavia. Yo mismo lo acompañé a la emisora y fue así que Jorge Bullrich le hizo su primera nota importante. Independiente y Huracán eran los más interesados por llevárselo. Lo que hacíamos para colocarlo por un buen precio era una especie de subasta, muy arriesgada. En el fútbol actual sería una locura, pero cuando llamaban de Independiente, les decíamos: "Huracán ofreció diez". Después llamaban de Huracán. "Independiente pone 20", los corríamos. Y la cotización subía...

La dirigencia del Globo aceptó desembolsar el dinero solicitado por el préstamo, y el 16 de enero Houseman estampó la firma. Al día siguiente viajó a encontrarse con sus nuevos compañeros, que ya estaban de pretemporada en la costa. El arribo tenía que haberse producido algunas horas antes, pero un imponderable demoró la partida: Quenó pidió jugar la final de un campeonato nocturno de papi fútbol, que se hacía en Excursionistas. Los dirigentes de Huracán lo miraron con asombro, pero le dieron el gusto. Concluido el torneo –que su equipo ganó–, de madrugada, junto al dirigente José Petrópulos se dirigió a Plaza Constitución y abordó el tren que a las ocho de la mañana lo depositó en La Feliz, sin más equipaje que un pequeño bolso con un mínimo indispensable de ropa. Era la hora en la que el plantel se estaba levantando para comenzar con los trabajos. La mayoría desconocía por completo de quién se trataba. Pero René no se hizo demasiados problemas. Y con otra de sus salidas imprevisibles,

estrenó sus primeros instantes en la concentración. Al escuchar que se iniciaba la práctica, adujo un intenso cansancio con motivo del viaje:

–Yo entreno, pero primero tengo que dormir.

Nuevamente, a la gente del Globo no le quedó otra alternativa que acatar los deseos del jovencito, que no parecía tener apego a la formalidad y la diplomacia.

Su primer entrenamiento fue en el club Kimberley. En el momento de parar a los titulares, Menotti se inclinó por Scalise. El entrenador solo conocía a Houseman por referencias. Cuando lo vio por primera vez, su aspecto con tintes de vago le llamó la atención.

–Es muy menudito y con esa pinta puede resultar un jugadorazo o ser un desastre –dicen que dijo. Pero Quenó, en el bando suplente, de inmediato capturó la atención del Flaco, quien desde entonces lo dejó para siempre en el primer equipo. Dos días después se produciría su presentación ante el gran público, y nada menos que por televisión.

René todavía no era el Loco cuando debutó con sus nuevos colores. Pero no pasaron más de un par de semanas hasta que el periodismo, luego de comprobar su talento, lo comparó con Oreste Omar Corbatta, el genial wing derecho que deslumbró a la generación anterior a la de Houseman, quien heredó así el cariñoso apodo con el que se identificaba al excrack racinguista.

René estrenó su flamante camiseta el 20 de enero de 1973, en un partido por el campeonato de verano de Mar del Plata, organizado por el legendario Gordo Martínez en el viejo Estadio San Martín. Huracán enfrentó a un combinado de la liga local, derrotándolo por cinco a uno. En una de las primeras acciones del encuentro, a Houseman le sacaron sobre la línea un cabezazo que hubiera sido el uno a cero. En el segundo tiempo, señaló el cuarto gol, le cometieron un penal que terminó en el quinto y en el balance total fue elegido como la figura del partido. Su marcador, un tal Montes de Oca, lo sufrió durante toda la noche... René se movió mayormente por la punta derecha y no perdió oportunidad de desbordar, tirar la diagonal y de rotar por todo el frente de ataque. Además, se entendió enseguida con Roque Avallay. Los medios que cubrieron el evento resaltaron su actuación y René dijo sus primeras palabras para la prensa de alcance nacional:

–Nací en La Banda, Santiago del Estero, el 19 de julio de 1953. A los cuatro años vine a Buenos Aires y en el 66 empecé en la prenovena de Excursionistas. Después pasé a Defensores, para la sexta. Siempre como volante. Debuté en 1971 y el año pasado, cuando se lesionó Vidal Ayala, me hice puntero.

No se inhibió cuando vio grabadores y lapiceras muy cerca de su rostro. Despreocupado, como si llevara varias temporadas en Primera, también se animó a la autocrítica:

–Tengo que levantar más la cabeza cuando voy a la pelota. Lo que mejor hago es el enganche con las dos piernas para cualquier costado. Mi máximo referente es mi hermano Carlos Walter, que jugó en la Primera de Excursionistas.

Por su parte, esa misma noche César Luis Menotti anticipó:

–Dentro de un año va a ser, lejos, el mejor puntero del fútbol argentino. Las sabe todas y lo único que le falta es desarrollarse físicamente y jugar unos cuantos partidos en Primera División.

Al día siguiente varios periódicos aludieron a su auspicioso estreno. El diario La Razón publicó las siguientes líneas en sus habituales Dialoguitos en el Asfalto:

"Directivo de Huracán: –Tenemos un número siete que dentro de unos meses, cuando tome más confianza, va a ser sensación.

Directivo de Independiente: –Ya lo sé. Nosotros lo perdimos por demorarnos. No sabés cómo lamento no ver a la dupla Balbuena-Houseman...

Directivo de Huracán: –El pibe nos llegó como regalo de fin de año. Defensores de Belgrano nos lo dio a préstamo por un año por cinco millones de pesos y, si decidimos quedarnos con su pase, diez millones más. Por ahora Menotti está muy conforme con su rendimiento. El muchacho le camina bien de siete, de ocho y de diez. Además maneja bien las dos piernas.

(René Houseman cobró rápidamente popularidad y existen muchas esperanzas en él)".

En la segunda fecha del certamen de verano, Huracán enfrentó al San Lorenzo dirigido por Juan Carlos Lorenzo. Igualaron dos-dos y René, que volvió a gustar, logró el empate definitivo a los 37 minutos del segundo período. El diario La Prensa comentó así el que fue su primer gol en el clásico barrial:

"Y así, con sus individualidades, consiguieron su premio: el empate. Fue por mediación de Housseman (N. de la R: algunos medios no estaban familiarizados aún con su apellido y seguían escribiéndolo mal), cuando Scalise fue por el lateral derecho, anulando a Glariá primero y a Piris después, para colocársela a Basile, y este, a su vez, de cabeza, al exjugador de Defensores de Belgrano. Un golazo. Balanceando el partido, un empate justo, pero que de alguna manera resulta victorioso para la gente del Globito. San Lorenzo exhibió nada más que algunos chispazos de su calidad. Huracán, en cambio, puso cuota de sacrificio, mostró el aporte prometedor de Housseman y Scalise, y resaltó el oficio de Basile para salvar los yerros de una defensa complicada".

El tercer compromiso de Huracán en el eEstadio General San Martín culminó en otro reparto de puntos, pero esta vez fue un cero-cero con escasos matices, ante Racing. Por el mismo torneo marplatense, Huracán debió medirse, días más tarde, con un adversario de mayor fuste: nada menos que Boca Juniors. Allí Houseman confirmó sus condiciones, pero le tocó padecer la primera amargura de su carrera huracanense. Hubo un penal para el Globo y el técnico lo autorizó para ejecutarlo. Su derechazo salió mordido, muy cerca del palo que custodiaba Enrique Vidallé...

En el vestuario, luego del encuentro, no pudo evitar el llanto de bronca. Repasaba mentalmente, una y mil veces, la escena desgraciada. Pero no tardó en hallar consuelo en la palmada protectora de sus compañeros. Los reiterados elogios del periodismo –que además destacó el buen nivel demostrado por Huracán– también lo ayudaron a olvidarse rápido del penal malogrado. Ya se hablaba de que "tiene un wing derecho en la cara y en la pinta. Como dice el Flaco Menotti, por momentos a él mismo le trae la simpática imagen de Corbatta".

Por la última fecha de la Copa de Oro, Huracán empató uno a uno con Independiente y obtuvo el segundo puesto en el torneo de verano. Entretanto, el mote de un nuevo Loco ya estaba instalado en el fútbol argentino.

CAPÍTULO 8

GÉNESIS DE UN EQUIPO FANTÁSTICO

César Luis Menotti, el hacedor de aquel fantástico conjunto, manifestó, a 20 años de cumplirse la epopeya del título de 1973:

"Para el fútbol argentino aquella era una época en la que, como hoy, algunos intrusos querían separar la eficacia de la belleza. Huracán apareció en ese momento de confusión y demostró que ambas cosas podían ir juntas. Y eso fue importante, porque los mensajes decían que había que ser pícaro, pinchar la pelota, mojar la cancha... Estaban los que decían que jugábamos bien, pero no le ganábamos a nadie. Entonces, inesperadamente, esa campaña me permitió aparecer como una especie de abanderado de los Pedernera, Tucho Méndez, el Charro Moreno, aquellos que hicieron que me enamorara del fútbol...

Como técnico, Huracán del 73 significó la posibilidad de disfrutar con las famosas tres 'G': ganar, gustar y golear. Más no se puede pedir. Yo salía de cada partido con una alegría increíble, por el juego del equipo y por el reconocimiento que recibía en la calle. El equipo se armó con tiempo, a favor del enorme crecimiento de Brindisi y Babington, de la llegada de un estratega como Larrosa y de un recuperador como Fatiga Russo, de la jerarquía de Carrascosa, de la veteranía de Basile y Chabay... Y también, a partir de una de las apariciones más espectaculares de la historia del fútbol argentino: la del Loco Houseman. Tampoco puedo olvidarme de los olores y las sensaciones de esa época. Todo tenía mucho barrio, mucha poesía. Patricios tiene algo especial... Siempre digo que tengo dos casas: la mía, que es la cancha de Central, y la de mi mejor amigo, la de Huracán. Aquel equipo del 73 fue como una vidriera para mí, pero lo más importante es que yo disfruté cada uno de los partidos, tanto o más que el mismo campeonato. Ese Huracán fue un resumen perfecto de dos elementos fundamentales en el fútbol: la eficacia y la belleza".

El domingo 4 de marzo de 1973 el sector local del Ducó presentaba un marco imponente. Era enorme la expectativa por ver al equipo que durante la temporada veraniega había cosechado tantos buenos comentarios. Era también imperiosa la necesidad que la numerosa afición del Globito sentía por dejar atrás los largos períodos de frustraciones que lo aquejaban. Por eso no extrañó que

ante Argentinos, por la primera fecha del Metropolitano, la gente se acercara en masa al estadio de Alcorta y Luna...

En el campo de juego, el equipo no solo no defraudó a su gente, sino que además logró que su hinchada se fuera loca de alegría y más ilusionada que nunca en conseguir, de una vez por todas, esa vuelta olímpica que se le negaba desde 1928, época en la que el fútbol argentino aún no había ingresado al profesionalismo.

Huracán goleó por seis a uno. El equipo alistó a Roganti; Chabay, Fanesi (luego lesionado y reemplazado por Buglione), Basile y Carrascosa; Brindisi, Russo y Babington (Quiroga); Houseman, Avallay y Larrosa.

Los goles fueron convertidos por Brindisi y Babington (ambos en dos oportunidades), Larrosa y Quiroga. José Pekerman marcó el de los Bichitos.

Con la única variante de Buglione por Fanesi, esa sería la formación base del Globo a lo largo del torneo, la que posteriormente sería recordada por haber sido una de las mejores de la historia.

Para conocer más en detalle la intimidad del fabuloso plantel, hay que remontarse dos años atrás: mayo de 1971. Fue esa la fecha en la que César Luis Menotti, convencido por el presidente Luis Seijo, hizo su desembarco en Parque Patricios. Sucedió a Osvaldo Zubeldía, el ilustre entrenador que había ganado todo con Estudiantes de La Plata, pero que en Huracán permaneció solo algo más de un mes. La férrea disciplina que intentó imponer nunca congenió con el trabajo más relajado que preferían sus dirigidos, entre los cuales había astros como el Bambino Veira, Narciso Doval y el Toscano Rendo. Al alejarse Zubeldía, también lo hizo su ayudante de campo, Carlos Bilardo.

Dispuesto a otorgar mayores libertades, la tarea del nuevo DT comenzó a dar sus frutos en 1972. Una aceptable colocación en la tabla fue el preludio de lo que vendría más adelante. Menotti depuró el plantel, si bien algunos jugadores sobrevivieron para integrar el elenco titular del equipo de 1973: por ejemplo, Alfio Basile (defensor campeón con el Racing de Pizzutti, que con sus 29 años estaba en el momento exacto para transformarse en un caudillo insustituible dentro de la cancha), Avallay (mendocino, centrodelantero y temible frente al arco rival) y dos muchachitos de pura cepa quemera que gracias a su manejo exquisito cautivaban a los hinchas desde hacía unas cuantas temporadas: Carlos Alberto Babington y Miguel Ángel Brindisi.

A ellos se sumó Héctor Roganti en el arco; el vigoroso Daniel Buglione en la zaga central (anteriormente ambos estaban en el club, pero no eran titulares); Nelson Pedro Chabay –otro hombre del equipo de José– llegó para actuar de lateral derecho y Jorge Carrascosa –procedente de Rosario Central– para hacerlo sobre la izquierda. Del mismo club también firmó Alberto Fanesi para reforzar la línea de fondo, aunque solo jugó un partido. El mediocampo ya estaba armado desde el 72 con Brindisi, Francisco Russo –ex-Platense que aportó equilibrio en la zona central– y Babington; arriba, Houseman, Avallay y Omar Larrosa, otro hombre que Menotti rescató (venía de Guatemala) para colocarlo entre los más aplaudidos por el público, que valoraba tanto su poder resolutivo como su capacidad para desempeñarse como wing o volante.

La búsqueda del toque y el gol fue la premisa. Hubo jugadas repetitivas, que sin estar exentas de sorpresa, fueron un sello, una marca registrada: las paredes a toda velocidad entre Houseman y Avallay; los pelotazos de Babington al vacío para la llegada de Brindisi; el retraso estratégico de Larrosa; la zona defensiva; el abroquelamiento en el fondo que le daba lugar a punzantes contragolpes... Porque el toque corto no impedía que la contra pudiera ser utilizada de manera letal.

Ese funcionamiento aceitado, y el hecho de privilegiar el juego vistoso por sobre el amarretismo que amenazaba con dominar al fútbol argentino, rápidamente le permitió conseguir a Huracán el ideal de rendimiento. Eso a lo que todos los equipos aspiran, pero que muy pocos consiguen: ganar, golear y gustar.

El inigualable escritor Roberto Fontanarrosa, por ejemplo, así también lo creyó ver en su libro No te vayas campeón, en el capítulo denominado "El mandato de las tres G":

"En otra época, cuando las cosas no resultaban tan complicadas, era más fácil llegar a cualquier lado. Los espacios eran amplios, las carreteras, pocas y las poblaciones, escasas. Con el tiempo, el entrecruce de caminos, senderos, tendencias, creencias y comportamientos obligaron a la señalización. En el siempre inquietante plano del sexo y el erotismo, por ejemplo, aparecieron carteles indicadores señalando el rumbo más directo y eficaz para llegar al misterioso e inaccesible Punto G. Convengamos que no muchos sabíamos en qué consistía el tan meneado, en todo sentido, Punto G, pero más que nada nos guiábamos por los relatos de algún aventurero afortunado que había dado por casualidad con aquel sitio y volvía de su viaje contando maravillas del descubrimiento. Tan soñado, ambicionado, idealizado y nebuloso como El Dorado, dicho punto corporal parece resumir, hoy por hoy, el compendio absoluto de la lujuria, el goce y el placer. Alcanzarlo, pese a los consejos, no es fácil y, para muchos, suele configurar un desafío comparable con el de acceder al pico del Himalaya, ser aceptado como socio en uno de esos laberintos que aparecen en las revistas de entretenimientos y que uno sigue con una birome en la sala de espera del dentista.

El fútbol argentino, siempre dispuesto a echarse encima nuevos compromisos, elabora, en un momento, el mandato en las tres G, como si una sola, la que marca el punto del tesoro en la peregrinación erótica, fuese insuficiente. 'Ganar / Gustar / Golear', dictaminó alguien, como si fuese tan simple. De allí en más, dicha premisa, 'ganar / gustar / golear', se constituyó en una aspiración, una obligación o una meta más pesada aun que la indescifrable frase con que el general San Martín apostrofó a su atribulada hija: 'Serás lo que debas ser, o no serás nada'. O más comprometedora, incluso, que el lema que rige los destinos del West Point: 'Honor / Deber / Patria'. Periodistas codiciosos e irónicos enarbolan ese código de máxima ante Directores Técnicos para cuyos equipos el solo hecho de empatar, o el de perder por poco, ya es un logro. Tal vez me equivoque, pero se me antoja que ese mandato formidable arranca del Huracán del 73. O tal vez empezó a girar, como una estrella incandescente, en torno a la selección argentina del 78. Pero supongo que, haya tenido su origen en uno u

otro equipo, de alguna manera estuvo íntimamente ligado a la aspiración futbolística del Flaco Menotti. Porque aquel Huracán sintetizaba las tres cosas, había sido privilegiado por el destino o por el gusto depurado de su técnico con los tres dones: ganaba, gustaba y goleaba.

Recuerdo ese Huracán y pienso, de inmediato, en Houseman, inscripto en esa pequeña logia de los wines derechos locos, los antojadizos, los marginales, junto con Corbatta, Bernao, Ciaccia y muy pocos más. Marginales, incluso, en el caso de Houseman, por su extracción social. La primera imagen de René la obtuve a través de la televisión en blanco y negro, en un partido nocturno medio intrascendente, de esos que uno mira distraído mientras cena y donde, de pronto, ocurre algo distinto, perturbador, extraño, que hace que uno sacuda la cabeza, se yerga en la silla y vuelque un poco de vino tinto. Houseman, con muy poquitos partidos en Huracán, venía corriendo con la pelota pegada al pie derecho, algo desequilibrado, aleteando, como a punto de perder sustentación igual que esas lanchas de carrera que, por el viento y la velocidad, corren el riesgo de tomar vuelo.

Corría, para hacer todo más difícil, sobre la raya de toque, por la derecha, casi haciendo equilibrio. Le salió un marcador, de frente, cubriéndole la línea. Y ahí no sé muy bien qué hizo ni cómo lo hizo. Sin perder velocidad, cambió la pelota del pie derecho al izquierdo y del izquierdo al derecho, como si se le hubiera enredado entre los botines, y apareció corriendo a espaldas del marcador siempre con la pelota y sobre la línea. Se escurrió, digamos, por el huequito que quedaba entre la cadera y la axila del defensa y los cinco o seis centímetros del grosor de la línea de cal. En aquella época no eran frecuentes las repeticiones en la tele, entonces Houseman, como para que yo no me quedara con la intriga, como para mostrar nuevamente el truco a ver si alguno lo descubría, repitió la maniobra con otro defensor que salió a cruzarlo por detrás del primero y se fue como una luz hacia el banderín del córner. Otra vez ese esbozo de arranque hacia adentro, la corrección hacia afuera y enderezarla para adelante pasando casi de perfil y sin que, ni siquiera, consiguieran hacerle falta.

Lo más parecido que he visto a Houseman, últimamente, es Orteguita, hasta en el físico, hasta en la manera en que se le caen las medias, resbalándose por unas piernas no demasiado impresionantes. René era vértigo y freno. Cuando aparecía él, se aceleraba el partido y, como Ortega, había veces en que daba la impresión de no tener articulaciones. Salía por derecha y por izquierda con igual facilidad y era, digamos, intuición pura, reflejos, de ese tipo de jugadores que no pueden calificarse, precisamente, de estrategas. Pero no se ataba a la raya. Se convirtió, a poco de su aparición, en un jugador de todo el frente de ataque y era de aquellos que uno siempre quiere ver, que arrancan exclamaciones de asombro y, en ocasiones, risas de admiración y goce. Flaco, liviano, escurridizo, desprolijo en el vestir, llevaba la pelota a velocidad de vértigo aderezándola con una enorme cantidad de amagues, de pequeños frenos, de aceleraciones, al punto que había veces en que era la pelota la que lo seguía a él, como un empecinado perro cachorro.

Por cierto que Houseman no estaba solo en aquel Globito del 73. Atrás contaba con la firmeza del Buche Chabay y el Coco Basile, llegados del Racing, que había ganado todo. Estaban también Fatiga Russo y el Lobo Carrascosa, un lateral izquierdo de una sobriedad, eficiencia y seriedad tales que poco después lo llevarían a la selección argentina. Un volante más defensivo, Buglione, y otros tres mediocampistas de una técnica y creación notables: Babington, Brindisi y Larrosa. Muy completos, por manejo, por capacidad para saber adónde le apretaba el zapato a aquel equipo y al adversario de turno e, incluso, por despliegue físico. Brindisi de derecha, Babington de zurda, podían pegarle en los tiros libres, meter pelotas de gol o definir ellos, tanto como Larrosa que, siendo uno de los más laboriosos, conquistó 15 goles ese año. Arriba, bien de punta, aparecía el mendocino Avallay, un jugador que, por sus características, uno hubiera podido suponer, como espectador, que no iba a ser del gusto de Menotti. No demasiado hábil, algo atropellado, acreditaba, sí, una velocidad impresionante y una notable guapeza. Se complementaba muy bien con la acumulación de talento y habilidad de sus compañeros o, quizá, por eso mismo, le resultaba fácil.

Vinieron una noche a Rosario, amagaba lluvia. Empezó el partido y se largó a llover torrencialmente. El partido se suspendió a los pocos minutos. Se jugó al día siguiente, y nos metieron cinco. Así de simple. Pocas veces he visto una superioridad tal de un conjunto sobre otro, aún considerando que el Central de ese campeonato era muy buen equipo. Solamente muchos años después, cuando vino River con Francescoli, Orteguita, el Diablo Monserrat, la Bruja Berti y también nos hizo cinco, viví algo semejante. Fue una de esas ocasiones en que uno se ve venir la maroma ya desde el principio y la gente, la hinchada canalla en estos casos que menciono, acepta con resignación la derrota, casi noblemente, hidalgamente, entendiendo que no solo está ante un gran equipo, sino que está ante un gran equipo en una tarde en que le salen todas. La hinchada de Central –que no es complaciente, que exige, que suele ser intolerante, que ha visto jugar al Gitano Juárez, a Humberto Rosa y a Massei– aquella tarde, tras el último gol de Houseman, se puso de pie y, simplemente, aplaudió.

A ese Huracán de Menotti no le costaba mucho ganar, golear y gustar. La broma es que dejó esa pesada máxima sobre la conciencia de los demás equipos venideros del fútbol argentino, como si a todos les resultara tan, pero tan fácil".

El 19 de julio de 2007, el destino esgrimió otra de sus jugarretas, dando lugar a que por un caprichoso mandato, en el día del cumpleaños número 54 de René, Fontanarrosa falleciera a causa de una implacable enfermedad.

CAPÍTULO 9

VER AL GLOBO Y DESPUÉS...

Houseman no anotó en la jornada inicial, pero a la semana siguiente estuvo presente en el marcador. Huracán viajó a Rosario, ciudad en la que venció a Newell's dos a cero. El partido se disputó en el estadio de Central. Larrosa señaló la apertura apenas iniciado el complemento y René estableció las cifras definitivas a los 23 minutos. Delménico fue el arquero derrotado por el Loco, quien así convirtió oficialmente su primer gol en la A.

Y fue un golazo, cuya jugada previa nació con un clásico arranque en diagonal. Con pelota dominada, eludió a Garrido y encaró hacia el arco. El guardavalla salió a taparlo. Se abrió a la izquierda, tratando de encontrar un hueco para disparar. Ante el achique de Delménico, sacó el zurdazo. La pelota se incrustó en la red y Huracán liquidó el partido.

En el vestuario, la escena parecía calcada a aquella de Mar del Plata. Los periodistas que se le van encima y un René desfachatado dice muy suelto de cuerpo:

"Fue un lindo gol, pero yo ya hice varios mejores".

En otro rincón, Menotti comentaba:

–Es un fenómeno natural que aprendió sin maestros. Nunca me imaginé que se adaptaría tan pronto a esta categoría, porque está bien que los que saben lo demuestran en cualquier lugar, pero no es lo mismo que te marque Pepitito que (Enrique) Wolff y (Ricardo) Pavoni.

Dos días después del triunfo en Rosario, se celebraron elecciones generales. En un país políticamente convulsionado por la violencia y la lucha armada, la fórmula presidencial justicialista Cámpora-Solano Lima, ganó con casi el 50% de los votos. El lema "Cámpora al Gobierno, Perón al poder", se escuchaba en todos los rincones y la calle palpitaba con el regreso del viejo caudillo, quien listo para volver de su exilio asumiría seis meses después el tercero de sus mandatos.

En su libro Desde chiquito me enamoré del Globo y de la Quema, Néstor Vicente relacionó ambos temas:

"El 11 de marzo hubo un clásico, pero en las urnas. La campaña electoral abarcaba casi todo. Sin embargo, los quemeros no podíamos disimular que estábamos agrandados. Ya le habíamos ganado a Argentinos y a Newell's en el comienzo del Metropolitano. Siempre pensé que el Globo debió elegir un año

más tranquilo para ser campeón. Para disfrutar solo eso. Despedir un domingo esperando el otro. Comentar cada jugada sin que otro tema impidiera que esa fuera la preocupación central, la de Huracán acercándose a su primer campeonato del profesionalismo, 45 años después de aquel glorioso del 28, que hace lagrimear a algunos hinchas cuando lo evocan".

En la tercera fecha, Huracán produjo otra goleada, aunque en el cinco-dos a Atlanta, René no convirtió. En la cuarta le tocó viajar a la misma provincia de la segunda fecha, pero en este caso a Santa Fe Capital, para medirse contra Colón. El Globo ganó tres-uno, quedó como único puntero y tanto la actuación colectiva como la que exhibió individualmente el puntero derecho, resultaron consagratorias.

Houseman le hizo el tercer gol a Baley, arquero que años después sería su compañero en Huracán y en la selección. El técnico no dejó pasar la chance de seguir alabándolo:

"Este pibe me asombra. A los 19 años, sabe todo lo que debe saber un jugador maduro. Y juega en un cuadro que va en punta con la misma seguridad que el año pasado jugaba en una Primera C... ¿Vieron esa jugada del primer tiempo cuando se metió amagando y cambiando de pierna, dejando gente en el camino y casi hace el gol? Para eso, hay que saber... ¿Y esa que salvaron entre Spadaro y el palo? ¿Se fijaron qué vivo, cómo la tocó cuando salía el arquero, cuando cualquiera podía suponer que iba a seguir en la diagonal? No es solamente un intuitivo: se ve que la piensa con el criterio de un jugador maduro. Y cuando se va a la izquierda, si a usted no le avisan que es wing derecho cree que es un número 11, porque maneja y tira igual con la zurda y no tiene problema de perfil".

Los defensores locales emplearon el viejo recurso de las patadas para neutralizar su talento. Ya se adivinaba que el juego brusco era un elemento con el cual conviviría a lo largo de toda su carrera. Sin embargo, esa tarde en Santa Fe ni los golpes más arteros de Guereño, su ocasional marcador, obstaculizaron su sagacidad para penetrar, por la punta y por adentro; sus cruces en diagonal, sus devoluciones con el revés de cualquier pie; y, por último, su colosal definición ante Baley, al que gambeteó y derrotó con maestría.

En la quinta fecha el Globito apabulló a Racing por cinco a cero (tres goles de Brindisi y dos de Avallay). En la sexta, venció ajustadamente a Vélez, uno a cero en Liniers, merced a un agónico tanto conquistado por Houseman a tres minutos del final del partido. Eso le valió ser tapa de la revista El Gráfico por primera vez. No sería la única...

Desde el prestigioso semanario deportivo le llovían elogios prácticamente en todas las ediciones. Extasiado por el desenvolvimiento de René, Osvaldo Ardizzone y su rica pluma le dedicaron líneas repletas de admiración:

"Esto es como el folklore. Como esas viejas canciones que se siguen cantando. Están en el aire, las transporta el viento. Y, entonces, siempre nacerán cantores para entonarlas. Solo que siempre es el mismo canto, que es gran herencia de un pueblo, de un país... Sí, este pibe Houseman es el 'loco' Corbatta. Es Oreste en el piante. Es Oreste en la picardía. Es el 'loco' Oreste en los inventos. En la habilidad. En la gracia, en la forma de pararse, en la precisión para pegarle. En

el amague. '¡Parece Corbatita!', es la coincidencia... No, es Corbatita... Es el mismo 'loco' que ahora decidió vestirse con la camiseta de Huracán. Si no ¿quién le enseñó todo eso al pibe Houseman? Nadie. ¿Quién lo hizo igual a Corbatta hasta en la pinta, hasta en la forma de acordeonar el cuerpo?".

El mote de Loco ya estaba instalado por completo. Pero no fue el único seudónimo con el que se lo conoció. Sus compañeros se ocuparon de buscarle otros. Babington y Roganti le decían Cacho; en cambio, Russo lo bautizó con el Hueso, que prevalecería por muchísimo tiempo, en clara alusión a su esquelética contextura física

En la séptima fecha, Estudiantes le quitó al líder su primer punto del torneo. En la cancha de San Lorenzo, igualaron tres a tres. Houseman no convirtió, pero realizó dos maniobras que muy cerca estuvieron de culminar en gol, y que hasta merecieron las alabanzas de su marcador de turno, el Tato Medina:

–Las dos me las hizo a mí. ¡Qué fenómeno! Me crucé con él, tapándole la única salida posible contra la raya y la "sentó", haciéndome pasar de largo...

Cuatro días más tarde, debutó con la camiseta de la selección nacional, frente al Palmeiras de Brasil, en un estreno que no le fue demasiado favorable. De vuelta con los colores del Globo, asistió a la primera caída de su equipo, cuando por la novena fecha River le ganó uno a cero y también lo superó en la tabla.

Pero a la semana siguiente, aprovechando que los Millonarios quedaron libres, Huracán regresó a la punta que nunca más soltaría, tras derrotar a All Boys dos a uno, con un gol de Larrosa y otro del Loco.

La jornada siguiente fue una vez más extraordinaria para los de Parque Patricios, que en Rosario aplastaron a Central por cinco a cero. Houseman le hizo dos goles a Munutti (era la primera vez que hacía más de uno en un mismo cotejo) y Huracán se retiró ovacionado de Arroyito por la propia hinchada local. Uno de esos goles, en el que dejó desairados a los hermanos Daniel y Mario Killer, fue una joyita que provocó que los diarios del lunes lo colmaran de elogios.

En las jornadas posteriores se sucedieron más resultados y actuaciones exitosas, con victorias ante Chacarita (dos-cero), Independiente (dos-uno) y Ferro (cinco-dos). Luego hubo dos empates, contra Gimnasia y San Lorenzo (ambos dos-dos). Y a pesar de que en la última fecha de la rueda inicial sufrió una dura derrota ante Boca (uno-cuatro), los dirigidos por Menotti siguieron conservando el liderazgo, con 25 puntos. Dos más que sus escoltas, Independiente y River.

En el comienzo de la segunda rueda, Huracán enfrentó a Argentinos, retomando el camino del triunfo. Para el Loco no se trató de un partido más, dado que cuando la cosa estaba empatada, hizo el gol del triunfo gracias a una maniobra que fue otra magnífica obra de arte. Se jugaban 25 minutos del segundo tiempo. Brindisi, sobre la mitad de la cancha, lo buscó con pelota larga; el Loco picó desde la raya hacia el centro, para recibir el pase entre Nicieza y Moreno. Cuando la pelota culminó la parábola y bajó justa para sus pies, le dio de zurda, sin dejarla picar y ganándole por sorpresa y precisión a la salida de Spilinga y al cierre de los fullbacks. Esta vez el Loco reconoció: "Este fue el gol más lindo que he hecho". Tan bien jugó René, que el técnico de los Bichitos, don Victorio Spinetto, lo esperó en la puerta del túnel para saludarlo:

–Mire, Houseman... ¡Ese gol que usted ha hecho! ¿Sabe qué hermoso gol? Hacía tiempo que no veía pegarle a la pelota en esa forma. Lo felicito, Houseman.

En los camarines, Spinetto no cesaba de repetir:

–Fue un gol de cualquier época. Y a veces uno escucha comentarios, uno lee que ya no se juega como antes. Yo creo que si uno pensara así, para recordar un gol como el de este chico habría que remontarse a 1905.

Embelesado por la magia del Loco, el recordado periodista Horacio García Blanco, en el entretiempo, había arengado a los oyentes de Radio Rivadavia:

–Aquellos que estén cerca de la cancha, por favor, denme bolilla y vengan para ver a este muchacho.

Los que le hicieron caso al Gordo no se arrepintieron. Pero no terminaron allí las sorpresas: entre los alcanzapelotas había un chico de 12 años que no salía de su asombro por las maravillas que le vio hacer al número siete de los contrarios. No pasó mucho tiempo cuando tuvo la ocasión de decírselo personalmente: era el Cebollita Diego Maradona.

Después de esa victoria, Huracán le sacó cuatro puntos de ventaja a sus perseguidores.

A continuación despachó a Newell's (tres-dos) y a Colón (uno-cero). Luego, varios de sus jugadores fueron convocados para concentrarse con la selección, lo que les impidió estar presentes en las fechas siguientes. El Globo perdió a varios hombres: Russo –que solo estuvo ausente un partido, pues renunció a la albiceleste–, Brindisi, Avallay, Houseman y Babington, que se marchó algunas jornadas más tarde.

Se cerró entonces un ciclo brillante. Los siguientes compromisos Huracán los afrontó con gente que habitualmente no era titular, el caso de Leone, Quiroga, Scalise, Del Valle, Ríos o Tello. No obstante, no perdió terreno en su lucha por el campeonato. Eso sí: su poderío ofensivo se resintió en forma notable. En los próximos cinco partidos pudo marcar nada más que tres goles, con estos resultados: Atlanta (uno-cero), Racing (cero-cero), Vélez (uno-cero), Estudiantes (uno-cero) y River (cero-uno).

A la fecha siguiente, se produjo el regreso de Houseman, que –ya se verá por qué– había dejado el seleccionado. Su vuelta no pudo ser más auspiciosa, ya que coincidió con una nueva victoria después de la caída ante River, en este caso frente a All Boys por dos a cero. René metió un gol y Huracán amplió su ventaja con respecto al segundo. Ahora sumaba 45 puntos contra 40 de Boca.

Pero no todas fueron rosas esa tarde para el Hueso, pues desde la platea local recibió varios insultos como consecuencia del problema que había tenido en la selección. Le gritaron villero y vendepatria. Alambrado de por medio, se suscitó una situación curiosa cuando el Loco pretendió explicarles sus razones a los hinchas más exaltados, pero finalmente se concentró en el partido y el incidente no pasó de eso.

Posteriormente, Huracán igualó dos veces más, contra Rosario Central (uno-uno) y Chacarita (cero-cero). Y a cinco fechas del término del torneo, logró un éxito clave, aunque muy trabajoso. Venció a Independiente uno-cero, gracias a

un tanto que René le hizo a Santoro en el primer tiempo. En el vestuario, eufórico, le dijo a Radio Rivadavia:

–El gol que hice hoy me puso más contento que cualquier otro: creo que es el del campeonato. Y es el primero que hago en nuestra cancha. Tenía una mufa bárbara acá...

Enseguida se lamentó ante el sorprendido cronista radial:

–Lástima que no traje el grabador. Pero no importa, mañana me despierto y me escucho de punta a punta el Fontana Show. Pongo la radio y el grabador, tengo todos mis goles registrados en las voces de Muñoz y Podestá, y este no me lo quiero perder.

La anécdota venía a cuento por una extraña costumbre de René, solo comprensible en el contexto de su singular personalidad y una época en la que la tecnología tenía bastantes limitaciones. Apenas empezó a jugar en Huracán, Houseman se compró un grabador. Antes de salir para la cancha, lo dejaba al lado de una radio encendida con el objetivo de que el partido y sus eventuales conquistas quedaran registradas en el aparato.

En la fecha 31, el líder empató con Ferro. En la 32, recibió a Gimnasia. Perdió dos a uno, pero a pesar del traspié se consagró campeón con dos semanas de antelación, debido a que Boca perdió ante Vélez.

Todo Parque de los Patricios celebró, entonces, una de las mayores hazañas futbolísticas de su historia.

La tarde del 16 de septiembre de 1973 fue extraordinaria de principio a fin. Un madrugador gol velezano desató un verdadero carnaval en el Ducó, donde el comienzo se demoró varios minutos debido a que una invasión inundó de fanáticos el campo de juego.

La Razón, en su sexta edición, describió los instantes previos al comienzo del juego:

"De antemano se suponía que el partido iba a constituirse en un pretexto. Ese pretexto que iba a justificar lo otro, lo extrafutbolístico. Cuando llegamos a la cancha, la impresión se confirmó. Euforia desbordante en miles y miles de gargantas enronquecidas durante el transcurso del cotejo preliminar. Cientos de banderas blancas con el 'scudetto' del globo ondeaban con vehemencia y pasión en una tarde que iba a tener dueño... Nadie faltó a la cita. Si hasta cuando pisaron la gramilla Husseman (sic), Larrosa y Cantú, dio la sensación de que también lo hubiesen hecho Brindissi (sic), Avallay, Babington –grandes forjadores de la campaña– junto con los inolvidables Masantonio, Tucho Méndez, Stábile, Onzari, Giúdice, Coco Rossi, Cacho Filgueiras, Toscano Rendo, entre otros".

En las páginas del matutino La Prensa, también se reflejó la ansiedad de la afición huracanense:

"Cuando restaba un minuto para cumplirse las 16, el árbitro Ithurralde, tras conversar con el comisario deportivo, se retiró a los vestuarios, debido a la gran cantidad de público que había invadido la cancha momentos antes de que los jugadores salieran al campo de juego. La entrada de los locales transcurrió en medio de un gran delirio de parte de su parcialidad. Minutos después volvió a hacerse presente en el campo el juez, pero advirtiendo que no iba a comenzar

el match hasta que no se retiraran todos los muchachones del field, pedido que se hizo por los altavoces mientras los players retiraban las serpentinas y papeles que habían caído al terreno. A las 16.03 entró Gimnasia y Esgrima a la cancha. La fiesta adquirió mayor envergadura al conocerse el tempranero gol de Vélez Sársfield frente a Boca, y que en esos momentos ya declaraba campeón al 'Globito'".

No hubo goles en la primera etapa, que La Razón resumió con este análisis:

"Cuando no se habían cumplido dos minutos de juego, Della Savia sacudió el horizontal y también los espíritus locales. Pero no duró mucho esa zozobra, pese a que los mensana, jugando con tranquilidad, le complicaban la existencia al Globo. Y es que las tribunas cumplían un papel preponderante... Volvió el aliento y la lucha por momentos se hizo pareja. Gimnasia, sin nada que perder, oficiaba de correcto partenaire. El buen juego de Pedraza, más el oficio de Carlitos Bulla llevando la pelota al trotecito lento, pero asegurándola, ejercían un leve dominio que brindó un par de jugadas de peligro frente a la valla de Roganti. Frente a esto, Huracán oponía un ponderable sentido profesional. Salió a ganar. Con ciertas imperfecciones, es cierto, pero que encontraban un gran justificativo en los nervios y la tremenda responsabilidad que suponía llegar al gol, a la victoria, al campeonato...".

En cuanto al Loco, su rendimiento no salió de la medianía general.

"Fue Quiroga –siguió narrando La Razón– el que en medio de ese torbellino de tensiones, trató de serenar y buscar con criterio la salida para el ataque. Del Valle, algo enredado, y Housseman (sic) que no estuvo en su mejor nivel no acompañaron con acierto la producción de su compañero".

En el segundo tiempo llegarían todas las emociones: las de los goles y la del campeonato:

"Gimnasia, en discutida y dudosa maniobra, se puso en ventaja y comenzó la desesperación en Huracán. Que se acrecentó con la segunda conquista mensana por intermedio de Palacio. Llegó el descuento de Larrosa y el partido era visto y compartido con los transistores que traían las noticias del partido en Liniers. Cuando se escuchó el anuncio del final con la derrota de Boca, fue la apoteosis. Un coro ensordecedor era la resultante de miles de voces roncas llenas de emoción. Puños crispados y manos tensas de aplausos continuados expresaban el delirio. No había concluido el encuentro y se produjo la invasión del campo de juego iniciando los festejos. Era el fervor de tantos años acumulados, que hoy en este domingo del 73 encontraban su máxima expresión. Del resultado nadie se acordaba, Huracán después de 45 años se ceñía otra vez la corona de campeón, que había logrado en el amateurismo allá por 1928. Difícil resulta explicar toda la gama de euforia que se vivió en Patricios. Todos se abrazaban indiscriminadamente. Ojos luminosos que se contenían, otros que desbordaban. 'Salud al Huracán campeón...'. Al cierre de esta edición una bulliciosa caravana de automóviles se disponía a recorrer las calles céntricas de la ciudad. Hoy, en la Capital Federal, indudablemente mandaba un barrio, Parque de los Patricios...".

La Prensa le añadió más detalles a la espectacular consagración:

"El humor de los simpatizantes se evidenció de diferentes maneras: caricaturas muy bien pintadas en las paredes de los alrededores del estadio, invitando: 'Pasen a ver al campeón, hoy debut a las 16 horas', en tanto otra tomaba en solfa la persecución de Boca. Variedad de cánticos alusivos al evento: 'Lo dice Perón, hacete del Globo, que sale campeón'. 'Yo tengo fe que el Globo va a ganar, y daremos la vuelta por toda la Capital'. 'Desde la Quema salió el nuevo campeón'; y el más coreado durante la campaña, 'Dale, Globo, que vamos a salir campeones'. Las jovencitas, por una moda súbita y aún más efímera que la dictada por los centros de alta costura, lucieron sobre sus frentes vinchas con inscripciones alusivas. Cuatro grandes banderas, que alcanzaban desde lo alto de la cabecera ocupada por la hinchada de Huracán hasta el tejido del alambrado olímpico y otra enorme a todo lo largo de la cancha encabezaron al resto, que si bien más modestas en tamaño, no lo eran por su significado. Antes de iniciarse el cotejo, un carrito tirado por un petiso y adornado por flores y globos, y tripulado por un niño, dio una vuelta a la cancha entre el aplauso de los concurrentes, en tanto se descolgaban jóvenes disfrazados en improvisada comparsa y muchos purretes al interior del campo, hecho repetido cuando se tuvo la certeza de la derrota boquense y que obligó al árbitro a suspender el partido. En esa avasallante invasión que se prolongó a los vestuarios, e inclusive a la concentración en el segundo piso, refugio del plantel tras el match, y desde cuyas ventanas saludaron infinidad de veces a la multitud que los aclamaba por la aAvenida Alcorta. Por esas ventanas arrojaron los jugadores las pocas prendas que les quedaron, en tanto se multiplicaban los pedidos desde abajo, para llevarse algún recuerdo de esa tarde inolvidable. Dentro de los vestuarios y en la concentración se multiplicaban los abrazos entre directivos, hinchas y jugadores, en tanto estos firmaban autógrafos y dedicatorias en cualquier elemento que pudiese ser escrito. Del estadio, los jugadores se dirigieron a la sede social. Luego de sortear la presencia de los hinchas pudieron llegar hasta el salón del primer piso. Desde allí saludaron al público que se había agolpado a todo lo ancho de la aAvenida Caseros. Mientras no cesaban los estribillos, una larga caravana comenzó a circular por todo Parque Patricios, y después de las 22 se dirigió a la zona céntrica de la ciudad. Los transeúntes que salían de los espectáculos se encontraron con un desfile multicolor, con las características de un carnaval...".

CAPÍTULO 10

SALTO A LA LIBERTAD

La soledad lo deprime. El silencio lo angustia. La tranquilidad lo atormenta. Su mente inexperta no comprende qué está haciendo allí. Un mes encerrado. ¿Para qué? Sus compañeros y el cuerpo técnico, en su gran mayoría, están muy lejos. Solo quedan algunos muchachos y el profe. Nadie sabe nada. Pero él ya lo ha resuelto. Se escapará. El plan de fuga ya está trazado. No le costó casi nada tomar la decisión. Es sábado. Oscurece. En la casa de unos amigos, justamente en Castelar, habrá baile esta noche. Y él no se lo perderá por nada del mundo. Ni siquiera si el hecho de hacerlo significa que no va a jugar más en la selección.

Las sombras del atardecer son sus aliadas. El personal de seguridad está preparado para cuidar a los jugadores, no para vigilarlos. Sigilosamente, se aproxima a una de las ventanas. No hay nadie cerca. Un frío sudor le recorre el cuerpo. Pero las ansias de salir del encierro son más fuertes que el miedo a que lo descubran. Es ahora o nunca. Unos segundos más y será libre. Quenó va a tirarse. Cuando está a punto de hacerlo, se siente como si tuviera otra vez ocho años y estuviese por cometer otra de sus travesuras. Ahora, reflexiona en esa milésima de segundo, acaba de cumplir 20...

Pero no importa. Ya no hay tiempo de arrepentirse. René salta al vacío. Son dos pisos. Cae. Amortigua el golpe gracias a los yuyos. Toca el suelo. Gatea hasta la salida. Se para. Se sacude la ropa. ¡Ya está! ¡Es libre! Se toma un taxi y media hora después está riéndose entre familiares y amigos. Algunos lo observan, todavía sin comprender lo que ha pasado...

Por varios días, nada se sabe de él. Hasta que casi una semana después, el viernes 10 de agosto de 1973, vuelve por el entrenamiento de Huracán. Es tal la vergüenza que tiene, que ha desaparecido por seis días. Pocas horas más tarde, a través de la prensa, el país futbolero está al tanto de su insólito proceder: Houseman se fugó del predio de Luz y Fuerza, de Castelar. En ese lugar concentró la selección nacional, en aquella etapa previa al Mundial de Alemania Federal. La delegación había partido hacia San Luis, a jugar un amistoso contra un combinado local. En Castelar, al mando del preparador físico Rodolfo Kistenmacher, solo quedaron algunos jugadores, entre los que él estaba.

El técnico de la selección, Enrique Omar Sívori, decretó su inmediata expulsión. No era la primera vez que el Loco lo desconcertaba. Un par de meses antes, ya había tenido indicios de que a René había que prestarle una atención especial. Ocurrió cuando lo molestaba un dolor de muela y le dieron permiso para ir a un dentista. Varias horas después, tuvieron que ir a buscarlo a su casa para que volviera a la concentración. Ese episodio pasó casi inadvertido, pero lo de Castelar fue una bomba que conmocionó el ambiente. Todos los medios lo buscaron para conocer más a fondo el pensamiento de ese pibe, tan brillante dentro del campo de juego, como sorprendente fuera de él.

En un extenso reportaje realizado por Horacio Pagani para la revista El Gráfico (cuyo título era "¿Culpable o Inocente?"), René desnudó sus sentimientos con inusitada crudeza, permitiendo que la opinión pública viera una faceta de su personalidad hasta el momento desconocida:

–¿Por qué lo hiciste, René?

–No podía aguantar más. Todos me trataban bien, pero me sentía como preso. Llevaba un mes y cinco días de concentración y ya había hecho mucho sacrificio. Quería volver a mi barrio, a mis amigos...

–¿Estás arrepentido?

–No; arrepentido no. Pienso que fue una locura. Pero lo mismo lo volvería a hacer de nuevo.

–Ya te habías escapado antes...

–Ese fue un malentendido. Yo había salido con un grupo de muchachos. Algunos tenían que ir al Instituto ese de la altura, y otros íbamos al consultorio de la AFA. Como yo no tenía nada, le pedí permiso a una persona –no voy a decir el nombre porque no quiero ser botón– para ir un rato a mi casa. Me dijo que sí, pero que tenía que estar de vuelta en la calle Viamonte a las siete en punto. Llegué a las siete y veinte y ya se habían ido. Como yo no sabía dónde quedaba la concentración me fui a dormir. Y que digan ellos si no es verdad. Cuando me fueron a buscar me encontraron en la cama.

–Pero vos habías dicho que tenías un dolor de muela terrible.

–Sí, pero cuando salimos ya no me dolía más.

–¿Te parece que procediste bien?

–¿Por qué no? Pedí ir al dentista porque me dolía la muela. Pero cuando dejó de dolerme, no tenía sentido que fuera.

–¿Nadie te habló entonces?

–Sí, el señor Sívori, y estaba enojado. Me pidió explicaciones. Le dije esto mismo. Me preguntó si realmente quería seguir en el seleccionado y le respondí que sí. Me aclaró que tenía que hacer todo lo que me ordenaran. Y yo le hice caso. Nunca más tuvieron una queja de mí.

–¿Hablaste otra vez con Sívori?

–Una vez le conté que no aguantaba el encierro y mucho menos después de la ida de Russo, que era mi verdadero amigo. Me contestó que lo iban a estudiar. Después le pedí disculpas y todo quedó en la nada.

–Pero... ¿alguien te aconsejó?

–César Menotti, que es un tipo bárbaro y a quien yo le hago mucho caso.

–¿Qué te dijo?

–Que hiciera un esfuerzo. Por el bien de mi mamá, de mi familia. Que esta era una buena oportunidad para que todos saliéramos adelante. Y lo entendí muy bien. Pero pensar que tenía que aguantar dos meses más me volvía loco.

–¿Cuánto ganás, René?

–En Huracán saco 150 mil por mes y 120 por partido ganado. En la selección igual que todos...

–¿En este mes de concentración ganaste más de 700 mil pesos?

–Todavía no cobré nada. Contra Chile, acá, no jugué por el asunto de la muela. El técnico me sacó del equipo como castigo. Allá perdimos y no nos tocaba premio. Me deben el partido contra Perú y los que hicimos en Junín y San Luis. Más el sueldo. Pero yo no voy a reclamar nada. Si no me quieren pagar que no me paguen. La plata no me interesa.

–Pero sabés que el premio por la clasificación va a ser muy grande... Dicen que diez millones.

–Mala suerte. Ya los recuperaré algún día.

–¿En Huracán?

–Puede ser...

–Vas a necesitar mucho tiempo.

–No me importa. Nunca le di valor a la guita. A lo mejor será porque nunca tuve mucha, ¿no?

–Alguien me dijo que fumás tres atados de cigarrillos diarios.

–Es una mentira. En una de esas compro tres atados por día. No lo voy a negar. Pero vos viste cómo los convido. Yo no fumo más de diez o doce.

–También me comentaron que una noche te tomaste una botella entera de whisky en tu habitación...

–¿Dijeron eso? ¿Quién?... No, viejo, a mí el whisky no me gusta. Todo lo que tomo es un vaso de vino con la comida.

–¿Qué pensás de los otros muchachos que están concentrados y que no se quejan?

–Ojo que todos están podridos del encierro. Pero ellos tienen en qué pensar. Piensan en el porvenir...

–¿Y vos por qué no pensás en el porvenir?

–Sí que pienso. Pero yo siempre fui libre y quiero seguir siendo libre. Era como estar en la cárcel o en la colimba. No hay nada que hacerle, no podía aguantar y por eso hice lo que sentía. Yo juego al fútbol porque me gusta, ¿me entendés? Pero no estoy preparado para sacrificarme. Me la jugué y me voy a aguantar la que venga.

–¿Es verdad que Huracán te quiso hacer mudar a un departamento y no quisiste ir?

–Sí, es verdad. No quiero irme de aquí porque estoy desde los cinco años y tengo a todos mis amigos. Y los voy a extrañar mucho. Mirá..., me iría solamente por mi vieja, para que viva en un lugar mejor. Pero tendría que ser muy cerquita. Allá en Patricios no podría acostumbrarme.

–¿Pero no tenés ganas de progresar?

–Todo va a llegar a su tiempo.

–¿Pensaste que la Argentina puede clasificarse para jugar en Alemania y que vos no vas a estar allá?

–Sí lo pensé. Y no me hago muchos problemas.

–La mayoría de los jugadores sueñan con llegar algún día a representar a su país, ¿a vos no te pasa lo mismo?

–Claro que me gustaría. Pero no hagan una cosa de vida o muerte. El año pasado estaba en la selección de Primera C que salía de gira. No cobramos un solo mango. Cuando llegamos nos dieron una medallita de oro a cada uno. Ahí jugué para la camiseta, de la misma manera que cuando juego en el equipo del barrio.

–¿Tuviste algún problema con los muchachos de la selección?

–Al contrario. Hablaba con todos y me parecen buenas personas.

–¿Qué pasa si Huracán resuelve hacer concentraciones de tres días todas las semanas?

–En Huracán me la aguanto. Ese es un grupo fenómeno. Pero yo sigo pensando que la concentración no sirve.

–¿Sos capaz de controlarte solo?

–Claro, ahora no lo hago tanto. Pero el año pasado jugaba en la C, y los viernes, a las diez de la noche, ya estaba en la cama.

–Es probable que la AFA te suspenda y que no puedas jugar en Huracán, ¿qué pensás hacer si ocurriera eso?

–Seguiré jugando al fútbol en el Santos de Belgrano, que es uno de los equipos del barrio.

–¿Y la plata?

–No sé. Volveré a trabajar de carnicero... Yo me la jugué y me la voy a aguantar sin chistar.

–¿Hay algo más que te interesa aparte del fútbol?

–Sí, tener amigos. Y la verdad es que no me puedo quejar...

–Fríamente, René, ¿no creés que cometiste un error?

–Puede ser, lo reconozco. Fue una cosa de locos. Pero no estoy arrepentido. El año pasado no me conocía nadie y no tenía tantos problemas. Yo no estoy acostumbrado a estar encerrado. Siempre anduve por la calle. Pero te digo una cosa: voy a cambiar. Como persona y como profesional. A partir de ahora todo va a ser distinto. Voy a pensar en el porvenir.

–Si te vuelven a citar para la concentración, ¿vas a ir?

–No. Esa sí que no me la banco.

La medida tomada por Sívori le puso punto final a su primer ciclo con la camiseta celeste y blanca. Atrás quedó su debut, el 15 de abril, contra el Palmeiras, en cancha de Racing. No pudo mantener esa noche el alto nivel que estaba exhibiendo en el torneo doméstico. Sin embargo, como atenuante vale aclarar que todo el proceso de selección –que igualó uno a uno ante los brasileños en un partido muy mediocre– estaba inmerso en un mar de extrema confusión. Y el símbolo más evidente de ello, es la renuncia indeclinable que el mismo Sívori presentó ante la AFA al cabo de unos meses.

En cuanto a Houseman, luego del debut jugó varios encuentros más antes de su salida de la selección: dos contra Uruguay (en Buenos Aires y Montevideo, ambos ganados por la Argentina uno a cero); contra Chile, en Santiago (perdió la selección tres-uno); contra Perú, en Buenos Aires (tres-uno a favor); y, por último, uno de carácter extraoficial frente a un combinado de futbolistas argentinos en el exterior, denominado Olimpia 73. Ese cotejo tuvo lugar en la cancha de Vélez y la selección ganó tres a cero. Uno de los goles, el tercero, a los 85 minutos, fue convertido por el Hueso ante el Gato Marín, lo que significó su primera conquista en el equipo nacional. En una monumental jugada, la recibió fuera del área, gambeteó a Zywica y Viberti, metiéndola de derecha entre el arquero y el primer palo.

Aquel 9 de julio fue un día muy especial para René. Un mes más tarde, ya no formaba parte del seleccionado. Sin embargo, tendría revancha. Y mucho más rápido de lo esperado.

CAPÍTULO 11

CERCA DEL PACÍFICO

Enero de 1974. Igual que un año atrás, Huracán realizaba su pretemporada en Mar del Plata. A pocos meses del Mundial, un periodista italiano visitó el plantel con el fin de efectuarle notas a Babington y Brindisi. De repente, en la charla se entrometió el Hueso y, cuando el visitante se quiso acordar, Houseman ya se había transformado en el protagonista del reportaje. Extravertido como siempre, comenzó a tomar de punto al italiano, que lo miraba sorprendido. A pesar de la barrera idiomática, logró hacerse entender: "Ese Facchetti jugaba bien, ¿no?". El periodista le respondió: "Sí, posiblemente va a estar en el Mundial". Houseman remató: "¿Ah, va a estar allá? Bueno, avísele que se prepare porque a ese me lo como". Hizo el gesto de engullir con la mano, y el periodista se quedó largo rato averiguando quién era ese extraño pibe que se coló en la nota.

Más allá de la anécdota basada en la inigualable chispa del Loco, acaso lo que nadie supo en ese mes de enero era que, efectivamente, el Hueso –que había sido desafectado del seleccionado el año anterior– tenía razón. En Alemania 74, la Argentina enfrentó a Italia y la gran figura del partido fue René, quien se encargó de enloquecer no solo a Facchetti, sino a toda la defensa azurra.

Sin saberlo, él mismo lo había vaticinado. Para eso, sin embargo, todavía faltaban algunos meses. En aquel enero, la única camiseta en la que Houseman pensaba era la de Huracán. El problema con la selección solo era un mal recuerdo y aún estaba muy fresco el sensacional campeonato obtenido con el Globo.

Después del Metropolitano 73 vino el Nacional. Huracán tuvo una buena actuación, pero no logró entrar al cuadrangular que definía el título. Para dicho minitorneo clasificaban los dos primeros de cada zona, y el equipo de Menotti quedó tercero, a un punto de los líderes, Rosario Central y Atlanta.

Cuando Sívori lo expulsó por indisciplina, el Flaco respaldó a René en aquel momento tan complicado para él:

"Sigo creyendo que futbolísticamente no le falta nada más. Lo que le falta es lo otro: hacerse hombre, conocer la vida, ubicarse, tomar conciencia de lo que realmente es y puede llegar a ser dentro del fútbol. En este momento se siente confundido, agredido. Le gritan villero, vendepatria. Es lógico que aflore en él la rebeldía amasada en una infancia dura, que se refugie en la idea de que la plata

no le importa, porque sin plata fue libre y fue feliz... Está viviendo un momento duro. Ahora recapacita, comprende que defraudó a sus compañeros y lo siente. Es posible, ojalá, que esta prueba que ha tenido que vivir siendo tan pibe lo ayude a madurar, a sentirse hombre. Como jugador, ya está. Hay que comprenderlo, respaldarlo, ayudarlo. Nada más que eso".

Y Houseman salió adelante, y retomó en Huracán las grandes actuaciones. Una de ellas fue contra Kimberley, en el mencionado Nacional de 1973. El Globo goleó cuatro a cero y, si bien el Hueso no convirtió, fue imparable para los defensores marplatenses. Así lo vio, por ejemplo, Osvaldo Ardizzone, uno de los tantos periodistas que sentía devoción por sus genialidades.

"Gran actuación. Desde su aparición en Huracán muchas veces nos deslumbró por una maniobra aislada. Otras veces por la excentricidad de un gran gol. Por el invento de una gambeta desconocida. Pero esta vez lo distinguimos por la continuidad. Porque fue el creador por cuenta propia, pero también fue creador para los demás. Se tiró atrás para recibir. Se fabricó el arranque. Siguió tocando, buscando la devolución sobre la marcha y desequilibró siempre. Con esa desconcertante riqueza que dispone en las dos piernas. Con ese hamaque que nunca denuncia el perfil de salida. Que algunas veces fue por el fondo y otras hacia adentro. Que algunas veces fue con zurda y otras con derecha. Como en esa 'obra' que trajo la recompensa del penal amagando por la raya, dando toda la vuelta por el fondo. Cortando con derecha hacia adentro para 'buscarse' el remate de zurda hasta que todo concluye con el enganche de Sangorrín ya dentro de 'las 18'. Este 'loco' distinto, que siempre sorprende con una nueva ocurrencia. Con una que fue distinta a todas las anteriores, que también fueron distintas. A veces pienso que frente a este catálogo de los pibes que aparecen y que obligan a destacarlos, este Houseman no guarda ninguna analogía. Que está fuera del catálogo. Que está exento de toda analogía. A tal punto que uno llega a la conclusión de que no sabe cómo juega Houseman. Que es impotente para asociarlo a una característica definida. Houseman no guarda relación con nadie. No tiene nada de nadie. Será siempre lo insólito. Se nutrirá siempre de lo imprevisto. Se divertirá siempre con lo inesperado, como si se deleitara sorprendiendo a los demás. ¿Cómo se lo marca? No sé. 'Dele la raya', le dirán al marcador. Y se irá lo mismo por la raya, por donde apenas se advierten unos pocos centímetros para transitar. 'Tápele la raya'. Y entonces se irá por adentro con zurda. Y la enganchará otra vez cuando ya parece que se la roban. Y apretado contra la raya y la marca se animará a un caño de 30 centímetros como el que tiró en la segunda parte... Se animará a todo lo que en ese mismo momento, en ese mismo segundo, inventará. Que hasta ese mismo segundo ni él mismo sabía que iba a inventar... Y en este domingo 'cómodo' de Huracán, sin fiesta de toque ni muchos lujos, Houseman fue la gran excepción. El que más obligó a levantarse de los asientos para entregarse al aplauso".

Poco después, el mismo hombre de prensa fue destinado a cubrir el viaje de Huracán a Santiago de Chile, en marzo de 1974, en días en que todavía resonaban los ecos del golpe militar que terminó con el derrocamiento de Salvador Allende a manos del dictador Pinochet. Como campeón del Metro, Huracán clasificó para la Copa Libertadores junto a Rosario Central (ganador del Nacional) y los chilenos de Unión Española y Colo Colo. Contra este último equipo, Houseman la rompió y anotó un hermoso gol sobre la hora, que contribuyó para la victoria del representativo argentino por dos a uno. Nuevamente Ardizzone, conmovido por la producción del Loco, reflejó su admiración en el siguiente texto:

"¡Esta profesión agobiada de convencionalismos! Usted no puede gritar porque usted es periodista, porque es crítico... De otro modo, ¿dónde iría a parar su inmaculada y profesional objetividad? Y yo quería gritar, como un tipo cualquiera... ¡Qué objetividad! Al diablo con ella... Necesitaba la explosión apasionada de ese ¡bravo! que tantas veces a uno se le escapa en el teatro cuando sucumbe ante la interpretación magistral... A mi lado oigo el admirado comentario de mi amigo Antonino Vera... Pero él sí que puede porque es periodista chileno... En cambio, yo me quedo tenso, casi endurecido... Yo no puedo ni siquiera expresar el elogio mesurado y correcto... Y ese minúsculo gnomo, esa réplica diminuta de un dibujo animado, esa pequeña marioneta manejada por los mágicos hilos de un titiritero atrevido y genial... ¡Qué objetividad! Estoy conmovido, por eso me quedo ahí paralizado y perplejo... Dos minutos de descuento o tal vez tres. La atmósfera densa del estadio. El estímulo desesperado de toda la tribuna chilena. La epidemia de pelotazos que abruma la inolvidable noche de ese desconocido Leyes... E, inesperadamente, ese desafío a lo correcto, ese descaro ante lo establecido. Esa obra maestra del insólito que hace enmudecer bruscamente todo el bullicio, con el desconcertante veredicto del absurdo... Pero es Houseman. Es 'el loco' René Houseman. Ese que hacía apenas unos minutos ya había transitado por esa frontera de lo imprevisto, cuando el arquero Neff le había robado el epílogo de otro ocurrente desequilibrio... 'Tenía que habérsela dado a Avallay, que estaba solo'. 'Tenía que habérsela tocado para Brindisi, que estaba solo'. Pero esa es la reflexión madura de los cuerdos. Es el consejo maduro de los sensatos. Y Houseman no conoce ese mundo. Houseman es pueril. Es pibe. Es irresponsable, incoherente, alegremente incoherente. Y entonces juega a la aventura, a la loca aventura de jugar... Jugar un partido de Copa allá en el Estadio Nacional de Chile, lo mismo que en el barrio rumoroso de su infancia... Antes no se la pasó ni a Avallay ni a Brindisi y tampoco ahora. ¿Cuántos hay en el camino? Dos rivales. ¿Qué importa? ¿Cuántos minutos faltan? Ninguno. ¿Qué importa? Un rival ya se esfumó frente al invento inesperado de un amague. Después pasará el otro. Y después, a despecho de la atmósfera densa, ya en el excitante preludio de la hazaña, se juega al último deleite... Hasta el fin, envuelto en la embriaguez turbadora de la fantasía. Porque es loco, intrépidamente loco, alegremente pibe. Y, entonces, logró eso. Que yo me quede ahí paralizado y perplejo. Que me quede ahí, conmovido... Después, al rato, al largo rato, volví a mi ordenada y compuesta objetividad. Ya estaba otra vez en este mundo. Era, además, crítico... ¡Qué lástima!".

Huracán ganó su grupo y pasó de ronda. En la próxima instancia tuvo como rivales a Independiente y Peñarol, siendo el cuadro uruguayo el que pasó a la final. Lo hecho por el Globo fue, de todas maneras, muy meritorio.

Luego del agónico triunfo ante Colo Colo, René contó su golazo una docena de veces frente a la prensa local y extranjera.

–René... ¿Cómo se animó a ese gol, a gambetearse a los dos marcadores?

–¡Qué sé yo! La vi bien y lo encaré. ¿Qué iba a hacer? Me tengo fe para eso... Dije, me quedan dos, y yo puedo... Algunos me preguntaron si yo le busqué la pierna derecha a González... Porque es zurdo, ¿vio? Mire... Menotti nos dijo en la charla que era zurdo, pero, ¿qué quiere que le diga? Yo en ese momento ni lo pensé... Le amagué para adentro y me fui por la pierna derecha porque salió así... Después le di un puntazo.

–Ahí uno decía que fue caño al arquero...

–¡Qué caño! Le di un puntazo... Tiré al gol... Para que entre... A la más segura...

Enseguida, un chico chileno se introdujo en el vestuario y le confesó su admiración. La reacción de Houseman fue tan impredecible como la mejor de sus gambetas: ahí nomás, le regaló un par de botines que ni siquiera había estrenado, simplemente porque se le ocurrió hacerlo. Así era René, quien gracias a ese partido y al que había jugado con la selección en el país trasandino algunos meses atrás, despertó también la simpatía de la parcialidad chilena.

Ocho años más tarde se pondría la casaca del Colo Colo, aunque, claro está, en una etapa totalmente diferente de su carrera.

CAPÍTULO 12

LA ESTRELLA MUNDIAL

–Decime, Houseman, ¿hay algún jugador nuevo practicando en el equipo?

–Sí, hay uno que se llama Croi o Crui.

–¿Croi o Crui?

–Sí, vino de suplente mío, lo compraron al Barcelona. ¿Cómo es el nombre? Ah, ¡ya sé! Cruyff.

El increíble diálogo se dio en el verano de 1974, entre un periodista y el Loco. Desopilante como de costumbre, Houseman enloqueció a su interlocutor con sus disparatadas respuestas. Pero la anécdota tenía un fundamento más serio, que era la tremenda confianza que el puntero tenía en sí mismo. Él sabía que, por más que no estuviera en la selección por cuestiones extrafutbolísticas, si se lo proponía podía volver a ser parte del grupo que viajaría al Mundial.

Entretanto, la confusión que reinaba en la AFA había dado lugar a nuevos cambios. Ya no estaba Enrique Omar Sívori, quien a fines del 73 renunció por sus serias discrepancias con los dirigentes. En su reemplazo, el interventor de AFA Baldomero Gigán (quien a su vez había sido nombrado por Raúl Lastiri, presidente de la nación luego de la dimisión de Cámpora y yerno del ministro José López Rega) designó a Vladislao Cap como director técnico. El flamante entrenador hizo borrón y cuenta nueva, y entre los muchos futbolistas que se vieron de vuelta con chances, estaba Houseman.

En el debut del Polaco, la Argentina venció a Rumania dos a uno en la cancha de Vélez. En el primer tiempo no se abrió el marcador. En el complemento, el encargado de hacerlo fue Houseman, quien ingresó por Chazarreta. Mario Kempes fue el autor del otro gol argentino.

En el tiempo que restaba hasta el inicio de la Copa del Mundo, se jugaron varios amistosos más, que sirvieron para que Cap –que nombró como colaboradores a José Varacka y Víctor Rodríguez– fuera sacando conclusiones con relación a la conformación de la lista definitiva para Alemania. Al cabo de esos amistosos, Houseman quedó entre los inamovibles.

“Kempes y Houseman rindieron más de lo que esperaba –manifestó el Polaco–. Kempes es un jugador para el fútbol europeo. Incluso lo he visto irse por derecha con zurda a base de una habilidad bárbara. Houseman fue muy aplau-

dido por la gente por un par de rarezas que solo hacen los grandes habilidosos. Y ojo que este no es 'loco' ni gil. Es vivo y ve bien el partido desde afuera. Por eso cuando le toca entrar sabe qué hacer y por dónde ir. Aunque no lo nombro como titular, lo sigo teniendo como carta de sorpresa para cualquier momento".

Luego de Rumania, los cotejos que precedieron al Mundial se disputaron en el marco de una gira realizada por Europa a partir de mayo. Los resultados fueron: cero-cero contra el Granada, en esa ciudad española; uno-cero contra Francia, en París; dos-dos contra Inglaterra, en Londres; uno-cuatro contra Holanda, en Ámsterdam; cero-dos contra la Fiorentina de Italia, en Florencia; y uno-cero contra el Múnich 1860, en la ciudad alemana.

Con excepción de este último partido, René –que no señaló goles– tuvo participación en todos, pero nunca el tiempo completo. Cuatro veces reemplazó a un compañero y en una ocasión –con Francia– fue él el sustituido. En este partido se dio una situación graciosa: Houseman utilizó canilleras por primera vez en su vida, pero le duraron poco: a los cinco minutos, incómodo, se las quitó.

En dos oportunidades ingresó por Brindisi, su compañero de Huracán. Lo mismo ocurriría frente a Polonia, adversario en el debut del Mundial, que ya comenzaba. Y llegó la hora...

Reinaba la expectativa en Stuttgart por el partido contra los polacos. En los cálculos previos, era el rival a vencer en la lucha por la clasificación para la segunda ronda del Mundial. Pasaban dos equipos pero se descontaba que Italia –subcampeón en 1970– sería primero en la zona. Haití, la cuarta selección, no tenía ningún tipo de chance. Por lo tanto, Cap puso lo mejor que tenía (al menos, lo que él pensaba que era lo mejor) para la presentación: Carnevali; Wolff, Perfumo, Sa y Heredia; Brindisi, Bargas y Babington; Balbuena, Ayala y Kempes. ¿Houseman? Entró en el inicio del segundo tiempo, otra vez, por un alicaído Brindisi. También ingresó Telch por Bargas.

El partido fue una gran decepción. Argentina perdió tres a dos. El primer período terminó dos-cero para los polacos, que inclusive le hicieron precio a una Argentina extremadamente inoperante. En el segundo, la selección pareció despertar de su letargo, y en eso mucho tuvo que ver el ingreso de Houseman, que aportó toda su agresividad en ataque. Entonces descontó Heredia, pero un error de Carnevali posibilitó un nuevo tanto europeo. Rato más tarde, Babington consiguió el último descuento para los albicelestes.

La derrota generó una mueca de preocupación tanto en la delegación como en la prensa de nuestro país. El director técnico señaló, de cara al choque decisivo ante Italia:

"En un partido de esta importancia, donde nos jugábamos prácticamente la clasificación, dos goles en ocho minutos es un handicap imposible de aguantar. Yo esperé una goleada en ese momento. Afortunadamente no se perdió la cabeza, y en el intervalo les hablamos para que no se enloquecieran, porque la derrota podía ser mucho más grave. ¿Italia? Es la última posibilidad y hay que salir a ganar. Creo que jugará Telch de entrada en el medio y también Houseman. Todavía no está dicha la última palabra y sé que Italia nos teme. Ellos son especialistas en el contraataque y nos cuidaremos de no regalarnos. Esto de hoy no puede repetirse".

Por su parte, el periodismo criticó duramente la actuación, pero valoró algunas cuestiones puntuales, como lo realizado por Houseman. Cuando lo fueron a entrevistar, el Loco declaró con absoluto desparpajo:

"¿Y estos son los tipos que nos pasan por arriba? Yo traía la 'croqueta' embrollada de Buenos Aires con todo el verso que me vendieron de que los europeos nos pasaban por arriba, pero llego acá, veo los primeros partidos por televisión y ya me pareció que me estaban vendiendo un buzón. Y hoy, contra estos polacos, me di cuenta que a alguien se le fue la mano, porque no nos pasaron por arriba y terminaron pidiendo agua... Ahora ya la sé por experiencia y quisiera que me tocara entrar contra los tanos... Ahora no me la venden más. ¿Que nos pasan por arriba? Je, quiero verlo...".

Como era su costumbre, Houseman no sabía lo que era "ponerse el casete" para formular declaraciones. Él mismo pedía jugar contra Italia y así también lo creyó conveniente el entrenador, que para el segundo partido ordenó su ingreso por Brindisi, pero ahora desde el minuto cero.

Y la decisión de Cap resultó ser uno de sus más grandes aciertos del Mundial. El Loco jugó un partidazo, señaló un gol espectacular y fue destacado por la prensa internacional como una de las grandes figuras del certamen.

Su tanto, a los 19 minutos, había sido el de la apertura. Babington la puso de zurda para el pique de René, que ingresaba por izquierda. El balón picó dos veces y antes de que el líbero Burgnich alcanzara a completar el cierre, Houseman la clavó en el ángulo izquierdo de Dino Zoff, que se adelantó a cubrir.

Luego, Italia empató gracias a un gol en contra de Perfumo. El uno-uno generó una simpática anécdota que también tuvo al Hueso como protagonista:

–Salté a cabecear un centro, el arquero de ellos metió el puñetazo, le dio en la cara a Benetti, y este con su cabeza me pegó a mí en la boca. Caí desmayado y cuando me despertaron con agua no recordaba nada. Entonces sacudí la cabeza, vi el tablero y leí Houseman y Perfumo. ¡Qué bien! –pensé–. Ganamos dos a cero. Lástima que el de Roberto había sido en contra y reaccioné al ratito...

El enviado de la revista El Gráfico, José María Otero, escribió:

"Dicen que el hada mágica eligió el rancho más pobre de la villa, el pibe más escuálido y más necesitado y le dio un toquecito con su varita. Dicen que los Haussman que salieron de Alemania sin un cobre, encontraron un nuevo apellido –Houseman– y un jet en lugar de la bodega de tercera clase del barco que los llevó a América. En el jet volvió la sangre germana mezclada con la criolla, y Alemania se inclinó admirada ante ese pibito flaco, con carita de laucha, que rompió con todos los esquemas. Que confundió y humilló las computadoras. Que dio la fiesta individual de fútbol más hermosa y más humana que se haya visto hasta ahora en el Mundial. Y los compatriotas de su padre, los fríos, los adustos, los inmutables alemanes, hoy llaman al canal de televisión para que repitan las piruetas de René. Y los críticos de fútbol de todas las radios, de todos los diarios y revistas, de todas las estaciones de TV de Europa, le dedican a aquel pibe de la villa de Belgrano los adjetivos más admirados y estridentes. Dicen que el hada

mágica sonríe desde una nube lejana. Y especialmente cuando escucha que al pibe le dicen el 'loco'"...

Refiriéndose específicamente al partido, agregó:

"Cuatro delanteros netos para ganar. Y Houseman con la fantasía que germina en el barrio, que se amasa en el potrero, que se atreve ya en cualquier cancha. Argentina parada en la cancha con prestancia de grande, desterrando los fantasmas que tanto nos han confundido y que tanto nos han perjudicado. A ganar, o por lo menos a jugar. Tratando de trabarle las piezas a la máquina italiana. A esta desgastada máquina italiana. ¿Quién agarra a Houseman? Lo mandan a Benetti que resigna su posición y función de volante. Negocio para Argentina. El volante más importante de su rival pasa a ser defensor. Y, para mejor, como defensor no es ni la mitad de lo que es como volante. Mejor así".

En los días siguientes las fotos de René encabezaron las portadas de diarios y revistas de la Argentina y el mundo. Todos los medios enviados a Alemania hablaban de ese pibe de 20 años que había eclipsado a apellidos rutilantes como Jairzinho, Rivera o Cruyff, para erigirse en la estrella del torneo. Todos quisieron capturar sus opiniones. Y así habló René:

"Vine muy asustado a Europa. Escuché hablar tanto de la preparación y la fuerza de esta gente que me hice la idea de que eran robots imparables que nos pasaban por arriba con toda facilidad. Que la marca, que la fuerza, que la velocidad... De repente se me hizo la luz cuando empecé a ver los partidos por televisión. Entonces pensé que no eran tan difíciles y que bastaba con que cada uno de nosotros hiciera lo que sabía, porque acá tenemos muy buenos jugadores. En la cancha me agarré más confianza todavía. No fue de golpe, claro. La noche anterior al partido con Polonia no dormí bien, pese a que Cap me dijo que yo iba al banco y que entraba en cualquier momento. Pero en cambio, el día antes de Italia, dormí como un tronco. Ahí me convencí que todo iba a andar bien. Y fue así que jugué muy tranquilo y confiado y me salió el mejor partido de mi vida. Porque, ojo, que ese día me salieron todas y no recuerdo otro partido así.

Les había prometido el gol a los muchachos que no estaban en el banco. A Miguelito (Brindisi), a Poy, al Lobo Carrascosa, al Mencho Balbuena, al Pato Fillol. Por eso salí corriendo a gritárselo a ellos. Hasta ahí no me di cuenta de nada. Siempre hacemos esa jugada con Carlitos Babington en Huracán y hemos marcado muchos goles de esa manera. Yo voy con mi marcador cuando él tiene la pelota, amago que voy a picar, freno haciéndolo quedar conmigo y sobre el pucho me mando en serio, y Carlitos me la tira en profundidad, sorprendiendo a mi hombre. Me encontré con la pelota, vi al arquero que se me venía y le di con todo de zurda... No elegí ángulo ni nada. Tiré y chau...

Dicen que me aplaudieron, pero no sentí nada. Lo único que escuchaba eran los gritos de Miguelito y el Lobo Carrascosa desde la platea alentándome: 'Dale, René, no aflojés...'.

En una jugada de reojo vi que dos italianos se mataron entre ellos cuando yo amagué y me fui por el costado. Y me comentaron que en otra jugada pasó algo parecido... Pero al final ya no podía más. Me dieron un par de golpes bravos, sobre todo uno en la rodilla, pero además sentía las piernas acalambradas. Cuan-

do Yazalde pidió el cambio yo ya no aguantaba más. El cuatro ese cada vez que me pegaba y me tiraba al suelo, me decía 'auguri'... ¿Qué quiere decir auguri...? ¡Qué lástima que no jugó Miguelito! Es mi mejor amigo. El día de Polonia, cuando veníamos de la cancha, me senté a su lado, como siempre, y vi que ponía la cabeza contra el vidrio y tenía una tristeza bárbara en la cara. Al rato lo miré de nuevo y observé que se le caían las lágrimas. Me hizo llorar a mí también... ¿Viste cómo es esto? A veces andás bien, a veces andás mal, pero siempre tenés a los amigos y a la familia con vos. Los muchachos de la villa no lo deben poder creer... ¿Te imaginás si hubieran estado en la cancha viendo el cartel donde estaba mi nombre como autor del gol...? Ahora me hablaron para jugar en Europa, pero no quiero saber nada. Yo acá me quedaría todo el tiempo que fuera necesario para que pudiésemos ser campeones del mundo. Pero después, de vuelta a Buenos Aires. Allá tengo todo: mi casa, mi familia, mis amigos y el pibe que está por nacer... La plata es lo de menos... A los 20 años, ¿quién puede pensar en la plata?".

Cuando salió del estadio, varios hinchas italianos lo aguardaban para perdirle autógrafos. El técnico azurro, Valcareggi, declaró:

–He visto jugar mucho a los argentinos, conozco a infinidad de jugadores de ese país, de antes y de ahora, pero nunca vi a un jugador así, con todo lo que hizo ese muchacho Houseman.

En el vestuario, René no pudo contener las lágrimas. Abrazado a Perfumo, lloró de emoción. El profesor Kistenmacher lo felicitó efusivamente. Era el preparador físico que había quedado al mando del plantel cuando el Loco se escapó de Castelar. Cuando se reencontraron, Houseman admitió que había cometido "una chiquilinada" y prometió que se portaría bien. Y soportó estoicamente la gira previa al Mundial. A pesar de que sabía que en primera instancia el titular en su posición era Balbuena y que tendría que aguardar su chance. Extrañaba mucho a su hogar y su familia. Su esposa Olga estaba embarazada de su primer hijo...

René se puso loco de alegría cuando encontró a Menotti en Stuttgart. Su técnico en Huracán le dio fuerzas para no aflojar: "Vos te vas a divertir con estos marcadores europeos", le dijo. Por eso recordó inmediatamente las palabras del Flaco apenas terminó el partido con Italia. Le vino a la memoria, también, una jugada puntual ocurrida durante el primer tiempo. Al recibir el balón, amagó, giró, enganchó para afuera e hizo chocar entre sí, de frente, a dos defensores. Tras esa maniobra genial, lo aplaudieron incluso los tifosi. Uno de los adversarios burlados era Benetti. El otro era Facchetti. Sí, aquel del diálogo del verano en Mar del Plata, con el incrédulo reportero italiano que lo miró como a un bicho raro cuando un René todavía desconocido le reveló:

–¿Así que Facchetti va a estar en Alemania? Bueno, avísele que se prepare porque a ese me lo como.

CAPÍTULO 13

REALIDAD NACIONAL

Luego de la igualdad con Italia se acrecentaron las posibilidades de pasar a la segunda ronda que conservaba la Argentina. Todo se resolvería en la tercera fecha del grupo. Nuestra selección estaba obligada a superar a Haití, pero el principal inconveniente no era este, sino que la suerte dependía de que Polonia venciera a Italia.

Como se esperaba, el equipo de Cap goleó a los caribeños en Múnich. Lo hizo por cuatro a uno, siendo René el autor del segundo gol, con una bonita definición en el mano a mano frente al arquero Francillón. Luego, a los 12 minutos del complemento, lo reemplazó Brindisi.

La atención, entonces, se centró en el otro partido, cuyas alternativas llegaban a través de las radios y de los monitores de prensa, pues se estaba jugando en forma simultánea al de la Argentina. Consumada la victoria ante Haití, en Polonia-Italia (donde vencían los polacos por la mínima diferencia) aún restaban cerca de diez minutos, por lo que los argentinos no pudieron festejar enseguida. Pero apenas se conoció el final, un estallido de felicidad se hizo carne en cada uno de los compatriotas presentes en Stuttgart.

Con los polacos clasificados en primer término, albicelestes y azzurri igualaron la segunda colocación, pero la Argentina ganó el derecho a pasar a la siguiente fase por diferencia de gol.

Mucho se habló con respecto a esta angustiosa definición. El paso del tiempo fue agigantando las versiones que relacionaban la clasificación con una presunta incentivación de los argentinos a los polacos. Años después, varios futbolistas de aquella selección de Cap llegaron a aceptar que le habían entregado una suma de dinero al equipo de Lato, para que este –pese a estar ya clasificado– "pusiera todo" contra los subcampeones del mundo de 1970. René también lo confirmó ante los autores de este libro:

–Cada jugador tuvo que poner cinco mil dólares para darle a los polacos. Era una flor de guita, pero agarramos viaje porque a nadie le convenía quedar eliminado en la primera ronda.

Para los cuartos de final el sorteo determinó una zona extremadamente complicada, junto a Holanda, Brasil y Alemania Oriental. El primero entre esos cua-

tro competidores sería finalista. Pero las ilusiones se hicieron añicos apenas en el primer partido. La Naranja Mecánica, con una soberbia actuación de Johan Cruyff, despachó a la Argentina con un lapidario cuatro a cero en Gelsenkirchen, confirmando su supremacía puesta en evidencia en la gira previa. El Loco no escapó esta vez a la pobre actuación colectiva, siendo suplantado por Kempes al promediar el segundo tiempo. Quizás un consuelo para él hayan sido las declaraciones del holandés Cruyff:

–Me ha encantado Houseman. Es un jugador estupendo, muy rápido, muy técnico, chuta muy bien, marcó un gol fabuloso contra Italia. Me gusta mucho su juego.

El holandés no aludía al último encuentro sino a las condiciones del Loco a nivel general. Por otra parte, quedaba establecido que el cetro dejado vacante por Pelé, que no participó en ese Mundial, fue corriéndose para el lado de Cruyff a medida que pasaban los partidos.

Enrique Wolff sentenció:

–En toda mi carrera jamás sentí tanta impotencia en una cancha de fútbol.

Ángel Hugo Bargas, por su lado, se sinceró:

–Ellos saben lo que quieren; se preparan, compiten, se organizan. Nosotros no tenemos ni siquiera un plan de juego.

El segundo compromiso, en Hannover, también concluyó en una amarga derrota que implicó la eliminación del Mundial: dos-uno contra Brasil. Kempes ingresó desde el arranque por el Hueso, que había acusado el cansancio de los cotejos previos. En el complemento el técnico lo mandó a la cancha por el Matador, pero ni él ni los demás tuvieron resto para torcer el rumbo. Cap ensayó un análisis que intentaba resumir el discreto paso por Alemania: "El balance no es bueno, ni regular, ni malo".

La despedida formal se produjo en Gelsenkirchen contra la Alemania menos poderosa. Empataron uno a uno y Houseman, a los 23 minutos, marcó el gol argentino. Un día antes, el 1 de julio, el país se estremecía con el fallecimiento del presidente Juan Domingo Perón.

El hondo pesar llegó hasta Alemania. Muchos integrantes de nuestra delegación se hallaban identificados con el movimiento peronista. Entre ellos estaba René Orlando Houseman. Al Hueso se le vinieron instantáneamente a la mente las circunstancias felices en las que conoció al General. Eso pasó apenas Huracán se consagró campeón en 1973 y el plantel fue a la quinta de Olivos a retirar el premio que personalmente entregaría el Presidente, a muy poco tiempo de haber asumido el tercero y último de sus mandatos. Al reconocer al número siete del Globo, Perón le dijo sin dejar de estrecharle la mano: "Ah, usted es el famoso Houseman...".

René también recordó que ya había estado en la residencia una vez, pero en circunstancias muy diferentes. En aquella oportunidad era un niño y, como a tantas otras personas, lo llevaron en carácter de evacuado, cuando una sudestada inundó su rancho de la villa. Años después, gracias a una pelota de fútbol, volvía con el rótulo de héroe...

–Sentí una tremenda tristeza cuando supe que había muerto el General –rememoró–. Me quería volver a Buenos Aires en ese instante, pero todavía faltaba un partido y nos tuvimos que quedar.

Muchos años después, cuando René hacía rato que había dejado de ser el pibe que contemplaba con cierta ingenuidad un mundo de fantasía, se animó a expresar, como si de golpe se hubiera quitado la venda que cubría sus ojos inocentes:

–Los jugadores del 74 eran sensacionales. Lástima que en ese plantel reinaba la envidia. Ninguno tiraba para la selección. Todos jugaban al "Deportivo Yo". Faltó sentido de grupo, muchos jugadores tenían la cabeza en el fútbol, mientras otros se dedicaban a comprar regalos. Se desperdició una gran oportunidad.

A la hora de dar nombres, se amparó en viejos códigos del fútbol:

–No los voy a dar; no soy botón –dijo. En cambio, cuando más adelante el diario La Nación le efectuó un reportaje a fines de homenajearlo, al igual que a otros campeones del mundo del 78, el Loco arremetió sin piedad.

"El viaje a Alemania podría haber sido una cosa grandiosa para mí, que era la primera vez que iba a Europa. Pero fue una experiencia más. No me importaba mucho. Yo solo quería ponerme la ropa de jugador y entrar en la cancha. El resultado de ese equipo fue malo. Recuerdo que había tres caudillos, y lo cómico es que dos de ellos no eran ni siquiera titulares. Los que daban las órdenes eran Perfumo, Santoro y Togneri. Y aunque en los oídos de algunos suene duro y no lo quieran creer, ese plantel era mucho más rico que el que saldría campeón cuatro años después. Se fracasó porque todos querían mostrarse, y algunos no jugaban para atrás, pero estaban muy cerca, como el caso del Ratón Ayala. La verdad, fuimos un desastre. Es que en ese plantel, salvo unos pocos, como el caso de Kempes, todos usaron el Mundial como vidriera para arreglar mejores contratos o cambiar de equipo. En realidad no se pusieron la celeste y blanca, sino que jugaron su partido. Yo era chico, lo mismo que Kempes, y no nos daban bola, pero bien que nos anotaron cuando tuvimos que poner la plata para arreglar a los polacos y que pudiéramos clasificar. Después nos tocaron rivales difíciles, pero a mí no me interesaban. Ni siquiera sabía contra quién jugábamos. Encima nos enfrentó una máquina como Holanda. ¡Qué equipo! Tres jugadores me quedaron grabados: Cruyff, Van Hanegem y, por sobre todo, Krol".

Este testimonio pudo darlo desde la perspectiva que otorga el paso de los años. Pero durante la Copa y los días posteriores, René no cabía en sí de la felicidad. Su talento había dado la vuelta al mundo y él lo vivió como un momento mágico. Estaba como en una burbuja. En el retorno de los seleccionados al país, el diario Crónica describió su proceder en Ezeiza:

"Tratamos de ubicar a Houseman. Lo hicimos, pero hablar con él fue imposible. Su único idioma, evidentemente, es el fútbol, el de la habilidad en las canchas. Cargado de regalos, desapareció entre la gente, 'secuestrado' por sus amigos villeros".

A propósito de regalos, jamás se fijaba en gastos. En Alemania lo demostró con creces, haciendo suculentas erogaciones en obsequios para sus seres queridos.

La leyenda, nunca desmentida por él, indica que adquirió una gran cantidad de relojes Rolex. Tantos, que le cabían a lo largo de sus brazos y así se presentó ante sus amigos al volver. Estos, agradecidos, en segundos lo despojaron de las costosas muestras de generosidad.

Y si hubo otro aspecto en lo que al Hueso no le importó gastar fue en llamadas telefónicas. Movilizado por los miles de kilómetros que lo separaban de Buenos Aires y el tiempo que llevaba lejos, no dudó en pagar con cifras astronómicas las comunicaciones con su esposa y demás parientes. En materia de llamados ganó, por varios cuerpos, la virtual competencia con el resto del plantel.

El remate de la anécdota es una leyenda popular que el boca a boca se encargó de divulgar, aunque fue desmentida por René. El mito estaba relacionado con una de las tantas ocurrencias del entrañable personaje, y refería a que acuciado por la falta de liquidez económica, estando todavía en Alemania, se cortó el pelo para vendérselo a un comprador que a cambio le entregó una cuantiosa suma de dólares. Las fotografías del Mundial lo muestran luciendo una enmarañada melena. En las imágenes de su arribo a Ezeiza, en cambio, se lo ve con un rostro más juvenil de lo que ya era, debido a su repentina escasez de cabello. Sin embargo, en la entrevista con los autores, el Loco reconoció su paso por la peluquería, pero deseó que quedara claro que lo de la comercialización era puro cuento.

CAPÍTULO 14

TERROR AL FIFÍ

A la vuelta de Alemania, las críticas recrudecieron sobre la selección. Sin embargo, algunos futbolistas lograron salvarse del incendio. Uno de ellos era Houseman, quien parecía estar en la cúspide de su carrera. El futuro le sonreía. Gracias a su fenomenal tarea contra Italia y al buen nivel que en general tuvo en el plano internacional, no eran pocos los clubes europeos que posaron el interés sobre él:

–Me hablaron varios tipos para saber si yo quería jugar en España, Italia o Francia –admitió en Buenos Aires–. Dicen que ofrecían cualquier plata, pero no me gustaría irme de Huracán.

Era el deseo de alguien que con la mayoría de edad recién cumplida, ya poseía un dinero impensado ocho meses atrás. Y fama. Mucha fama. En ese aspecto no podía irle mejor. También en el familiar: Olga, su compañera, le había anunciado en la gira previa al Mundial que esperaba un hijo...

Pocas semanas después de la Copa, se conoció al flamante entrenador del seleccionado: César Luis Menotti. Era otra buena noticia para René, quien era consciente de que estaba entre los jugadores predilectos del Flaco. A Menotti todavía no se atrevía a llamarlo my father, mote que él mismo se encargaría de popularizar más adelante. Sin embargo, ya lo sentía su padre futbolístico.

El primer compromiso del renovado proceso fue un partido con España por la Copa Hispanidad. Houseman estuvo en el equipo, junto a otros campeones del Huracán 73: Brindisi, Babington, Carrascosa y Russo. Se jugó en el estadio de River y empataron uno a uno. Cuando el Hueso salía del Monumental, se sorprendió del cariño que le tenía la gente. Ya no eran solo los del Globo, los hinchas de todos los cuadros lo querían. Los de River y los de Boca le pedían autógrafos y que fuera a jugar a esos clubes... No cabía la menor duda de que, a los 21 años, estaba en su hora más dichosa.

Pero también se hallaba ante un momento clave de su trayectoria. Un punto en el cual tenía que determinar si se contentaba solo con eso, o si continuaba trabajando para no caer en un peligroso aburguesamiento; si aprovechaba el envión que traía su ascendente carrera, o si postergaba nuevos desafíos para poner el acento en disfrutar sus logros, aún a riesgo de que el progreso hasta

allí conseguido se detuviera de modo irreversible. El viejo refrán que asegura que "lo fácil es llegar, lo difícil mantenerse", cobraba vigencia, convirtiéndose en la base que sostenía el tablero ante el cual se encontraba René a esa altura de su vida.

Houseman seguía viviendo en su querida villa del Bajo Belgrano, esa que se negaba a abandonar a pesar de los ruegos de los dirigentes de su club, que pretendían, sin éxito, que se mudara a un departamento de Parque Patricios. Muchos recordaban la frase de Luis Seijo. El expresidente de Huracán, cuando René era un recién llegado, se atrevió a pronosticar:

–Es un fuera de serie, un fenómeno, un superdotado. ¿Saben lo que le falta? Mudarse a Parque Patricios y sentir el calor de un barrio que es único. Y nada más, porque todo lo demás ya lo tiene de nacimiento.

Don Luis ignoraba –después lo supo– que su número siete ya sentía "el calor de un barrio que es único". Con la diferencia que ese barrio era el Bajo Belgrano, y no Patricios.

El Loco estaba orgulloso de su Torino marrón último modelo, que estacionaba en la puerta de la casa de Blanco Encalada y Dragones. La colección de relojes Rolex importados, que aumentaba cada vez que viajaba, también lo llenaba de satisfacción y deslumbraba a sus amigos y vecinos, aquellos a los que no había cambiado pese a la fama y el dinero.

Mientras tanto, seguía jugando en Huracán. El Nacional del 74 se fue rápido para el Globo, que no pasó la primera etapa del torneo: terminó en la cuarta ubicación y clasificaban dos. En pleno campeonato se agudizaron algunos problemas que ya se venían insinuando.

Para octubre estaba programada una gira por varios países de América del Sur y Central. El Loco, sin previo aviso, no se presentó y la delegación viajó sin él. A la vuelta, estalló el conflicto. El vicepresidente Osvaldo De Santis afirmó que lo suspenderían:

–Esta vez seremos inflexibles. No es la primera vez que no se presenta a viajar. Ya le soportamos demasiadas faltas de disciplina.

Menotti, que todavía dirigía al equipo, perdió la paciencia:

–Le dije que ya no podía hacer nada por él. Hasta la noche anterior del viaje aseguró que viajaba. Después no se presentó. No quiero saber más nada con él.

René amagó con abandonar el fútbol, pero enseguida, arrepentido, puso buena voluntad para solucionar la situación. Reconoció, entonces, cuál era la causa que le impidió subirse al avión: estaba aterrado por un huracán, que no era el de Parque de los Patricios, sino el Fifí, un fenómeno natural que por esos días azotaba la zona de la gira.

–Mirá si justo nos agarra a nosotros. Ma' sí, yo no me voy a ninguna parte –pensó, y se quedó en su casa.

La dirigencia le cambió la suspensión de 60 días por una multa y las relaciones se recompusieron. El técnico también se apiadó:

–No es la primera vez que se arrepiente por algo que hizo, pero no quiero transformarme en su verdugo.

Junto con De Santis, coincidieron en exigirle al puntero algo que tenía carácter de urgencia:

–Le dijimos que se tiene que ir de la villa. Eso es imprescindible para que siga jugando en Huracán.

En su retorno a las prácticas, el Hueso reunió al plantel y ofreció una disculpa colectiva. El preparador físico Ricardo Pizzarotti le dio un buen tirón de orejas:

–Sí, está bien. Pero eso ya lo dijo otras veces. Y cada vez que hace algo así nos perjudica a todos. Usted no puede jugar con la plata de sus compañeros.

René agachó la cabeza:

–Tiene razón. Nunca antes los había defraudado a ellos. Por eso estoy arrepentido. Lo que hice fue una chiquilinada. No lo voy a hacer más.

A propósito de dejar la villa, en principio acató el consejo. El club le alquiló un departamento.

–Lo pensé bien y me parece que me va a convenir –reflexionaba–. Ya no tengo el entusiasmo de antes por seguir viviendo aquí. Quiero mejorar. Además, a mis amigos los podré seguir viendo.

Existía la sensación de que las relaciones con sus amigos del barrio no lo favorecían. René, ofendido, lo desmintió:

–Eso es un invento. A mí nadie me llena la cabeza con nada. Yo no acepto consejos. Y si alguien me dice algo, primero miro bien quién es el que me lo dice. Yo cambié bastante. Sé que todavía no estoy muy maduro, pero tengo más responsabilidad.

La tormenta pasó y en el verano del 75 René vivía un momento de felicidad. Su mujer, que había perdido el primer embarazo, estaba nuevamente en la dulce espera. El primer hijo de ambos nacería en septiembre.

En el plano profesional se encontró con más clubes del exterior interesados en su pase. Los directivos del Vasco da Gama conversaron oficialmente con sus pares de Huracán, pero no se pusieron de acuerdo en las cifras:

–Nos ofrecen 120 000 dólares al cambio oficial y así perdemos plata. Si ellos nos garantizan 300 millones moneda nacional, no habrá ningún inconveniente en que el Hueso se vaya a Brasil –explicaron por Patricios.

En mayo, René estuvo más cerca que nunca de hacer las valijas. Un empresario austríaco, Helmuth Epp, quería colocarlo en el Anderlecht de Bélgica. Pero la operación se deshizo cuando el puntero ya tenía un pie en el avión. Inclusive ya se había despedido de varios compañeros:

–A mí me cuesta mucho irme –le confesó a Fatiga Russo–, pero con la plata que puedo ganar voy a salvar a toda mi familia.

Con su amigo Jorge Sanabria también tuvo una charla íntima:

–Me preocupa extrañar –contó–. Cuando le dije a mi familia, fue un drama. Que para qué me iba a ir, que si no estaba contento acá. Yo les digo la verdad: hace un año no quería irme, pero es por ellos que lo hago, aunque me hubiera gustado jugar más tiempo en el país y después viajar para salvarme... Pero así, tan pronto, nunca me lo imaginé. La verdad que yo, con el fútbol, tuve mucha suerte.

El empresario aplicó todo su poder de seducción para convencerlo:

–Allá tendrá una casa donde podrá vivir con su mujer y un coche lujoso. Cuando vuelva después de haber jugado en el Anderlecht será el rey del fútbol del país. Será millonario y habrá conocido un medio diferente. Es un gran club. Similar al Real Madrid: nunca hay demora para solucionar los problemas de los jugadores. Mucho menos los económicos...

René le dio el sí, aunque también, más autocrítico que nunca, reconoció:

–La adaptación no sé cómo será, pero yo sé que tengo que esforzarme cada vez más por entrenar fuerte y no fumar, y cuidarme en las comidas. Lo sé y cada vez adelanto un poco más. Pero yo soy así, y aunque me corrija en el fondo no voy a cambiar. ¿Para qué me voy a engañar? Pienso que llegué a jugar bien en Primera, porque lo que más me gusta es jugar al fútbol, por divertirme no más. Yo conozco muchachos que saben mucho más que yo, pero son tan responsables que llegan a la cancha demasiado preocupados y les cuesta mostrar todo lo que pueden. Y lo mío es al revés. Para mí es lo mismo jugar contra Excursionistas, contra San Lorenzo o contra Italia. O en el entrenamiento de Huracán. Es lo mismo que jugar al voleibol para el club de mi barrio.

El austríaco se llenó la boca hablando de los jugadores que colocaría en el mercado europeo:

–Mi trabajo es el de comprar jugadores por mi cuenta para luego venderlos a los equipos que lo deseen. Mi campo de acción es toda Europa occidental. Tengo contactos en todos los países. Esta empresa es solo mía: estoy en ella desde hace cinco años, acompañado únicamente por mi esposa. Tengo muchos proyectos para la Argentina. Entre otros, traer a este país equipos europeos y llevar a Europa equipos argentinos. Potencialmente, Argentina es muy importante en fútbol, por eso creo que en 1978 se hará un gran Mundial. ¿Si pienso seguir comprando jugadores de este país? Por supuesto. Pero eso se sabrá oportunamente. Lo único que deseo es mantener una buena reputación en este trabajo. Hay muchos aventureros en Europa y pocos empresarios serios...

Brindisi, Kempes, Babington... Todos eran apellidos que figuraban en una supuesta carpeta. Sin embargo, su bello discurso se diluyó tan rápidamente como nació. Ni Houseman ni nadie fue transferido por el misterioso señor Epp. La dirigencia huracanense argumentó:

–Primero ofreció el oro y el moro y a la hora de la verdad eran solo 330 000 dólares al cambio negro. Nosotros pedíamos un millón de dólares al cambio oficial.

El intrincado caso sirvió, al menos, para que la hinchada quemera le entregara al Loco un plato en el cual le expresaba todo su agradecimiento. Sucedió antes de que comenzara el partido con Racing, que Huracán ganó tres-dos con un gol del wing derecho.

–Me duele que mi pase no se haya hecho, porque era la gran oportunidad de asegurar mi futuro. Acá estoy muy bien, pero esta era la oportunidad –se lamentó.

A partir de este año, Huracán recibió en forma periódica ofertas por Houseman. Sin embargo, la falta de acuerdo en las cifras sería un escollo insalvable.

CAPÍTULO 15

MÁS GRANDE QUE PELÉ

Superada la frustración de su malogrado viaje a Bélgica, René se metió de lleno en el campeonato local. Tal es así que su concurso fue muy valioso en la buena campaña que Huracán realizó en el Metropolitano de 1975, el mismo que implicó que River volviera a dar una vuelta olímpica tras 18 años de espera.

El Loco solo faltó a tres partidos del torneo, sobre un total de 37. El brasileño Delem, que reemplazó a Mario Imbelloni en la dirección técnica –este, asimismo, había suplantado a Menotti– utilizó a René en varios cotejos en su antigua posición de volante por derecha. Desde la primera época de Defensores de Belgrano que no se desempeñaba en ese puesto. Tuvo, en general, estupendas actuaciones. Como contra el futuro campeón, donde le hizo un gol a Ubaldo Fillol y empataron uno a uno.

O como contra Boca. Huracán ganó uno a cero y, si bien el gol fue de Leone, René inventó una excepcional jugada que por muy poco no entró. A la maniobra le agregó una cuota extra de su genial habilidad que sorprendió hasta a sus mismos compañeros. En el vestuario, el Coco Basile le gritó con su ronco vozarrón:

–¡Loco, qué hiciste, Loco!

Houseman, riéndose, le contestó:

–Si hago ese gol sobre la hora me voy corriendo hasta la villa. Todavía no me explico cómo se me ocurrió semejante chifladura. La culpa la tiene Delem. Él me dice: "vaya e invente". Y yo le hago caso.

En cuanto a la selección, el equipo de Menotti no tuvo demasiadas presentaciones ese año. El Loco jugó un solo partido, contra Uruguay en el Centenario, en julio. La Argentina ganó tres a uno, pero su labor no fue muy destacada, y fue relevado por un jovencito que luego marcó dos de los tres tantos albicelestes y que se haría famoso varios años después: Jorge Valdano.

Huracán, por su parte, terminó como subcampeón del Metro, a cuatro puntos del River de Labruna. Era un momento feliz. Parecía que los problemas habían quedado atrás.

Sin embargo, en pocas semanas volvieron a vivirse días turbulentos. A fines de agosto, Huracán emprendió una nueva gira americana en el receso anterior al

Nacional. René no viajó con la delegación, pero sí lo hizo al día siguiente, junto con Jorge Sanabria. Se había quedado dormido y llegó tarde a Ezeiza.

Su hijo Diego nació el 3 de septiembre, mientras él se hallaba en Guayaquil, Ecuador. Su esposa tuvo alguna complicación en el parto, aunque todo salió bien. El tema originó nuevos roces con los dirigentes. Al parecer, estos no pusieron al tanto a René de los inconvenientes de Olga, pues temieron que este se volviera al país y su nombre figuraba en la promoción de los eventos. Cuando se enteró, tuvo un acceso de furia. El incidente quedó en el olvido, pero el pase de factura no tardó en aparecer.

Entretanto, un empresario brasileño acercó otro ofrecimiento para llevárselo. Osvaldo De Santis desechó el medio millón de dólares, sosteniendo que el Hueso era intransferible.

Otra vez en la Capital Federal, con el arranque del Nacional, se produjo el cortocircuito. Huracán perdió el clásico con San Lorenzo uno a cero, por la primera fecha. En el vestuario, Houseman reclamó un dinero adeudado. Le prometieron menos de lo estipulado y en la semana se ausentó de los entrenamientos. En la jornada siguiente, en Tucumán, contra San Martín (derrota por cuatro a cero), tampoco estuvo. Volvió para enfrentar a Vélez –tercera fecha–, partido en el que Huracán ganó tres-dos, pero René fue expulsado a cinco minutos del final. Por primera vez, un minúsculo grupo de hinchas lo reprobó.

La Comisión Directiva habló de un castigo, aunque el mismo no se hizo efectivo porque la mayoría no lo votó. El Loco descargó su malestar ante los medios de prensa que se relamían ante otro escándalo:

–Me dolieron mucho los insultos... La culpa es del señor De Santis, que habló mal de mí en todos lados. Es cierto que no es la primera vez, pero en esta yo tenía razón. Me debían plata y no cumplieron. Sé que debí presentarme para aclarar la situación y no perjudicar a mis compañeros y al técnico... Pero, ¿qué le voy a hacer? Esas son mis equivocaciones. En vez de presentarme se me da por desaparecer; por no dar la cara... Para eso soy medio tímido... ¡Bah! No sé qué será... Pero fui a pedirles disculpas a los muchachos y a Delem, y el problema con ellos quedó aclarado... ¿Sabe qué pasa? Que no me gusta que me ofendan con eso de mi forma de ser, de que soy un indisciplinado, un irresponsable, un loco... La gente tiene que llegar a comprender que cada uno es como es, como se crió, como se hizo en la vida... ¿Qué quiere? No estoy hecho para vivir en jaula, para estar encerrado, ni por toda la guita del mundo, para adaptarme a muchas cosas que para algunos son fáciles de cumplir... En Defensores tenía libertad. Por eso era feliz, aunque ganara unos pocos pesos...

Después de su expulsión, volvió con todo: en las ocho jornadas siguientes, convirtió igual cantidad de goles. San Martín y All Boys fueron los que más lo sufrieron: les metió dos y tres respectivamente. En ese lapso solo perdió con River. En el campo de juego del Monumental se topó con Reinaldo Merlo, quien le pidió su camiseta:

–Hacía tiempo que quería tenerla –contó Mostaza–, va a ser un recuerdo muy lindo para cuando me retire. El Loco es uno de esos fenómenos que se dan de tanto en tanto en el fútbol, y para mí va a ser un orgullo decir que jugué frente a él.

La levantada del Globo en los últimos partidos fue insuficiente, pues para el minitorneo que definía el título, el reglamento contemplaba la clasificación de los dos primeros de cada zona, y Huracán salió tercero, detrás de River –el futuro bicampeón– y Estudiantes. A pesar de ello, Houseman acaparó grandes elogios por su desempeño futbolístico. Como los que vertió el prestigioso periodista Juvenal:

"En materia de virtuosismo está a escasísima distancia del Beto Alonso, cuya pegada con pelota muerta nos parece superior. En cuanto a intuición y celeridad de reflejos es lo más parecido a Félix Loustau que hemos visto desde 1956 a la fecha. Sobre todo, cuando viene a la carrera por la raya y cruzando el pie chueco delante del otro, la deja muerta para el compañero que llega por adentro. Además, tiene condiciones físicas notables para su escasa armazón ósea. Nadie más atrevido que él. Y atrevido con patente en el alto nivel del fútbol mundial. Lo malo es que, impulsado por su alegría de vivir y de jugar, a veces olvide que el fútbol es un juego de conjunto".

En enero del 76, el fuerte interés de River por tenerlo propició una novela de varios capítulos. El desenlace ocurrió cuando los de Núñez desistieron debido a su alta cotización: 1500 millones moneda nacional, algo que, por los valores que se manejaban en el país, significaba prácticamente declararlo intransferible. El malhumor del Loco originó un nuevo conflicto: "No quiero jugar más en Huracán", estalló.

La tirantez con la Comisión desencadenó una pirotecnia verbal nunca antes escuchada. El vicepresidente De Santis pegó duro:

–En el país nadie lo puede pagar. Seguramente trataremos de ubicarlo en el exterior. Y si no, se queda en Huracán. Yo ya no sé qué hacer con él, se intentaron todos los métodos. Siempre nos creó problemas, incluso cuando estaba Menotti; lo que pasa es que siempre tratamos de no darle trascendencia. A veces desaparece y viene a los dos días o manda a la mujer a pedir plata antes de volver.

Houseman contraatacó:

–Yo no sé si Huracán estará conforme a nivel disciplinario. Como jugador creo que le respondí. ¿Que por qué desaparezco? Porque a mí me da bronca que no cumplan lo que prometen. Te dicen una plata y después no te la dan o hay que esperar. La gente de River puede confiar en mí, ellos parece que son cumplidores. Me gustaría jugar ahí porque queda cerca de mi casa y podría ir caminando. ¿Que con mi auto soluciono cualquier problema de distancia? Puede ser, pero yo quiero ir caminando.

Se conoció entonces que René había dejado la casa que le alquilaban en Parque Patricios.

–Sí, fue cuando nació mi nene –fundamentó–. Como yo estaba de gira le dije a mi señora que se fuera a la villa, así la ayudaban por cualquier cosa que pudiera necesitar. Después volví y me pareció mejor quedarme mientras el nene fuera chiquito.

La novela terminó y René no fue vendido a ninguna parte. Pero, como siempre, las heridas comenzaron a cicatrizar en la medida en que volvió a "descoserla" dentro de la cancha, algo que no demoró en suceder.

Ya estaba en marcha el Metro 76. El 18 de abril, Huracán aplastó a All Boys cinco a cero, el Loco le hizo tres goles a Spilinga (el arquero al que en su trayectoria más batió: siete veces) y la mayoría de los medios lo calificaron con diez puntos. Osvaldo Ardizzone se enloqueció nuevamente:

"Hay veces que un jugador es más que un partido. Y René Orlando Houseman fue todo en Huracán-All Boys. Hizo tres goles, le cometieron un penal, tuvo otras tantas oportunidades, hizo que la gente se riera, se parara, aplaudiera, gozara. Que disfrutara del espectáculo de ese actor genial, que en lugar de escenario tiene una raya de cal al costado y una pelota en los pies. Y cada vez que la tuvo inventó un taco, un amague, una pared con los compañeros o con los contrarios. Se escurrió por los lugares más pequeños, jugó e hizo jugar...".

En el vestuario, el Loco se volvió a divertir:

–Eh... a ver qué dicen todos ustedes ahora. En el segundo gol le pegué más fuerte que el Gringo Scotta, hasta me quedó doliendo el pie de lo bien que le entré. Y estos cosos –por sus compañeros– que dicen que yo saco unos tiritos así de chiquitos... Yo sé que estoy pasando por un gran momento y hoy me salieron todas. A lo mejor por la facilidad con que se pudo jugar, porque no hubo nadie que me marcara a presión. Pero todo esto sale de la continuidad. Estoy muy bien físicamente, con los entrenamientos y los partidos de la selección, además de los de Huracán. Y eso me permite estar siempre en movimiento, correr por toda la cancha y entrar en contacto con la pelota más seguido. Y es lo que necesito, tener la pelota la mayor cantidad de veces posible, entonces me entusiasmo y me entran a salir las cosas.

Otra vez corrían tiempos felices. Su equipo, sensación del campeonato, mantenía la punta de su zona con seis puntos de ventaja sobre Boca, su escolta. El país futbolístico volvía a hablar de Huracán luego de tres años. Su nuevo técnico, Miguel Antonio Juárez, comentó:

–Prefiero que sean famosos los muchachos y no yo... Al cabo, ¿el mérito de quién es? Yo lo encontré a Huracán ya metido en la filosofía que había dejado Menotti, que habían seguido Imbelloni y Delem... Así que el estilo ya estaba instalado... Además encontré muy buenos jugadores. Pero me enfrenté a un equipo medio lagunero, que por momentos se achanchaba hasta caer en ese grave riesgo como es el fulbito, el toque lateral, el lujo, la comodidad... Problemas que tienen que ver con la mente y con el físico, pero más con la mente, que es donde nacen todos los vicios. Entonces era necesario sacudir esa postura liviana y más que nada convencerlos de lo que podían llegar a ser como jugadores y como equipo. Solo insistir sobre esos aspectos.

Al Gitano no le tembló la voz cuando se animó a definir a René:

–Para mí nunca existió un jugador de su estilo... Pelé con todo su talento no es capaz de inventar en velocidad como Houseman... El Negro será más jugador de equipo, más conductor, con más continuidad en una de esas, pero lo que crea siempre está más cerca de lo normal, de lo previsto... En cambio, lo de René

siempre está más allá de toda lógica... Y en habilidad ni hablemos... Hay quienes incluso pretenden establecer el paralelo con Corbatta... Y yo, como jugué con Oreste, le afirmo que no existe... Corbatta trabajaba con una sola pierna... René ni sabe cuál de las dos es la mejor. Inventa perfiles que no existen, gambetea lo mismo con la zurda que con la derecha. Le pega bien... Houseman es el típico jugador que gambetea en el aire... Sí, suspendido en el aire, sin tocar el piso. Aun admirando a Pelé, René es más dotado individualmente... Más "loco", más genial, más inventor con la pelota.

Como para darle la razón a su entrenador, dos semanas después Houseman jugó el que –inclusive cuando ya estaba retirado– definió como "el mejor partido de mi vida". Fue una victoria como visitante ante San Lorenzo, por tres a uno. Allí le hizo un gol a La Volpe y, al ser reemplazado en el segundo tiempo, lo despidió una ovación jamás vista, de la que participó hasta la mismísima gente del Ciclón.

Nuevamente Juvenal describió en El Gráfico:

"El domingo, frente a San Lorenzo, lo de Houseman fue sensacional como demostración de ingenio y de efectividad. Sus diagonales de derecha a izquierda generaron los primeros e insolubles problemas para la defensa de San Lorenzo. Una de esas diagonales provocó su choque con Irusta y la posterior salida del arquero local, lesionado, en jugada que merecía ser gol y no fue porque Maletti salvó el posterior remate de Larrosa. A partir de ese momento, Houseman quedó con su rodilla izquierda sentida y se temió que no iba a poder salir para el segundo tiempo. Pero finalmente salió, para bien del espectáculo y desgracia de la defensa local. Porque en los 22 minutos que estuvo en la cancha protagonizó tres jugadas memorables, dos de las cuales terminaron en la red de La Volpe. El segundo gol de Huracán fue una obra de arte, en doble pared con Larrosa. El último toque de René para su compañero fue de espaldas al arco, pegándole de taco. Como para que la aplaudieran hasta los más fanáticos hinchas del Ciclón... Su gol, en el que rindió su último esfuerzo antes de pedir cambio, porque su rodilla lo molestaba bastante, fue una despedida a toda orquesta. Porque arrancó del medio de la cancha, enfrentó a Sanz y Olguín como para pasar entre los dos, de pronto quebró la cintura y salió por la izquierda de Sanz, quien fue a abrazarse con Olguín, y se fue. Luego, cuando enfrentó a La Volpe, definió como lo hacen los cracks. Serenamente, sencillamente. Con absoluta seguridad.

Tres minutos antes de ese golazo. René había alcanzado el fondo de la cancha en un espectacular contraataque. Lo pasó a La Volpe con gambeta larga, absorbió el foul del arquero, se rehizo y siguió; cuando llegaba a la raya y lo alcanzaban La Volpe y Villar volvió a quebrar la cintura y enganchó hacia atrás para servir el pase al medio para Ardiles. No pudo rematar el cordobés, llegaba Brindisi y su tiro cruzado salió lamiendo el palo izquierdo. Un minuto después de su golazo, René quedó tendido en tierra, acusando el dolor de su rodilla, y, para homenajearlo, Huracán se mandó un toque de dos minutos y diez segundos sin interrupciones".

Tres semanas más tarde, el 23 de mayo, Huracán recibió a Colón. Para la afición quemera, la jornada fue una de las más tristes de la historia. Un día antes,

Oscar Ringo Bonavena caía fulminado por una bala asesina en Nevada, Estados Unidos. La congoja por la muerte del boxeador se apoderó de los argentinos, más aún en Parque de los Patricios, que lloró amargamente la temprana pérdida de su hijo pródigo. El Ducó, de luto, albergó a una multitud que despidió al hincha más famoso del Globito al grito de "se siente, se siente, Ringo está presente...".

En lo futbolístico, las buenas actuaciones contribuyeron para que la herida no fuera tan dolorosa. Esa tarde, Colón cayó por cuatro a dos. Houseman, pese a no convertir, seguía en un alto nivel.

René aseguraba que el nacimiento de su hijo Diego le había cambiado la vida. Afirmaba que estaba más serio, que recapacitó, que se dio cuenta "de todas las macanas que hice, de la guita que despilfarré y de las oportunidades que dejé pasar". Andaba chocho con su bebé, que ya tenía ocho meses. Si hasta disfrutaba cuando Dieguito le llenaba la camisa de baba y le cambiaba con ganas los pañales. Lo llevaba a la plaza y se ponía loco de contento si el nene se desesperaba por ir tras la pelota. "Soy otro", se enorgullecía. Ahora fumaba menos de un atado diario de cigarrillos, iba a los picados solo para mirar, el boliche ni lo pisaba y no faltaba a los entrenamientos de su club. "Nadie me lo pidió, Diego todavía no habla, pero me obliga a portarme bien".

El Loco le devolvió al Gitano Juárez la gentileza.

–Es un fenómeno. Es piola. Tiene barrio, esquina... Él sabe la vida de todo el mundo y nunca le preguntó nada a nadie. Además no molesta con eso del pizarrón y de las jugadas preparadas. El Gitano tiene una frase: "Cuando llegan al área empiecen a inventar. De cada diez jugadas que inventen, siete tienen que ser gol o pasarle raspando".

Todo era color de rosa en la vida de un Huracán que mantuvo su excelente nivel y terminó como cómodo puntero de la Sección A. En 22 partidos jugados sacó 37 puntos. Ocho más que Estudiantes, su inmediato perseguidor.

Se habían marchado varios cracks del 73: Basile, Chabay, Buglione, Russo, Babington, Avallay, el arquero Roganti... En su lugar, vinieron otros que hicieron de Huracán un conjunto sumamente armonioso y efectivo. Su formación base era: Baley; Cheves, Longo, Fanesi y Carrascosa; Brindisi, Leone, Ardiles y Larrosa; Houseman y Augusto Sánchez. También jugaron Saldaño, Rico, Cabrera y Jorge Lulú Sanabria.

Una absurda reglamentación, sin embargo, lo dejó con las manos vacías a pesar de ser el equipo que más puntos sacaría en ese Metropolitano. Y fue porque en la siguiente instancia pasaron a competir por el título los seis primeros equipos de cada sección, que disputaron 11 partidos –todos contra todos–, en cancha neutral.

Recién en Rosario, contra Central, Huracán resignó su invicto. Atrás habían quedado 23 fechas brillantes.

Y en la mitad de aquel torneo definitorio... otra vez la tempestad. Lo acusaron de abandonar la concentración sin estar autorizado, de haber llegado borracho y de no haber jugado contra Estudiantes por una lesión fingida. Él negó todo, comenzando por lo de la borrachera. Dijo que se había golpeado el tobillo ju-

gando con su hijo, que el médico le indicó que no jugara y que jamás había arrugado. Después, fue a hablar con sus compañeros para aclararles que todas eran mentiras de los que querían difamarlo.

En esta ocasión, varios integrantes del equipo optaron por dar a conocer públicamente sus opiniones. Héctor Baley salió con los botines de punta contra René:

–Le dije que la próxima vez que haga una cosa así le voy a romper la cara. Vino a la concentración previa al partido con Estudiantes, el sábado a las 11 de la noche. Tuvo toda la semana para decir que no podía jugar. Después explicó que no lo entendió al doctor Fort, que por eso se fue de la concentración. Yo con él no tengo nada. Es un buen pibe, pero no le voy a permitir que le haga esas cosas a Juárez y a sus compañeros. Tampoco quiso ir con nosotros a jugar a Brasil con el "Resto"; nosotros ganamos 80 millones; él dijo que no iba porque tenía que ablandar el coche. Espero que después de esto piense bien lo que hace. Yo no le aguanto una más: le lleno la cara de dedos.

Alberto Fanesi también habló:

–No se puede definir a Houseman en dos palabras. Es un muchacho difícil de entender. Además, nunca se sabe qué actitud va a tomar. Todos los días es diferente. Hoy te diría que es un fenómeno, pero mañana es posible que de él te diga lo peor. Esto parece una contradicción, pero lo que pasa es que René es contradictorio.

Su amigo Jorge Sanabria no fue tan duro:

–Yo nunca podría enojarme con él. Somos amigos de toda la vida. Hablamos con él porque queremos ayudarlo.

Miguel Brindisi sostuvo:

–A Houseman hay que quererlo mucho, ayudarlo, tratar de comprenderlo. Como jugador es fantástico; como persona, un pibe con problemas, pero buenísimo. Él pidió una reunión y la tuvimos. Le dijimos con bronca, pero con cariño, que lo queríamos más con nosotros, que se integrara a los compañeros. Y creo que lo entendió. Me enteré por los diarios que le permiten no entrenarse dos veces a la semana. Estoy de acuerdo. Es preferible eso a que desaparezca. Yo te aseguro que en la cancha se lo necesita.

Por último, dio su versión el doctor Fort, médico del plantel:

–El sábado anterior al partido contra Estudiantes vino a la concentración. Lo revisé porque dijo haberse golpeado jugando con su hijo. No vi nada de importancia. Le pedí que se quedara concentrado para poder revisarlo horas antes del partido, pero se fue a la casa. Puede que haya entendido mal.

Cuando a Houseman le preguntaron si se había peleado con Baley, fue terminante:

–¡No! Yo no soy otario, si el Negro me toca me rompe todo. ¿Cómo me iba a agarrar a trompadas? Discutimos fuerte, eso sí. Pero quedamos amigos porque hablamos como hombres, bien clarito.

Lo cierto es que después de este nuevo temporal, las aguas se calmaron. El Globo continuó luchando por el campeonato palmo a palmo con Boca. Hasta que faltando tres jornadas ambos adversarios se vieron las caras en una embarrada

cancha de River. Ganaron los xeneizes uno a cero, con gol de Benítez, y prácticamente se aseguraron el título, mientras Huracán terminó como subcampeón, tres puntos más abajo. En el partido en cuestión, Houseman sufrió una férrea marcación por parte de Tarantini y, lesionado, dejó el campo de juego. Al final de su campaña, admitió que el Conejo era el hombre que mejor lo marcaba y cada vez que lo aquejaba un fuerte catarro, decía sin perder su singular sentido del humor: "Esta tos es peor que Tarantini".

Y a propósito de actuaciones colectivas, más allá de la frustración por el campeonato perdido, nunca más se cansó de repetir: "El Huracán de Juárez fue mejor que el del 73".

Al cumplirse 25 años de aquella frustración, René analizó las razones ante el periodista Natalio Gorin, del semanario Pasión Deportiva:

–Nosotros perdimos el título por tres macanas. Primero, aceptamos jugar en una cancha que tenía medio metro de agua. Segundo, cada vez que voy al Monumental lo veo a Baley: todavía está volando para atajar el tiro que le mandó el Chino Benítez desde la mitad de cancha. Y tercero, hay un boludo que perdió la pelota en la mitad de la cancha, y la encontró el Chino. ¿Sabés quién es? El míster que está hablando con vos.

CAPÍTULO 16

INDISCUTIDO EN LA SELECCIÓN

Antes del Nacional del 76, River volvió a la carga. Su presidente, Rafael Aragón Cabrera, y el vicepresidente, Patrick Noher, participaron personalmente de las negociaciones con Huracán. Existía una diferencia con respecto a algunos meses atrás, pues el club dueño del pase le quitó el cartel de intransferible. Por lo tanto, las conversaciones duraron un par de semanas, mientras el plantel se hallaba una vez más en una gira por América. Hacia Ecuador viajó el directivo Hugo Santilli con el objetivo de atacar el otro frente y hablar cara a cara con René. El Loco aceptó la charla y aunque no se comprometió a nada, se ilusionaba al comentarle a los más íntimos:

–¿Sabés lo que sería tocar con el Negro Jota Jota, con Luque, con Sabella? Además tenés al Mostaza Merlo, a Perfumo, a Passarella... ¡Noooo! ¡Qué voy a extrañar! Extrañaría si fuera a Boca, por ejemplo. Tiene otro sistema de juego. Una forma de pararse en la cancha que yo no siento. Me moriría de tristeza pegado a la raya. Pero en River es distinto. Tiene el estilo que a mí me gusta.

Cuando regresó, se dio cuenta de que por su alto precio (6000 millones de pesos moneda nacional), la transferencia había fracasado. Entonces, la bomba explotó otra vez. Amenazó con no jugar el Nacional si no lo compensaban económicamente: "Quiero 500 millones en la mano o me quedo en mi casa".

René amplió su malestar:

–Estoy cansado de que me usen. Antes de salir de gira pedí 500 dólares por partido. Me dieron 400 y acepté. Me los dieron porque yo figuraba en los contratos y, si no entraba a la cancha, a Huracán le pagaban menos. Eso significó para mí un triunfo contra mí mismo. Convencerme de que era capaz de exigir y no aceptar todo como lo hacía antes. Ahora me siento más fuerte y estoy bien decidido a tomar esta resolución. A esta altura de mi carrera ya no puedo perder plata... Yo al club le di todo y es justo que me lo reconozcan ahora. O me gano el porcentaje por la venta a River, o me lo da Huracán.

El Hueso también estaba molesto porque las malas lenguas se habían ocupado de difundir un venenoso comentario: decían que en el choque decisivo con Boca, por el Metro, acusó una lesión para irse de la cancha:

–Ese día entré ya mal y encima Pernía se me cayó encima... ¿Cuándo acusé yo en un partido? Que me digan... ¡Mirá si lo voy a hacer justo contra Boca y en un partido donde nos jugábamos el campeonato! –se defendió René.

A pesar de la complicada situación, las cosas volvieron a encarrilarse. La Comisión Directiva compensó a Houseman y se comprometió a llamar a una asamblea extraordinaria con el fin de tratar su venta. Además, tuvo una atención extra para con el número siete al entregarle cinco millones de pesos para el primer cumpleaños de su hijo Diego. Y así, René jugó el Nacional. El rendimiento del Globo en los encuentros de la primera fase fue inmejorable. Salió puntero en su grupo, con tres puntos de ventaja sobre Unión, el segundo.

En los cuartos de final, eliminó a Newell's (dos-cero y un gol de René, en cancha de Boca). Pero en la semifinal, volvió a caer frente a los xeneizes (uno-cero, en Independiente).

En forma paralela a su labor en Huracán, Houseman seguía siendo una pieza inamovible en la selección.

En febrero del 76 participó de los partidos contra Paraguay (tres-dos en Asunción) y Brasil (dos-uno en River). En marzo del 76, Menotti lo convocó a la gira europea. El Flaco había protagonizado a comienzos de ese año un encontronazo con la dirigencia de la AFA y, más duramente, con la de River, que se negó a prestar a sus jugadores debido a la inminente disputa de la Copa Libertadores. De modo que Fillol, Passarella, Juan José López, Luque y Alonso quedaron al margen de la selección para esos compromisos. Esto originó que Menotti amenazara con renunciar. Pero no lo hizo y en cambio la AFA se comprometió a crear el Estatuto de Selecciones Nacionales, lo que constituye un antes y un después en la relación de los clubes con el seleccionado. Se terminó así con un enorme período de desorganización. Por escrito, se colocó a la escuadra nacional por encima de los intereses particulares de cada equipo, y los futbolistas se vieron liberados de las incómodas luchas de poder que se producían con frecuencia.

En primer término, la selección se presentó en Kiev, capital de Ucrania, país que pertenecía a la ex Unión Soviética. El frío era atroz y una persistente nevada cayó durante el partido. Esa noche la selección ganó uno a cero, con gol de Kempes, y Hugo Gatti fue la gran figura, atajando innumerables pelotas que tenían destino de red. A los 23 minutos del segundo tiempo, el otro Loco del plantel, Houseman, entró por el autor del único tanto.

El siguiente compromiso fue en Chorzow, Polonia. La fecha, 24 de marzo de 1976, pasó a la historia por ser una de las más tristes de la vida de nuestro país: ese día se produjo el golpe militar que derrocó al gobierno constitucional de Isabel Perón, iniciando un período de terror que se prolongaría por siete años. En Europa el jefe de la delegación, Pedro Orgambide, fue anoticiado desde Buenos Aires. Además, le informaron que la selección debía presentarse esa noche y continuar la gira con normalidad. Sin embargo, jugadores como Kempes y Scotta manifestaron su voluntad de regresar, pero en una reunión que se efectuó para tratar el tema, la mayoría se inclinó por dejar las cosas como estaban. Se jugó contra Polonia y se ganó dos a uno, dando vuelta el marcador. A los 18 minutos del complemento, el propio Gringo Scotta señaló el empate. Un minuto después dejó la cancha por Houseman, quien a los 24 marcó el gol de la victoria.

–Si en ese momento hubiera tenido conciencia de lo que se venía, nunca habría jugado –sostuvo René, con la democracia nuevamente instaurada en el país–. Tampoco hubiese estado en el Mundial 78 sabiendo que mientras nosotros jugábamos en la cancha de River, a pocas cuadras, en la ESMA, estaban torturando gente.

Su familia sufrió en carne propia la represión de la dictadura, pues un primo de su mujer, Edilberto Soto, figura en la larga lista de desaparecidos:

–Un día se lo llevaron y nunca más supimos nada de él. Vivía en la villa y, que nosotros supiéramos, jamás anduvo en ninguna, ni en política, ni en nada.

Un par de años después, toda esa humilde barriada sería derribada y rodeada de paredones...

Cuando la Argentina ya había ganado la Copa del Mundo, el presidente Jorge Rafael Videla saludó personalmente a cada integrante de la delegación. El Hueso, años después, declaró:

–Me hubiera cortado la mano, antes de dársela a un genocida.

Hungría fue el rival del tercer encuentro de la serie. Nuevamente René ingresó por Scotta, a los 15 minutos del complemento, pero nada pudo hacer para impedir una derrota por dos a cero. En los dos últimos encuentros entró desde el arranque. En Alemania la selección cayó contra el Hertha Berlín (uno-dos) y en España empató sin abrir el marcador con el Sevilla, sin que el Loco ni el resto del equipo pudieran escapar de la mediocridad.

La Junta Militar ya había determinado que en la AFA asumiera como interventor el doctor Alfredo Cantilo, en lugar del doctor David Bracutto (este había sido, además, el presidente de Huracán en 1973).

En Buenos Aires, en abril, continuó la preparación y Houseman tuvo asistencia perfecta. Por la Copa Lipton, la Argentina vapuleó a Uruguay, cuatro-uno, en cancha de Vélez. Esta vez fue Scotta el que reemplazó a René, cuando el segundo tiempo promediaba. En el mismo escenario, por la Copa Félix Bogado, la siguiente visita fue la de Paraguay y el resultado, un empate en dos (Kempes en ambas oportunidades) en el que el Loco jugó todo el partido.

El 19 de mayo el equipo de Menotti se presentó en el Maracaná y cayó por dos a cero con Brasil por la Copa Roca. Para el Hueso no se trató de un partido más. Por el contrario, pudo haber sido, acaso, su noche más triste con la casaca albiceleste. Para comprender los motivos no hay que apartarse de ese mes de mayo, aunque habrá que trasladarse al campeonato local. En él, el Huracán del Gitano Juárez atravesaba una etapa brillante, con Houseman como una de las máximas figuras del momento.

En su club era amado y para la consideración general, totalmente indiscutido. El 2 de mayo había jugado contra San Lorenzo el que él mismo catalogó como el mejor partido de su vida. En ese contexto, la selección viajó a Río de Janeiro, y varios medios locales destacaron la presencia del wing derecho argentino. “Houseman, un milagro de clase y picardía: el brasileño irá a verlo de cerca para

comprobar si todo lo que se dice sobre él es cierto", publicó, por ejemplo, Jornal do Sports en su contratapa.

Pero en el césped, la cosa jamás funcionó. En el entretiempo, le confesó su malestar al técnico:

–César, no sé qué me pasa. Estoy vacío. No tengo idea de nada...

Menotti le dio ánimo:

–Vaya, juegue tranquilo y haga lo que sabe.

En el segundo tiempo nada cambió. A los 15 minutos desperdició inexplicablemente una clara situación de gol y navegó en la intrascendencia hasta la pitada final.

En el vestuario, desconsolado y en caliente, murmuró:

–Fui un desastre, no juego más. Quiero largar el fútbol. Esta noche fui un desastre. Defraudé a todo el mundo. No juego más. Y eso que esta semana me cuidé como nunca. No fumé. Me acosté temprano... No sé qué me pasó...

Sin embargo, el Loco se recuperó del bajón y en 20 días tuvo su revancha, cuando en el Centenario de Montevideo la Argentina goleó a Uruguay tres-cero. René salió de entrada y marcó el tercer gol. Luego debió dejar la cancha para permitir el ingreso de Baley por el expulsado Hugo Gatti.

Recién en septiembre la selección volvió a juntarse. En esta ocasión, para enfrentar a Uruguay. Antes de que ello ocurriera René pasó por otro confuso episodio en el que no se presentó para viajar a Mar del Plata, el lugar escogido por Menotti para la preparación. El Loco recibió numerosas críticas. El periodismo lo castigó fuertemente. Ahora, ya no se trataba de su club el que se veía perjudicado, sino el equipo de todos.

Pero contra muchos pronósticos, contó con la comprensión paternal del propio técnico, quien lo excluyó en un principio, pero dejó en claro que, pese a su duro discurso, seguía bancándolo:

–Es el hijo adoptivo que me ha salido –sorprendió–. Lo tengo que cuidar, buscarlo, conversar muy a fondo con él. Al viaje no se presentó y lo excluí inmediatamente pero su caso es muy particular. Seguramente tenía alguna lesión. Entonces pensó: ¿Si estoy lesionado para qué voy a ir? No se presentó y listo. Después tomó conciencia de lo que hizo y se asustó y no volverá hasta que se le pase. Houseman debe ser el único jugador argentino que se excluye e incluye solo en la selección. Pero esta es la última vez. No más perdones. Se adapta al trabajo, al grupo, o lo excluyo muy a pesar mío, porque lo quiero mucho como persona y como jugador. Pero es la última y él sabe que si digo basta es basta.

La prueba de que seguía siendo importante para la selección fue el rápido indulto que le extendió el cuerpo técnico. Para el siguiente compromiso, el 13 de octubre, contra Chile, René ya estaba integrado al elenco titular. En Vélez, la Argentina venció a Chile dos-cero (goles de Ardiles y Bertoni) y Houseman fue reemplazado por Villa faltando diez minutos.

A las dos semanas, el equipo se trasladó hacia Lima y superó a Perú tres a uno. René sepultó las pocas dudas que aún permanecían en torno a él, haciendo dos goles (el restante fue de Passarella). Esa noche, para el jugador de Huracán fue la primera y la última vez que marcó dos veces en un partido internacional.

En la revancha contra los peruanos, el 10 de noviembre en Vélez, se registró otro triunfo albiceleste (uno-cero, gol de Passarella) y para cerrar la temporada, el 28 de noviembre en River se presentó la Unión Soviética (empataron cero-cero). En ambas ocasiones el Loco jugó el partido completo.

Menos de un mes después, jugando el Nacional para Huracán, protagonizó un hecho muy singular: se lo llevaron detenido por pelearse con un hincha, increíblemente, de su misma institución. El Palacio Ducó fue testigo de lo acontecido en aquel partido con All Boys. El técnico Juárez dispuso a los 37 minutos del segundo tiempo su reemplazo por el defensor Masotto, dado que expulsaron a Fanesi y necesitaba reforzar el fondo. Cuando se retiraba, escuchó insultos. Identificó a quien lo hostigaba (resultó ser el exboxeador Vicente Cabas), se introdujo en la platea y armó un revuelo que concluyó con el arresto del espectador. La policía también ingresó al vestuario y allí le comunicó a René, que sufría una crisis nerviosa, que lo tendría que acompañar a la Seccional 28ª, comisaría de la que pudo retirarse por una gestión de Osvaldo De Santis y luego de haber sido demorado una hora. Esa tarde, según el Loco contó, también erró el gol más insólito de su vida:

–Gambeteé al arquero y estaba por empujarla, pero la pelota picó mal y se me levantó. La tiré afuera. Me quería meter debajo de la tierra. Ese día anduve flojo y en Huracán las cosas no venían bien. Alguno creyó que lo había hecho a propósito, como el hincha que me gritó. Pero después todo quedó aclarado.

El diario La Razón, en su edición del 6 de diciembre de 1976, cerró la nota alusiva al tema con un párrafo que pretendió hacer historia:

"El triunfo de Huracán (dos-uno), justo en las cifras, pero sin agregar nada, pronto quedará en el olvido. Lo que seguramente se recordará mucho tiempo, será aquello de: '¿Te acordás aquel día, contra All Boys, cuando Houseman salió a pelear con los hinchas?'".

CAPÍTULO 17

ENTRE RIVER Y BOCA

La historia de las últimas temporadas se reiteró en el verano de 1977. River y Huracán reiniciaron el diálogo y en febrero muy cerca estuvieron de llegar a un acuerdo. A tal punto que el Loco se puso la camiseta de la banda roja para la foto que ilustró notas en diarios y revistas. Sin embargo, la pequeña diferencia económica que persistía no se pudo zanjar y las negociaciones volvieron al punto muerto. Influyó, tal vez, que en ese año River sería local en Huracán –el Monumental lo remodelaron para el Mundial– y mucha gente del Globo se mostró contraria a la idea de que Houseman fuera figura en Parque Patricios, pero con otra camiseta.

El agobiante tira y afloja cansó inclusive a Ángel Labruna, el DT millonario, que expresó:

–Lo de Houseman lo estuve pensando y lo mandé a parar porque Pedro González anda muy bien y además piden mucha plata por el pase. Con otro wing más discreto me puedo conformar.

Mientras tanto Boca también hizo público su interés, aunque con un perfil algo más bajo. El Toto Lorenzo, que acababa de sacar bicampeones a los xeneizes, se entusiasmó con contar con sus servicios:

–Houseman sería muy importante. Jugaría un papel fundamental por su condición de inventor (...) Sé que se identificaría con la hinchada y le daría la misma cuota de alegría que Gatti.

Así, a través de su director técnico, la entidad de La Ribera recién estaba empezando a insinuar su interés. Los contactos oficiales vendrían más adelante.

El Loco seguía manifestando sus ganas de cambiar de aire, pero se lo notaba más compenetrado en el quehacer de la selección, que en las idas y vueltas de su pase:

–Me estoy entrenando como nunca lo había hecho en mi vida –le decía a los íntimos, con su elevada autoestima como bandera–. Ando una barbaridad. Primero en los piques, primero en los trotes, primero saltando vallas... No les puedo fallar. Ni a los muchachos ni a César. Mato, viejo, mato...

Confirmado que Huracán no lo vendía, tras un breve lapso de incertidumbre, finalmente firmó el contrato que lo vinculaba al Globo por un nuevo período.

En el acuerdo fue valiosa la opinión del flamante entrenador, Nelson Pedro Chabay.

–Hablé con los dirigentes, porque consideré que René es un jugador muy importante –reveló el ex lateral derecho, integrante del campeón del 73–. Ahora con Candedo en una punta y él en la otra tenemos más poder ofensivo. Lo puse a Houseman sobre la izquierda, ya que a él le da lo mismo.

Néstor Candedo, un chico de 16 años promovido a Primera, insinuó notables condiciones en su aparición. Tanto, que los más osados hasta lo compararon con el propio Hueso... Después su brillo se fue apagando, aunque alcanzó a actuar más de 200 partidos para los quemeros.

El 27 de febrero la Argentina jugó su primer compromiso internacional del año. Hungría, el rival. Boca, el estadio. Y un condimento extra: el debut de Diego Maradona, con solo 16 años. El que pronto se consagraría como mejor jugador del mundo ingresó en el segundo tiempo y con René estableció uno de los primeros diálogos futbolísticos.

–La toqué enseguida. Sacó Gatti para Gallego y Américo me la dio a mí. Eso es una muestra del compañerismo que hay en el equipo. Me la dio rápido para que tuviese la pelota. Fue ahí cuando lo dejé solo a Houseman, pasándosela a dos húngaros. Entonces me serené del todo –declaró Diego.

Mucho tiempo después, ya retirado, confió que el Loco "fue lo más grande que yo vi como habilidad, como gambeta, como invento. Se divertía con la pelota y eso hoy lo hacen pocos".

Para René, en cambio, el de Hungría no fue un buen partido a pesar del cinco-uno final. Bastante por debajo de su nivel, fue reemplazado por Darío Feldman.

En marzo la selección viajó a España. En Madrid jugó con Irán (uno-uno) y contra el Real (cero-uno), con motivo de los festejos por el 75° aniversario del club merengue. En el segundo tiempo, un Houseman que repitió su bajo desempeño fue suplantado por Oscar Ortiz. Consciente de la realidad, explicó:

–La gente se pregunta por qué estoy bajo, pero pocos saben que desde el partido contra Boca, en cancha de River, que definió el Metro del año pasado, ando mal de un tobillo. Me doy cuenta de que no puedo seguir así, pararé por un mes por lo menos.

En su retorno a Buenos Aires jugó para Huracán en la posición de puntero izquierdo, consolidando su idilio con el público. En el uno-uno contra Independiente, en cancha de Racing, sacó a relucir una de sus creaciones: un golazo a Pogany del que se habló toda la semana.

El Loco no era el único puntero derecho con posibilidades en la selección. Transferido Scotta a España, el nombre de Pedro Alexis González comenzó a ser mencionado con asiduidad. Y Menotti convocó al siete riverplatense:

–Viene para alternar el puesto con Houseman, el único jugador que no tenía suplente. A Houseman hay una sola manera de exigirlo más y es ponerle al lado a un jugador que pueda pelearle el puesto y ganárselo, si no, no se preocupa. De acuerdo con sus últimas actuaciones creo que Pedro González merecía nuevamente un lugar en la selección.

Sin embargo, en los siguientes tres cotejos que disputó la selección (todos en La Bombonera, contra Polonia, Alemania Federal e Inglaterra) ni uno ni otro estuvieron presentes. González, por lesión. ¿Houseman? Por otro cortocircuito originado en su institución, cuya dirigencia lo suspendió 22 días por haber llegado con varias horas de retraso a la concentración. René alegó que todo fue un malentendido y que tenía permiso del cuerpo técnico. Pero ya no hubo marcha atrás, extendiéndose además la sanción al plano internacional, con lo cual la ausencia del Loco quedó ratificada por escrito.

En la posición de siete Menotti colocó a Ricardo Daniel Bertoni, un hombre de estilo distinto –más potente que habilidoso– que terminaría por ganarse un puesto entre los titulares. Pero a Houseman el Flaco igual seguía brindándole una protección conmovedora:

–Él ha demostrado, a través de una trayectoria internacional, que merece mi aval.

Concluida la suspensión, lo colocó como puntero izquierdo en el partido con Escocia, el 18 de junio (empataron uno a uno en La Boca). En los próximos amistosos, sobre todo, el Loco se encargó de demostrar que Menotti no se equivocaba al renovarle la confianza.

A los ocho días, Argentina y Francia protagonizaron una igualdad sin goles, en un partido que contó con una magnífica labor de René, quien gracias a eso volvió a ocupar las portadas de los diarios. "El Houseman que todos queremos", era la lectura simbólica que se podía hacer. El Loco rotó por todo el frente de ataque. Por la izquierda mostró toda su habilidad. Por la derecha fue más penetrante. Fabricó, además, dos penales ignorados por el árbitro. La Bombonera entera aplaudió de pie su show...

El 3 de julio la selección derrotó a Yugoslavia uno a cero, con gol de Passarella. Pedro González, que había jugado contra Francia, dejó el equipo y ya no regresó. El Negro Ortiz salió de once y René, de siete. Su trabajo fue muy eficiente, con y sin pelota. Jugó para el equipo y la prensa lo destacó como el mejor delantero argentino.

Pero si su nivel fue de bueno para arriba en los dos cotejos citados, lo que hizo contra Alemania Democrática, el 12 de julio, fue extraordinario desde todos los ángulos. Aparte, volvió al gol, cuyo sabor no disfrutaba desde el triunfo con Perú, casi un año atrás. Contra los alemanes marcó el primero (el partido concluyó dos a cero), que fue una auténtica pintura, de esas que llevaban el sello de su autor. Ya en los vestuarios, René lo relató una y mil veces:

–Yo la esperaba, la esperaba para no quedar en órsay, hasta que me la tiró Ardiles, le gané al cinco, que no se me despegaba nunca, y cuando salió el arquero se la toqué al otro lado. Yo le decía a Ricardo (Villa) que me la tirara cruzada. Durante el partido me cansé de pedirla por adentro o por afuera, total ellos no entendían nada. Me estoy rompiendo todo, me siento fuerte y esta noche tuve mucho resto para marcar a esos grandotes y hasta de robarles la pelota.

A pesar de los elogios, insólitamente afirmaba que no había jugado bien, que la figura para él había sido Jorge Carrascosa –autor del otro tanto–, a quien reporteó con una botella de gaseosa, en medio del carnaval que se había des-

atado en el camarín: "¿Cómo fue su gol?". El Lobo le respondió: "Bueno, usted sabe que yo en las 18 no perdono". Y se tiraron todos al suelo de la risa.

–¡Qué tipo el Lobo! –continuó René–. Todos los muchachos de esta selección se han pasado. Fueron 45 días inolvidables. Yo me integré al grupo, me sentí uno más, cosa que a veces me cuesta en Huracán, donde quizás esté un poco descolgado. Tengo amigos como Ardiles, Carrascosa, los pibes que van al banco, pero no es lo mismo que acá. Bah, también hay que acordarse que yo estuve en el 73 en Estancia Chica y en el 74 en la selección en Alemania y nada que ver con esta selección de ahora. Aquellas, afuera de la cancha, nada que ver con esta de ahora...

Muy solicitado por los medios de todo el país, el Hueso hizo hincapié en su ya citada autoestima:

–Me tengo una fe ciega y no sé por qué contra estos marcadores me agrando siempre. Estoy bien físicamente y eso ayuda, pero tengo que rendir mucho más todavía. Hoy sí me sentí un tipo productivo. Ojalá que podamos jugar más partidos con equipos europeos. ¡Qué van a ser mejores! Cada vez que con Osvaldo (Ardiles) les pisábamos la pelota quedaban pagando. Y ojo que no es subestimación, ¿eh?

El dos-cero a Alemania cerró la serie contra los europeos. El campeonato local se reanudó tras un receso de un mes y medio y René se reintegró a Huracán, todavía dolido porque su club lo había sancionado, quitándole la posibilidad de jugar los primeros encuentros para la selección. Luego de desistir de iniciarle acciones legales al club, el Hueso dijo que tampoco le prestaría otro servicio que no fuera el estrictamente profesional. No se sometería a infiltraciones, desfatigantes musculares... No haría nada –reiteró– si su organismo no estaba naturalmente en óptimas condiciones.

Su conflictiva relación con los dirigentes ya era crónica, pero dentro del campo de juego su magia seguía intacta, lo mismo que su romance con una tribuna que lo adoraba. Del extenuante Metropolitano del 77 (compuesto por 44 fechas, fue el campeonato récord de la historia, por duración) jugó la buena cantidad de 35 partidos. En dicho certamen alcanzó la mejor racha goleadora de su trayectoria, al convertir diez goles en siete fechas, entre septiembre y octubre. El arquero que más lo padeció fue Rubén Ghibaudo, de Temperley, quien fue vencido tres veces por René en la victoria de Huracán por cinco a tres.

Esa tarde, su hinchada lo ovacionó como pocas veces, despidiéndolo con un emocionante "el Loco no se va, el Loco no se va...", habida cuenta de los rumores de su transferencia, que eran muy fuertes.

En cuanto al rendimiento general, el equipo redondeó una campaña con altibajos: sacó el 50% de los puntos y quedó muy lejos de River, que salió campeón, paradójicamente, jugando todo el Metro en el Palacio Ducó.

Luego, en el Nacional, Huracán no pasó la primera ronda. El Loco estuvo en nueve de los 14 partidos que el Globo disputó en esa instancia con una gran efectividad, pues también convirtió nueve goles. Cabe destacar un extraño partido contra Argentinos por la cuarta fecha: empataron dos a dos y Houseman señaló ambos goles, pero además –por única vez en su vida de futbolista– ma-

logró dos penales en la misma tarde. Uno se lo atajó Munutti y el otro se fue desviado.

En esos días se conoció el interés del Cosmos de Nueva York. El multimillonario equipo estadounidense, en el que años antes Pelé jugó el tramo final de su carrera, participaba entonces de una Liga que prometía explotar de manera inminente. Esas promesas se diluyeron muy rápidamente, aunque en el período de mayor exposición mediática fue mucho el ruido que los norteamericanos hicieron en el mercado de pases. Rafael de la Sierra, el vicepresidente del Cosmos, admitió públicamente sus deseos de contar con Houseman. Además, anticipó: "No vamos a parar hasta imponer el fútbol en los Estados Unidos".

El audaz comentario solo puede provocar risa visto tres décadas más tarde, pero en esa época varios jugadores –incluido René– fueron los que se ilusionaron con pasar a la pomposa Liga. Obviamente, no se concretó ni la transferencia ni la explosión del fútbol estadounidense.

Algo más serio pareció ser el interés de Boca, que a fines del 77 realizó sondeos que no estuvieron exentos de cierto trasfondo polémico. Todo se inició cuando Juan Carlos Lorenzo reiteró que le gustaría tener al Loco. Esto habría causado malestar entre los más conspicuos integrantes del plantel xeneize, quienes se habrían negado porque, presuntamente, consideraban indisciplinado al jugador. Pero Suñé y Mouzo desmintieron la versión difundida por algunos medios, y se reunieron con el propio Houseman para manifestárselo cara a cara.

"No sabemos de dónde salió todo eso –le aclararon los boquenses–, pero te aseguramos que son mentiras. Nosotros te conocemos bien y si venís a Boca desde el primer minuto vas a ser de los nuestros".

El Hueso agradeció: "Yo sabía que no podía ser cierto". Mouzo le reveló entonces que los hinchas preguntaban a cada rato si el pase se hacía. "Vos podrías ser muy querido rápidamente", agregó. René optó por ser cauteloso: "Prefiero no hablar mucho de esto para no quemarlo. Pero si se hace, entonces sí voy a contar lo que siento por estos colores", respondió y agregó que, por cábala, también se negó a posar con la camiseta azul y oro, algo que le habían solicitado desde algunas publicaciones.

Asimismo, el Toto Lorenzo volvió a descargar su andanada de elogios:

–Cuando estaba como técnico en San Lorenzo y él jugaba en Defensores de Belgrano lo pedí, pero no pude conseguirlo. Me gusta desde entonces. Es un gran jugador. Tan dúctil que bien puede jugar a la derecha o a la izquierda y mostrarse bajando al medio campo para ser salida del equipo. Ojo que también es veloz y puede ser jugador de contraataque, una virtud que todavía no le han explotado. Jugando de esa forma, Houseman puede quedarse solo arriba, con dos o tres rivales marcándolo, y desequilibrar sin problemas.

–»Yo conversé con él por intermedio de unos amigos que forzaron una reunión. Le dije que pretendo su calidad, su entrega permanente... que lo demás lo deje por mi cuenta. Mis jugadores quieren ganar y la mejor manera de conseguirlo es reforzando convenientemente el equipo. ¿Y quién puede discutir que René es un refuerzo de diez puntos?

—»¿Su conducta? Si él llega a Boca, poco a poco irá entrando en razones. Aquí nadie es estrella. Los veteranos van guiando a los más jóvenes. Ellos (Sá, Zanabria, Suñé...) son mis mejores ayudantes y sabrán guiarlo, llevarlo, hacerle comprender lo que queremos. Porque nuestro lema es el trabajo. Los mismos jugadores serán los ayudantes ideales del profesor Castelli y mío para que Houseman sea un modelo de hombre y de profesional. Que nadie tema nada: cambiará. El roce con nosotros lo hará cambiar.

Lamentablemente para el Hueso y para Boca, ni siquiera las cábalas sirvieron. Como los dirigentes no se pusieron de acuerdo, el 77 se despidió sin que el Loco viera cumplido su deseo de cambiar de aire.

De todas maneras, su cabeza empezaba a estar ocupada en otro tema: Argentina 78 estaba a la vuelta de la esquina.

CAPÍTULO 18

LA ANTESALA DE LA FELICIDAD

–Cuánto que falta todavía, viejo. ¡Cuánto! No veo la hora de que llegue el Mundial. ¿Cuándo va a dar Menotti la lista? Ojalá que el Flaco me ponga. Me volvería loco en serio si no quedara en el plantel.

René no soportaba la ansiedad. Pero no era solo él. En una Argentina que respiraba fútbol, el Mundial estaba en boca de todos a principios de 1978. Todavía faltaban algunos meses, pero el clima ya se palpaba en la calle, en las oficinas, en los bares, en las canchas... Los argentinos buscaban en su deporte más popular, aunque solo fuera por un rato, una salida para escapar de los problemas que implicaban vivir en un país cada vez más difícil. A dos años del derrocamiento de Isabel Perón, era más que evidente que la Junta Militar no había traído la solución que muchos esperaban de ella. Peor aún, a los bolsillos empobrecidos de los ciudadanos, ahora se sumaba la llegada de una atmósfera enrarecida.

El Gobierno aseguraba: "Los argentinos somos derechos y humanos", mientras en varios países de Europa se referían al terrorismo de Estado ejercido por las Fuerzas Armadas y reclamaban boicotear la Copa del Mundo, que según este criterio, constituía un maquillaje para ocultar el verdadero rostro de una nación donde la violencia estaba en su punto más álgido y era alimentada por los mismos gobernantes.

Paul Breitner, el exquisito futbolista alemán, aplicó un fuerte golpe de efecto sobre la causa, cuando renunció al Mundial denunciando los horrores acontecidos en la que sería la sede.

Sin embargo, ese tipo de noticias que circulaban en el exterior no lograba traspasar las fronteras, y la mayor parte de la ciudadanía las ignoraba. En su lugar, la población veía la publicidad oficial que inundaba los medios de comunicación y desde la cual se realzaban las virtudes de "un país en paz", a salvo de desestabilizadores y difamadores internacionales.

De cualquier manera, la Copa –sirviera o no a los intereses políticos de Videla y compañía– tenía garantizada la atención de una Argentina que vibraba en torno a una pelota y aguardaba con impaciencia la sensación de cobijar en suelo propio la máxima competencia futbolística del planeta.

Igual que Houseman, que fue uno de los tantos millones de espectadores que el 14 de enero observó por televisión el sorteo de las zonas, efectuado en el Centro Cultural General San Martín. Los rivales que le tocaron a la selección, Francia, Hungría e Italia, asustaron a la gente. Era un grupo, a priori, complicado. Pero, lo mismo que cuatro años atrás, no preocuparon a René. Él seguía confiando en el talento natural de los argentinos, que prevalecería ante las máquinas europeas.

Una mañana de enero, al abrir el diario, el Hueso quedó boquiabierto con las declaraciones de Johan Cruyff, el astro holandés que por cuestiones personales también renunció a jugar el Mundial:

–Houseman es el mejor jugador argentino del momento y tiene suficiente clase y categoría como para poder ocupar mi lugar en el Barcelona.

Tanto orgullo no cabía en el pecho de René. "Che, ¿así que te vas a poner los colores de San Lorenzo?", lo aguijoneaban sus amigos de Huracán. El Loco sonreía y pensaba lo lindo que sería ponerse la camiseta de uno de los clubes más grandes del mundo. Pero el halago de Cruyff en definitiva no pasó de ser simplemente eso: un halago, que llenó de gratitud al Loco.

Un mes después del sorteo el seleccionado se concentró en la Villa Marista de Mar del Plata. Los jugadores afectados ya no integrarían sus respectivos equipos hasta después del Mundial. El primer amistoso en esa cuenta regresiva fue contra un representativo no oficial de Uruguay. Empataron cero-cero en el futuro estadio mundialista, el 4 de marzo. El partido fue discreto pero él se llevó todos los aplausos, en detrimento del rendimiento colectivo: "Concentrado para jugar, para perseguir al adversario, para imaginar la gambeta que resuelva una situación ofensiva. El mejor del equipo. Pero fue un solista sin compañía. El ataque de Argentina fue Houseman", destacó El Gráfico.

Dos semanas después, en el estadio de Boca, la Argentina venció a Perú dos a uno. El nivel del Loco volvió a ser excelente, y además le hizo un gol a Quiroga, el arquero al que más batió en encuentros internacionales (tres veces). Esa noche la formación fue: Fillol; Pagnanini, Luis Galván, Passarella y Bottaniz; Ardiles, Gallego y Valencia; Houseman, Luque y Ortiz.

Menotti había encontrado el equipo. Solo faltaba que se reintegraran los laterales, Olguín y Tarantini; Bertoni y, por supuesto, Mario Kempes.

El plantel acababa de padecer dos bajas de consideración. Por un lado, Hugo Gatti, que sin dudas era el arquero titular en los planes del entrenador, renunció como consecuencia de una lesión que lo molestaba desde hacía tiempo. Por otra parte, también Carrascosa se bajó del proceso. En su caso, nunca explicó los motivos de su alejamiento. Ni siquiera los más íntimos, como el Hueso, accedieron al porqué de su misteriosa decisión. En lugar de Gatti fue convocado Fillol, que no defraudó. Por el contrario, las notables actuaciones del Pato pronto lo elevarían a ser visto como uno de los mejores guardavallas del planeta.

En el último tramo de la recta, la delegación se mudó a la quinta Natalio Salvatori, de José C. Paz. Se programaron más amistosos. El 29 de marzo se presentó Bulgaria. La Argentina ganó tres a uno y Bertoni reemplazó a René a los 17 minutos del complemento. El 5 de abril lo hizo Rumania, la selección venció dos-cero y Houseman jugó todo el partido. Irlanda llegó el 19 de abril y cayó tres-uno contra el conjunto celeste y blanco. La figura volvió a ser el Loco, cuya inventiva se transformó en un factor desequilibrante, gracias a la cual desconcertó a toda la defensa adversaria y a través de la que vinieron los dos primeros goles. Por si esto fuera poco, los postes le negaron en dos oportunidades lo único que le faltó: su propio gol.

La exitosa serie disputada en cancha de Boca encendió a la gente. "Este equipo tiene toque / este equipo tiene gol / este equipo tiene todo / todo para ser campeón...", se animó a entonar la hinchada, motivada por aquellas producciones. De a poco, iba instalándose la creencia de que la selección, efectivamente, podría ser candidata a ganar por primera vez el codiciado trofeo. La gente estaba en llamas. Y faltaba cada vez menos.

Por la Copa Newton, sin varios titulares, la Argentina perdió dos a cero con Uruguay, en Montevideo. René jugó todo el partido, al igual que la revancha, en la que superó a los charrúas tres a cero, ya con el elenco estable. Era el último partido de la puesta a punto.

El 23 de mayo se vivieron horas tensas en José C. Paz. La delegación, que trabajaba con 25 jugadores, tenía que estar compuesta por 22. Esa mañana le dijeron adiós al Mundial Humberto Rafael Bravo, el Lito Bottaniz y un pibe de 18 años que lloró desconsoladamente la polémica decisión de Menotti: Diego Armando Maradona.

Algunos días antes, el DT había hecho pública una lista con ocho hombres inamovibles en la alineación que debutaría contra Hungría. Uno de ellos era Houseman. El resto, Fillol, Galván, Passarella, Tarantini, Ardiles, Gallego y Luque. Menotti seguía sintiendo debilidad por el chico al que cinco años atrás había colocado en la primera de Huracán:

–No sé si yo empecé con él o él empezó conmigo –declaraba el Flaco–. Vivimos juntos la primera comida, la primera concentración en Huracán, los amigos y también compartí su casa en la villa. Por eso nada me sorprende, lo conozco demasiado y me conoce tanto que hasta sabe cuándo estoy enojado o le voy a tirar la bronca por algo. Yo quiero que René sea feliz con lo que tiene, que es nada más y nada menos que su talento para el fútbol. Con él salió a pelearle a la ciudad y a la vida, y voy a hacer todo lo posible para que no pierda la pelea. Tiene que ganar para que todos los René de su barrio también ganen de alguna manera, tengan aunque sea una pequeña revancha... Uno lo ve metiendo cuatro o cinco frases por día para que sus compañeros se rían, uno lo ve jugando, almorzando, andando por ahí de un lado a otro sin metas demasiado importantes. Es eso, solo eso. Que nadie pretenda rebuscar más allá. Para entenderlo hay que cruzar la zanja y compartir la vida de los muchos pibes que el fútbol no pudo salvar... Hoy lo veo más crecido, más aplicado y tratando de cumplir con todo lo que le piden. Ha cambiado mucho, pero en el fondo siempre es y será el mismo.

El Hueso estaba contento, a pesar del riguroso encierro. Las horas libres en la concentración las mataba, en parte, leyendo. Sí, al Loco le gustaba mucho la lectura. No se involucraba en temas difíciles o tratados filosóficos, pero no se

perdía ningún best seller. Por lo tanto, sus compañeros lo nombraron secretario de cultura. Y no era chiste:

–Guarda con que me afanen un libro –se agrandaba–. Los tengo a todos controlados, me puse la biblioteca en la pieza. Es la secretaría que más me gusta porque yo de finanzas no entiendo y en la de fiestas a veces hay que hablar o hacer discursos. Cada uno se encarga de algo. Yo, Valencia y Pagnanini estamos para recibir, ordenar y cuidar los libros. Luque, Gallego, Passarella y Ardiles son los que defienden la guita, manejan las finanzas. Tarantini, Larrosa y Killer organizan las fiestas, las reuniones o los cumpleaños.

A los que le hacían notar que se lo veía muy feliz, les respondía:

–Y también ¿qué querés?, si le fallo ahora al Flaco Menotti me tengo que matar. ¡Después de todas las que me bancó! Además esta concentración es distinta. Somos todos muy amigos, hay muy buena gente, así se hace más fácil, más divertido. No te sentís atado, obligado a trabajar. Y eso en la cancha se nota porque al final uno piensa: "¿qué me cuesta correr a los contrarios?, no puedo ser mal compañero".

Repetía, también, que su vida personal pasaba por una etapa de mayor tranquilidad:

–Lo que pasa que uno ya es más grande. Entreno mejor, corro más. Ahora aguanto el ritmo todo el partido. Antes picaba cuatro o cinco veces seguidas y después no podía levantar las piernas.

René ya no vivía en la villa. Con lo ahorrado en cinco años de trayectoria, terminaba de mudarse a un departamento de Monroe y Ramsay. Estaba a escasas dos cuadras de su antiguo domicilio. Sus amigos, en cambio, seguían siendo los de toda la vida.

–Que yo me banque la concentración no quiere decir que me olvide de mis amigos. Cuando tengo un día libre me lo paso en la villa. Meta mate y chacareras.

Lo que no sabía el Loco, allá por mayo del 78, era que su humilde barriada del Bajo Belgrano tenía los días contados. Poco antes de que Alemania Federal y Polonia se enfrentaran en el partido inaugural, las topadoras del gobierno porteño avanzaron sobre cada vivienda, dejando un tendal de chapa y de tristeza. A los pobladores que no tenían un techo alternativo los reubicaron al voleo: Florencio Varela, Villa Soldati, San Fernando fueron algunos de los destinos. A los que conseguían alojamiento provisorio en casas de parientes o amigos, los camiones de la intendencia los trasladaban junto con sus pertenencias. Eso fue lo que ocurrió con Ema. La hermana de los Houseman vivió un tiempo en lo del Loco, hasta que se mudó a Hurlingham. En esa localidad del oeste del Gran Buenos Aires ya vivían sus padres –a quienes René les pudo comprar la casa– y Cacho, el hermano mayor. Cholo, el otro hermano, se mudó a Derqui, otro pueblo del conurbano bonaerense.

–El día que tiraron la villa abajo fue uno de los más tristes de mi vida –reconocería René unos cuantos años después–. Y no pude estar con mi gente cuando la sacaron, porque estaba concentrado con la selección. Por supuesto, me enteré enseguida, y me puse a llorar como un loco. Sentí impotencia, porque los milita-

res sacaban esa villa solo por una cuestión de imagen. ¿Cómo la gente que venía del exterior iba a ver una villa en plena capital? Pero mientras cuidaban esa imagen, a dos cuadras de la cancha de River estaban matando gente a lo loco. Si hoy tuviera la plata y la posibilidad de hacerlo, volvería a levantar la misma villa, en el mismo lugar y traería de vuelta a todos mis amigos. En la villa, si no teníamos para comer en lo de uno, íbamos a lo de otro. Ahí conocí más gente honesta que en lugares donde andaban todos con saco y corbata. Bah, hacían sus cosas por ahí, pero honestas con uno, ¿viste?

Las gestiones por su transferencia a Estados Unidos se reflotaron en los días que antecedieron al Mundial. La insistencia de los yanquis lo convenció de que a lo mejor, con un par de temporadas en el exterior, podría dar un salto económico más que importante.

–Ya me llamaron como cuatro veces de allá –reveló–. No estoy tan seguro, pero voy a pensar en los dólares, me llevo a mi mujer y al pibe.

–¿Vas a aguantar?

–Y qué otro remedio me queda; son dos o tres años y me salvo para siempre...

–Claro, es mucha plata...

–Y si no aguanto me vengo.

–¡Pero no vas a poder hacer eso!

–¡Cómo no! Me tomo un avión y me vengo.

Después de este diálogo con el periodista Carlos Ares, no cabían dudas. René estaba más serio, más tranquilo, entrenaba mejor... Pero en esencia, seguía siendo el mismo Loco, el loco lindo de siempre.

Una tarde, Enrique Omar Sívori visitó la concentración de José C. Paz. Estaba conversando con Menotti cuando lo vio aparecer a René. Se confundieron en un abrazo.

–¿Cómo, ahora le gusta la concentración? –bromeó el Cabezón, el mismo técnico que cinco años atrás había echado al Hueso del seleccionado por escaparse del predio de Luz y Fuerza.

–Lo veo a Houseman más reposado, más calmo, se ve que ha madurado. Me alegra mucho porque condiciones técnicas le sobran –le comentó luego a Menotti.

CAPÍTULO 19

25 MILLONES DE ARGENTINOS

El debut ante Hungría era inminente. Ya había pasado la ceremonia de apertura. Alemanes y polacos ya habían defraudado, con un aburrido cero a cero en el partido inaugural. Al día siguiente, el 2 de junio de 1978, la noche helada del Monumental se preparó para recibir a la Argentina. A pesar del frío, el calor de la gente hizo que se viviera una verdadera fiesta. Un estadio repleto, embanderado de punta a punta; camisetas, gorritos y millones de papelitos saludaron el ingreso de la selección al campo de juego.

Menotti ya había dado el equipo: Fillol; Olguín, Galván, Passarella y Tarantini; Ardiles, Gallego y Kempes; Houseman, Luque y Valencia. El cuatro-tres-tres clásico, que podía ser también un cuatro-cuatro-dos porque Kempes y Valencia tenían la capacidad de volantear.

Formados en hilera, cantaron los himnos. René miró hacia el costado en el que estaba su familia. Trató de identificarlos entre la multitud. No lo consiguió. Igual se le hizo un nudo en la garganta, contemplando aquellos instantes sublimes. 80 000 almas (25 millones, mejor dicho) clamaban su confianza en esos 22 hombres que las representaban en el verde césped. Y él era el jugador que más presencias internacionales tenía en ese plantel: 43. Era un momento impagable. Estaba cumpliendo el sueño del pibe, el de millones de pibes que alguna vez soñaron con algo así. Y él lo había logrado. Por eso era feliz, se dijo a sí mismo.

El pitazo del árbitro portugués lo sacó abruptamente de sus pensamientos. Empezó el partido. Transcurrieron algunos minutos y ya hubo emociones. Las gargantas se aplacaron cuando a los diez minutos Csapo puso el uno a cero. Pero a los 15, el empate de Luque les devolvió a todos el alma al cuerpo. René, bien controlado por su marcador, no conseguía sintonizar la onda del partido, en una Argentina que era más fervor que fútbol. Se fue el primer tiempo sin mayores novedades. En el segundo, la selección apretó en busca del desnivel. A los 22 minutos, el tablero electrónico indicó la salida de Houseman y el ingreso de Bertoni. Más fuerza para reemplazar al talento ausente (si bien en defensa del Loco cabe mencionar que un golpe en la rodilla no le había permitido entrenar normalmente). Siete minutos después, Alonso entró por Valencia. A los 39, el

primer cambio se tradujo en el marcador: Bertoni mandó a dormir la pelota a la red y dejó contento a todo un país. El primer paso estaba dado.

Los mismos 11 salieron a enfrentar a Francia, cuatro días más tarde. Asumiendo su rol protagónico, la Argentina luchaba, pero chocaba contra cierta impotencia para desnivelar. En los últimos cinco del primer tiempo se iluminó el Hueso. Su habilidad apareció junto al coraje del equipo, que puso a los franceses contra las cuerdas. Justo antes del final, Tresor cometió una mano –para muchos, casual– en el área. El árbitro cobró penal y Passarella lo cambió por el uno a cero.

A los 15 minutos del complemento empató Platini. A los 28, un soberbio zapatazo de Luque coronó el trabajoso dos-uno. El rendimiento colectivo seguía sin entusiasmar; el de algunos jugadores –entre ellos Houseman– tampoco, aunque a esa altura lo realmente importante era que la clasificación a la próxima fase estaba asegurada.

No fueron pocos los que expresaron su descontento por la decisión de incluir a Houseman desde el arranque. Atento a esas voces de disconformidad, Menotti salió al cruce de manera vehemente:

–Estoy seguro de que si hacíamos una encuesta antes del Mundial sobre quién debía ser el número siete, Houseman salía elegido por unanimidad. Entonces habría que aceptar que anduviera bajo en algún partido y confiar en sus condiciones. Corrió, puso todo adentro de la cancha, pero falló en lo que mejor hace: habilidad, desborde, toque. ¿Qué debía hacer yo, tirarlo o recuperarlo? Lo que más bronca me da es que si por ahí Houseman se enchufaba y ganaba el partido, iban a destacar su condición de fenómeno, olvidando las críticas. Nadie comprende que la decisión de sacarlo debe correr por mi cuenta, sin ningún tipo de presiones. Porque yo solo vivo con él y lo conozco lo suficiente como para saber cuál es su estado de ánimo.

El técnico explicó la causa de los cambios que introdujo para la tercera fecha, con Italia: quería probar alguna variante. Bertoni entró por el Loco, y Ortiz, por el lesionado Luque. A los 22 minutos del segundo tiempo Bettega marcó para los dirigidos por Enzo Bearzot. El técnico esperó seis minutos y dispuso la única variante del cotejo: Houseman por Ortiz. Pero ya era tarde, Italia aguantó y se adjudicó el primer puesto del grupo. Para la fase siguiente, la Argentina debió ir a la sede de Rosario. Lo aguardaban Polonia, Brasil y Perú.

René volvió a salir desde el arranque contra los polacos. A cuentagotas, el Gigante de Arroyito se regocijó con su magia. En el primer tiempo le llegó poco la pelota. En el segundo, le ganó un par de veces la espalda a su marcador y pudo desbordar. Pero aún estaba en deuda. En cambio, esa fue la gran noche de Fillol, que le contuvo un penal a Deyna, y de Kempes, el autor de los dos goles con los que la selección (ya más cerca del fútbol que el gusto popular pretendía) despachó justicieramente a Polonia.

Con Brasil se recuperó Luque y Houseman volvió al banco. Fue el único partido que el Loco no ingresó ni siquiera como refresco.

–Me dolió pasar de titular a suplente, pero si el técnico así lo decidió, está bien –aceptó en rueda de prensa. Y también habló de sus favoritos:

–El equipo más difícil me pareció Italia, y el mejor jugador, el austríaco Krankl.

Pese a la enorme expectativa, el choque sudamericano fue de tono discreto y no se abrió el marcador. Se venía Perú...

El 21 de junio de 1978 quizás sea recordado por los argentinos casi tanto como la final con Holanda; por todo lo que se habló del partido contra los peruanos y, fundamentalmente, por la hazaña de un seis-cero merced al que la selección sacó pasaje para el encuentro definitorio con Holanda.

La jornada había arrancado con un triunfo de Brasil ante Polonia por tres a uno, resultado que obligaba al cuadro de Menotti a ganarle a Perú al menos por cuatro goles de diferencia, para superar a Brasil en el primer puesto del grupo y acceder a la final con los holandeses, ya consagrados como los punteros de la otra zona.

El técnico, por primera vez, colocó una formación súper ofensiva: Fillol; Olguín, Galván, Passarella y Tarantini; Larrosa –su debut mundialista–, Gallego y Kempes; Bertoni, Luque y Ortiz. No obstante, todo el país enmudeció cuando ni bien empezado el partido, Muñante estrelló una pelota en el palo. Repuesta del susto, Argentina pasó a su rival por arriba y al concluir el período inicial ya ganaba dos a cero, con goles de Kempes y Tarantini.

Apenas arrancó el segundo, Kempes marcó el tres a cero y, un minuto después, Luque, de cabeza, el cuatro a cero tan ansiado. A los 21 minutos entró Houseman por Bertoni y su primer contacto con el balón fue el cinco a cero. Ortiz se fabricó el hueco amagando la diagonal hacia el medio y entonces se filtró raudamente entre Duarte y Manso. Cuando se le acababa la cancha sacó el centro rasante. Houseman la empujó a la carrera, superando el cruce de Roberto Rojas. Su alegría era tanta que casi se funde en la corrida del festejo...

–Corrí para la tribuna adonde estaban mi mujer, mi hermana y mi cuñado. Quería abrazarme con todos...

Después, justificó plenamente su ingreso. Se metió en el partido, desbordó, participó en el esfuerzo colectivo y tuvo otras dos oportunidades frente a Quiroga.

A los 32 minutos, Luque conquistó el sexto gol y la selección, insuperablemente agradecida a Rosario, se despidió de esa ciudad para volver al Monumental el domingo 25 de junio.

Cuando años más tarde se destaparon las atrocidades cometidas por la dictadura, también afloraron comentarios que ponían en duda la legitimidad de la goleada contra Perú. Tocados en su orgullo personal, los protagonistas del seis a cero siempre salieron al cruce de las sospechas en forma categórica. René también lo hizo:

–Dentro de la cancha nos dimos cuenta de que no había nada arreglado. La prueba está en ese tiro de los peruanos en el palo y otra situación clara de gol que tuvieron. Nosotros les metimos seis, pero si podíamos, les hacíamos doce.

Una vigilia cargada de ansiedad fue el preludio de la gran final. Las cábalas se repitieron hasta el mínimo detalle. Todos las tenían y René, que no era la excepción, dormía con la ropa del partido como almohada, en la pieza que compartían con Bertoni. Los dos se llevaban muy bien, pese a que competían por el puesto.

En general, el plantel era muy unido, muy solidario. El Loco lo pudo comprobar, por ejemplo, el día que erradicaron la villa. Sus compañeros lo vieron apagado y trataron de darle el respaldo que necesitaba para superar el bajón.

En asuntos como ese pensaba René, mientras iba sentado en el micro. Miraba por la ventanilla y seguía asombrándose por el cariño que la gente le dispensaba a la delegación. En el trayecto de José C. Paz hasta River interactuaron con una marea humana que no cesaba de agitar banderas y vitorear "¡Ar-gen-tina, Ar-gen-tina!".

En los primeros partidos, viendo esa actitud de los hinchas junto al ómnibus, René había querido bajarse a cantar con ellos (también Passarella). Fue Menotti el que debió contenerlo para que permaneciera en su asiento.

El Flaco dio el equipo para la final. Era idéntico al que batió a Perú. "Claro, cómo va a cambiar si ganamos seis a cero", maquinó el Loco, que por un momento había tenido esperanzas de estar en la final de movida. Pero también pensó que desde su lugar en el banco, alentaría a Bertoni, a Ortiz y a los demás como el más fanático de los hinchas, porque él también era parte de esa selección que tanto había luchado para llegar hasta donde llegó. Y ahora faltaba un pasito, nada más. Menotti les había dicho luego del triunfo ante Perú: "Muchachos, ustedes ya han cumplido". Pero ellos querían todo el premio, y contra Holanda tendrían la gran chance de obtenerlo.

Ya no era la Naranja Mecánica que en el 74 había apabullado al equipo de Cap. Ya no estaba Cruyff... Sin embargo, Holanda era subcampeón del mundo y se le debía un respeto que no implicaba temor. En la charla técnica, Menotti eso lo dejó bien claro.

–En unas pocas palabras nos hizo ver todo el partido. Creo que si habló cinco minutos es mucho –recordó Houseman.

La Argentina salió a buscar el triunfo y el Matador Kempes encontró la llave a los 38 minutos. El uno a cero se mantuvo en gran parte del complemento. A los 30 entró el Loco por Ortiz, con órdenes de moverse por derecha y darle más aire a la ofensiva celeste y blanca. Pero apenas había intervenido en el juego cuando el estadio enmudeció por el empate de Naaninga. Era un baldazo de agua fría, porque la vuelta olímpica ya se paladeaba. Peor aún, sobre la hora todo el territorio nacional se paralizó al ver que un remate de Rensenbrik pegaba en el palo de un Fillol vencido.

Fue necesario ir al suplementario. Mientras esperaba la pitada inicial, volvió a recordar las indicaciones técnicas. Veloz e incisivo, cumplió con su cometido y muy cerca del final de los primeros 15 del alargue, acercó peligro hacia la valla holandesa. Dijo el diario La Razón:

"A los 13 minutos se fue Houseman, habilitado por Larrosa. Lo apareó un defensor. Tiró el delantero argentino. Rechazó a medias Jongbloed. Volvió a tirar Houseman, cayendo al piso tackleado por Krol. El juez no cobró. Por el contrario, hizo continuar el juego ante las protestas de Houseman".

A pesar de las quejas, dos minutos después ya nadie recordaba aquella jugada, que por culpa del segundo gol argentino pasó al olvido. Todo sucedió a mil por hora. Sobre el epílogo del primer tiempo, Kempes se consagró definitivamente

como mejor futbolista de la Copa, tras guapear en el área y conquistar el dos-uno.

A los ocho minutos del mini segundo tiempo, el Loco tuvo la posibilidad de liquidar el partido. La jugada que elaboró fue digna de su sello. Por la derecha, penetró hasta quedar mano a mano con el arquero, y cuando Jongbloed le dejó el primer palo libre porque creyó que tiraría el centro atrás, René apuntó a ese hueco, pero falló por centímetros y su remate pegó en la parte exterior de la red, junto al poste.

Bertoni, que ingresaba por el medio, le recriminó no haber enviado el centro. Después del campeonato, el entredicho pasó a la historia como una divertida anécdota. René recordó:

–El Gordo (por Bertoni) me gritaba y agitaba los brazos: "¡¿Qué hiciste, por qué no me la pasaste si yo entraba solo?!". Yo le contesté: "¡Bajá los brazos y callate, gordo p.... , no ves que me estás mandando en cana delante de 100 000 personas...!".

Pero igual a lo sucedido en el reciente gol de Kempes, la oportunidad que dilapidó el Loco fue el anticipo de una nueva conquista argentina, siendo el mismo Bertoni quien abrochó el tercero, desencadenando una fiesta que, con epicentro en el Obelisco, se trasladó a cada rincón del país.

Una parte de la prensa deportiva no fue condescendiente con la actuación del Hueso en la final. Uno de los medios más severos, La Razón, puntualizó:

"Entró y, como lo venía haciendo, pareció un plateísta más. Con el correr del reloj realizó un par de jugadas. Nada más".

Y así como ese diario optó por la dura crítica, también se dio un caso como el de La Prensa que, en el extremo contrario, se inclinó por halagadoras impresiones:

"Houseman entró con gran decisión y, pese al juego fuerte que en ese momento presentaban los holandeses, el argentino no se intimidó y mostró sus aptitudes en lo que es su fuerte, la habilidad para ganar terreno eludiendo rivales en espacios cortos. Lo hizo muy bien y, cuando se lanzó en carrera hacia la valla custodiada por Jongbloed, siempre arrastró tras de sí a uno o dos defensores, con lo que debilitó la defensa rival, obligada a marcarlo con dos jugadores y dejando así mayor terreno libre a sus compañeros del ataque. Su labor fue muy importante y su entrada en el equipo, oportuna, porque a partir de ese momento los jugadores visitantes se vieron acosados por las dos partes. Por la derecha Houseman y su enmarañado, pero siempre efectivo, esquive, que muchas veces –fue evidente– desconcertó a sus marcadores, y por el costado izquierdo, Bertoni".

Los flamantes campeones fueron agasajados oficialmente en el Hotel Plaza, donde recibieron sus medallas.

Al retirarse, tuvo lugar el festejo más íntimo. Junto a Bertoni, y sus respectivas esposas, se dirigieron al restaurante de Don Luis, al lado de la casa del Loco.

–El dueño lo cerró para nosotros solos. Nos dio la llave y "hagan lo que quieran", nos dijo. ¡Para qué! Yo, meta whisky... Hasta el agua de la pileta me tomé...

Él se sentía partícipe de la epopeya. Sin embargo, siempre aceptó que desde el punto de vista personal, le quedó cierto sabor amargo, pues su nivel no alcanzó el del Mundial anterior. Él quería "romperla" y se quedó con las ganas de hacerlo. Su explicación es una salida tan ingeniosa como la más sorpresiva de sus maniobras con la pelota:

"Yo no la rompí porque estaba mejor entrenado que nunca. ¿Cómo es eso? Cuando yo no venía diez puntos físicamente, gambeteaba más porque corría menos. Una gambeta, para que te salga bien, la tenés que hacer con el último esfuerzo. Y lo mejor que yo tenía era la improvisación, no la velocidad. En la selección, Pizzarotti nos mataba, pensando que a mayor entrenamiento, mejor rendimiento. Y, por lo menos conmigo, era al revés.

Asistió a varios agasajos y celebraciones el Loco en ese invierno de 1978. No obstante, nunca dudó en identificar al mejor de todos:

–El verdadero festejo lo tuve en el barrio, con mi gente, esa que no tenía dinero pero sí corazón grande. Los pobres podrán ser pobres, pero una de las grandes virtudes que tienen es la generosidad.

III
LA CAÍDA

CAPÍTULO 20

GLOBO QUERIDO

–En el 78 yo fui el mejor de los contrarios...

La frase, sin dudas, es totalmente exagerada. Houseman la mencionó en una oportunidad, ya retirado de la práctica activa. Y si bien el tono pícaro que solía utilizar invitaba a no tomar demasiado en serio aquella expresión, René siempre reconoció que en el Mundial organizado por la Argentina no rindió lo que deseaba y, más aún, esa competencia fue una bisagra en su carrera.

El antes y el después no se notó de un día para el otro, pero es evidente que, por diversas causas, entre las cuales su reconocida inclinación por la bebida jugó un papel preponderante, el nivel del Loco fue decayendo en forma progresiva. Transcurridos un par de años, había acentuado tanto su declive que le resultó imposible recuperarse, pese a que en varias ocasiones lo intentó. Su caída terminó siendo como una bola de nieve: mientras más tiempo pasaba, más pronunciada era su depresión y más brusco su descenso, hasta que cayó en lo más bajo y oscuro del precipicio.

Luego de tocar fondo y conocer las tinieblas del ocaso –ya no solo el futbolístico, sino también en lo que corresponde a su vida personal– comenzó, lentamente, a asomar la cabeza. Se posicionó, entonces, como para disputar otro partido, pero lejos del calor del público y de la línea de cal. Un partido mucho más duro, ya no contra 11 adversarios, sino frente a dos temibles oponentes, como la opresión del alcohol y los fantasmas del olvido.

Nada resultó fácil para el Loco. Sin embargo, se puede afirmar que salió airoso del complicado enfrentamiento. En otra parte de este libro se verá cuándo, cómo y por qué consiguió hacerlo.

Huracán lo recibió con los brazos abiertos cuando –luego de unas vacaciones en su provincia natal– se presentó en Patricios con el título de campeón del mundo. El Loco, Héctor Baley y Osvaldo Ardiles eran los representantes del Globito en la selección y el motivo del orgullo de todos los quemeros. Pero con Houseman, por supuesto, la empatía era mucho mayor, ya que se trataba de un jugador que prácticamente había nacido en la institución, mientras que el Pitón y Chocolate habían llegado un par de temporadas atrás.

Apenas concluyó el Mundial, Baley firmó para Independiente y Ardiles fue vendido al Tottenham de Inglaterra, junto con Ricardo Villa, otro integrante del seleccionado. Para el Loco, en cambio, se iniciaba un período turbulento. Permaneció casi tres años más en Huracán. Una etapa menos agradable que la anterior, signada por rumores de transferencias, negociaciones fracasadas, desentendidos con técnicos y directivos, confusas salidas de las concentraciones...

En ese marco también hubo espacio para algunas grandes actuaciones futbolísticas. En ellas, el Hueso renovó el romance con su público, que a pesar de los conflictos se resistía a dejar de tenerlo como el amado referente que era.

Pero a la inversa de lo sucedido en períodos anteriores, esta vez los partidos en los que el Loco deslumbró no fueron tantos. Desgastado por los inconvenientes que lo aquejaban en el club y sus propios problemas personales, sus grandes actuaciones se hicieron cada vez más esporádicas, aunque el desempeño irregular del puntero de ningún modo era una isla, en un Huracán que a paso firme se alejaba de los tiempos de prosperidad deportiva e institucional que había sabido disfrutar no tanto tiempo atrás.

Para comprender mejor los vaivenes de la agitada vida que llevó el Loco en los años posteriores al Mundial, es preciso mostrar un detalle cronológico a través de cada uno de los campeonatos.

METROPOLITANO 1978

-No juega hasta la fecha 17, por razones obvias: desde principio de año hasta julio, estuvo afectado a la selección campeona del Mundo. Vuelve contra Platense, el 7 de julio. Tiene una destacada labor en el triunfo por dos a uno.

-En agosto, Huracán viaja a España a participar del cuadrangular Costa del Sol, junto con el Atlético de Bilbao, el Málaga y Talleres de Córdoba. El Globo llega a la final y cae dos-uno ante el Bilbao. En ese torneo Carlos Babington retorna a la institución tras varios años en la liga alemana.

-De regreso a Buenos Aires hay fuertes rumores que lo vinculan al Middlesbourgh, de Inglaterra. Directivos de la entidad británica y el Loco arreglan sueldo, premios, casa y auto, al igual que otro jugador del Globo, José Ubeda. Pero en Huracán dicen que no hubo acercamientos oficiales y agregan que "René Orlando Houseman no se vende por ninguna plata del mundo". Es el primer cortocircuito post-Argentina 78.

-En la 29ª fecha le hace tres goles (uno de penal) a Peratta. Huracán le gana cinco a cero a Estudiantes de Buenos Aires, en cancha de Chacarita.

-Huracán, con Alberto Toscano Rendo como director técnico, termina en la decimoquinta posición, con solo 35 puntos en 40 partidos.

NACIONAL 1978

-Vicente Cayetano Rodríguez, un confeso discípulo de Menotti, es contratado como entrenador.

-El estadio de San Martín es, en el corto lapso de dos meses, testigo de otra de sus hazañas. En la segunda fecha del nuevo certamen juega para diez puntos. Huracán vence tres-dos a Chacarita, con todos los tantos señalados por el Loco. El arquero Vijade es su víctima esta vez.

-En la tercera y en la cuarta jornada mantiene un nivel superlativo: Huracán derrota a Patronato de Entre Ríos (dos-cero) y a Gimnasia de Mendoza (cuatro-dos). Pronto su rendimiento merma y es expulsado dos veces en el transcurso de solo 20 días: contra Unión y en la revancha contra los mendocinos. En este partido, choca contra el arquero Peratta, reacciona aplicándole una patada y el árbitro Carlos González les muestra la roja a ambos. Incrédulo, el Loco se resiste a irse de la cancha, desquitándose verbalmente con el juez.

-Por este último incidente, la AFA lo castiga con una suspensión de 15 partidos, lo que le impide estar presente en las últimas jornadas del torneo. Huracán clasifica para la siguiente instancia. En cuartos de final, lo elimina Talleres de Córdoba.

-En pleno receso veraniego –enero del 79– Boca vuelve a insistir por su contratación. Pero en pocos días desiste, como consecuencia de la elevada cotización que le da la dirigencia quemera.

-En febrero estalla otro conflicto. René no va a entrenar y declara: "Me dieron dos documentos que no podía cobrar. Arreglé el asunto el viernes pasado y ese mismo día fui al club, que me había mandado un colacionado, intimándome. No sé si me van a sancionar, pero ya estoy aburrido de tantas vueltas".

METROPOLITANO 1979

-El 5 de marzo da comienzo el campeonato. Houseman, suspendido, no puede reaparecer hasta la 11ª fecha. Públicamente desmiente que a raíz de esa sanción no cobra sueldo: "Me pagan sin problemas". Pero sí ratifica su deseo de dejar el club: "Con franqueza, me quiero ir, al exterior o adonde sea...".

-Se comienza a hablar de un pase a Talleres de Córdoba, el equipo revelación del fútbol argentino. "¿Si me iría? Sí, la verdad que sí. Es un equipo que me gusta de alma porque juega el fútbol que yo quiero. Creo que mi ciclo en Huracán ya está cumplido y me quisiera cambiar", asegura el jugador. El técnico de Talleres, Roberto Marcos Saporiti, opina: "René quiere volver a vivir, yo lo quiero en mi equipo. Aunque en realidad no es que quiera volver a vivir, es que está más vivo que nunca".

-El 6 de mayo vuelve a vestir la camiseta del Globo, contra Quilmes. Huracán gana uno a cero como visitante, con gol del Hueso a Tocalli. "Estuve cuatro meses y medio sin jugar –sostiene– y eso me perjudicó porque no pude firmar mi contrato, aunque creo que no va a haber problemas. La verdad es que me sentí nervioso al entrar a la cancha. Yo sé que la gente espera bastante de mí, por suerte hice el gol y son dos puntos importantes".

-En el segundo partido tras su regreso, Huracán le gana tres a uno a Gimnasia y René le marca un gol a Vidalle. Se trata nada menos que su tanto número 100 en Primera División. El técnico lo cambia a cinco minutos del final. En el vestuario analiza: "En el primer tiempo anduve bien, pero después me cansé mucho y pedí el cambio. Quiero aclararlo porque la gente pensó que Cayetano Rodríguez estaba loco... Lo que pasa es que no practiqué en la semana y eso se notó en el partido. Estaba con una lesión en el glúteo. ¡Ah! Y no fui el único: el Inglés Babington jugó con una gripe bárbara".

-Termina el Metro. Entre los diez equipos que componen la Zona A, Huracán ocupa el séptimo puesto. La dirigencia le pone paños fríos a los deseos de los cordobeses. Osvaldo De Santis afirma que Talleres es muy probable que se lleve a Houseman, siempre y cuando pague "medio millón de dólares". Asimismo, el club le da a un representante del fútbol de Estados Unidos una lista de seis jugadores con el valor de su pase; uno de ellos es el Hueso.

NACIONAL 1979

-José Vigo es el nuevo director técnico y el equipo cuenta con el retorno de algunos históricos, como Babington –quien ya había actuado en el Metro–, Brindisi y Avallay.

-De las primeras diez fechas del torneo, René solo juega una, contra River (cero-uno) y su rendimiento es bajo. El problema es una mala racha de lesiones que no lo deja en paz. "Con el club no tengo ningún conflicto, está todo arreglado", manifiesta.

-Houseman está listo para reaparecer en la novena fecha, con San Lorenzo. Otro malentendido lo impide. "El viernes vine a concentrar. Como todavía me deben la prima, dos meses de sueldos y premios, hablé con los dirigentes Lucero y De Vito. Pero me tomaron para la broma, se rieron de mi problema. Entonces me fui. No me escapé como se dijo, ellos sabían que no estaba dispuesto a concentrarme. Vine hoy (domingo) a las 11 y el técnico me dijo que quería ponerme, pero que la Comisión me había suspendido. Almorcé en mi casa y acá estoy en la platea, dispuesto a ver el partido". Las declaraciones las formuló antes del clásico, que San Lorenzo ganó tres a uno.

-Regresa a la semana siguiente y participa de los últimos cuatro partidos del Nacional, sin que su desempeño mejore. De los 14 encuentros del campeonato, totaliza cinco intervenciones y un gol: a Basigalup, de Kimberley de Mar del Plata.

-El equipo termina tercero en su zona. Talleres y River (del que quedó a un punto) clasifican para cuartos de final.

-En diciembre viaja a Estados Unidos, junto con el gerente José Lovelle. Hay una posibilidad de que lo contrate el Búfalo Soccer Club, aunque los 700 000 dólares que pide Huracán dificultan la operación. René deja Búfalo (enojado porque además el mánager de la entidad yanqui quiere someterlo a una prueba de un mes), y se va a Detroit. El Express Soccer Team, de esa ciudad estadounidense, se muestra interesado y el Loco llega a entrenar con el equipo. Igualmente, no hay acuerdo en los números y, "harto del manoseo", vuelve a la Argentina.

CAPÍTULO 21

LA RUTA DEL ADIÓS

–Llamé a Houseman porque sigue sin aparecer un puntero derecho de su talento.

El Loco no jugaba ni siquiera en Huracán. Su último encuentro se remontaba a casi cuatro meses atrás: el 10 de diciembre de 1978. Cuando César Menotti mencionó estas palabras, a fines de marzo del 79, Houseman se hallaba cumpliendo una suspensión que terminaría recién en mayo. No obstante, no dudó a la hora de convocarlo para el nuevo proceso de la selección. Muchos de los jugadores campeones del mundo se reencontraron entonces, con la propuesta de jugar algunos amistosos –la mayoría en Europa– a partir de abril.

Y por supuesto, allí estaba René, abrazándose con viejos amigos como Fillol, Olguín, Gallego, Ortiz, Tarantini y Passarella; o dándole la mano a los flamantes citados, el caso de Hugo Villaverde, Jorge García, Enzo Trossero, la Pepona Reinaldi o Hugo Perotti. También se reintegraba a la selección Diego Maradona, luego de haber sufrido la amargura de quedar marginado de la nómina mundialista.

El reencuentro actuó como detonante para que, más allá de las risas y bromas –de las que el Hueso fue un obvio partícipe–, también afloraran los recuerdos más íntimos y emocionantes. Olguín, por ejemplo, contó algo que llegó al corazón de todos:

–Terminó el partido con los holandeses y nos quedamos un segundo parados, como petrificados, sin reaccionar. No habíamos sentido seguro el partido, al revés, por ahí nos confiamos más cuando estábamos uno a cero. Estábamos metidos, tensos... Y elijo ese momento, el del final, parecía un sueño, y hasta hoy tengo miedo de despertarme.

El primer compromiso con público fue un partido en Mendoza contra un combinado de la ciudad. La selección venció cinco a dos, con un gol de Houseman.

–Mentalmente, está mejor que en el Mundial –sentenció el profesor Pizzarotti. El Loco, que volvió a sentir la pelota bajo su suela tras aquellos meses de inactividad total, se sinceró:

–Hacía tanto tiempo que no jugaba que me moría por tenerla.

A pesar de la falta de fútbol, contra los mendocinos mostró signos de que podía volver a ser el de antes. Después de algunas lagunas iniciales, se fue transformando y resurgió aquel jugador productivo, que tiró paredes y posibilitó los goles de Rinaldi y Perotti, además de convertir otro. No terminó allí su tarea: cuando se tiró al medio fue un creador más, arrancando desde atrás con pelota al pie y la cabeza levantada. A los 25 años, solo le faltaba mejorar su estado físico y adquirir mayor ritmo futbolístico.

El 25 de abril, la Argentina disputó el primer partido "en serio" del año. Lo hizo contra Bulgaria, al que superó por dos a uno en la cancha de River. René cumplió su partido internacional número 50 y lo festejó con un gol: el primero de la noche, a los tres minutos. El período inicial concluyó uno a uno y a los 15 minutos del complemento Passarella, de penal, consiguió el desnivel.

La figura excluyente fue Maradona, a quien la mayoría de los medios le colocó diez de puntaje. El Loco también jugó un partidazo. Varios periódicos lo calificaron con un nueve. De repente, era como si quisiera entregar todo el fútbol que tenía guardado y que por esa suspensión de 15 fechas no podía exhibir en el campeonato local.

–Estaba muy motivado, esto me hizo acordar al Mundial –dijo frente a las cámaras de televisión. Días después cumplía su castigo y reaparecía en Huracán, que gracias a un gol suyo venció a Quilmes uno a cero.

En mayo, la selección emprendió la gira europea. El primer partido, organizado por la FIFA para celebrar su 75º aniversario, era todo un símbolo. En Berna, Suiza, el adversario no era otro que Holanda, casi un año después de la final del Mundial. Allí se acoplaron los futbolistas de los equipos europeos: Ardiles (en el Tottenham inglés) y Bertoni (del Sevilla de España).

Este último jugador era el que durante tanto tiempo compartió la habitación con René, en la etapa previa a Argentina 78 y en el mismo Mundial.

Apenas se vieron, surgieron los recuerdos. Y los chistes...

–Bertoni, ¿aprendiste algo con René? –lo chicanearon algunos compañeros. La respuesta hizo explotar a todos de la risa:

–Qué voy a aprender, me volvió loco. Le decía Porcel, lo único que aprendí es a comer Sugus. ¡Qué manera de comer caramelos con Houseman!

René se enganchó sin pensarlo dos veces:

–¿Te acordás, Daniel, cuando mi señora nos traía torta de dulce de leche bañada con crema arriba? Mamita, cómo le dabas, ¿eh?, y eso que el profe Pizzarotti nos tenía a todos los gorditos (Baley, La Volpe, Larrosa, Killer, Villa, vos y yo) con comida especial. ¡La cantidad de galletitas marineras que entraban por el fondo!

En lo estrictamente futbolístico, ambos equipos defraudaron las expectativas, lejos de reditar la gran final del 78. Empataron cero a cero y, como estaba en juego un trofeo, ejecutaron disparos desde el punto del penal, instancia en la que ganó la Argentina ocho a siete. El Hueso ingresó a los 23 minutos del segundo tiempo –sustituyó justo a Bertoni– y convirtió uno de los penales.

Los próximos tres compromisos del tour europeo René los jugó desde el inicio. Bertoni debió volver al Sevilla –también se marchó Ardiles a Inglaterra– y, ade-

más, Oscar Ortiz, otro de los punteros del seleccionado, fue enviado de manera urgente a Buenos Aires, víctima de un extraño malestar que le impidió continuar con la gira.

Cuatro días después de enfrentar a Holanda, los dirigidos por Menotti pasaron por Roma y se midieron con Italia. Salió un atractivo dos a dos, donde brilló con todas las luces encendidas la figura cada vez más deslumbrante de Maradona.

Houseman tuvo un bajo desempeño, que ya no podría superar en el resto de los partidos.

Al margen de lo futbolístico, en los minutos posteriores al choque con Italia, protagonizó una situación que dejó sorprendidos a los periodistas que aún permanecían en el eEstadio Olímpico. De pronto, se observó retornar al campo al Loco, secundado por Juan Barbas. Caminaron casi media hora por el césped. Buscaban algo. Hasta que René lo halló y muy contento se marchó. Más tarde explicó:

–Se me perdieron las estampitas de Pancho Sierra y la Madre María, que guardaba desde el último partido con Gimnasia, pero Barbas me ayudó a encontrarlas. Soy muy creyente y las llevo entre la camiseta y el pantalón, para que me den suerte.

El episodio narrado habla de un costado espiritual que muchos no sabían que tenía.

La delegación viajó a Dublín, capital de la República de Irlanda. Ante el representativo local, igualó sin goles, el 29 de mayo. A los tres días ancló en Glasgow, donde se cruzó con Escocia. La producción fue muy buena y se ganó tres a uno, con dos goles de Luque y uno de Maradona. Houseman redondeó una discreta labor, siendo reemplazado por Outes a los 11 minutos del segundo tiempo.

La opinión pública estaba más que satisfecha por el buen nivel que alcanzó el equipo nacional. En cuanto a los rendimientos individuales, todos hablaban maravillas de Maradona, quien, con 19 años, todavía jugaba en Argentinos Juniors y en algunos meses sería la máxima estrella de la selección juvenil que en Japón conquistaría otro campeonato mundial para Argentina.

Pese a la diferencia de edad –el Loco ya estaba cerca de los 26– hizo buenas migas con Diego. Durante la estadía europea salieron juntos de compras y hablaron del origen común de ambos, emparentados con la extrema pobreza en la que se habían criado.

Muchísimos años más tarde, en su libro Yo soy el Diego, Maradona confió que aquella relación con René era "una de las cosas inolvidables que me dejó el fútbol, la mejor gente del fútbol".

Antes de emprender el regreso, la selección cruzó el Atlántico y en Nueva York enfrentó al Cosmos, al que el 6 de junio venció uno a cero, con tanto de Passarella.

En la imponente ciudad estadounidense, el Hueso se encontró con una agradable sorpresa, pues un viejo amigo residente en Nueva Jersey pasó a visitarlo por el hotel. Era Celedonio Lima, un boxeador que había sido representante olímpico argentino y que vivía en la villa del Bajo Belgrano, calle de por medio de su casa. El abrazo fue interminable. Más de 15 años hacía que no se veían.

Durante la animada charla, René le contó las últimas noticias y también se refirió a su bajón futbolístico:

–No, Negro, la villa desapareció. ¿Sabes a cuanta gente tuve que ayudar por el desalojo? Ahora, paso por ahí y no puedo evitar una lágrima –contestó Houseman a la pregunta de Celedonio sobre el barrio. Luego agregó:

–Estoy jugando mal. Como si me hubiese olvidado de todo. Hasta le pego mal a la pelota. Le quiero dar con el empeine y le pego con la rodilla. Tengo que mejorar. Contra Escocia, creo que tuve una pequeña levantada. Espero que se me vayan los ratones de la cabeza, para no defraudar al Flaco, que me aguantó siempre, que tuvo el coraje de meterse en la villa de noche para hablarme largo y tendido.

Se despidieron y quedó hecha la promesa de tomar un vino y comer unos buenos fideos en la cantina del barrio, en el reencuentro de ambos en el Bajo.

Esos curiosos senderos del fútbol dieron lugar a que René y Maradona volvieran a verse pronto las caras. Ya en Buenos Aires y por el torneo local, Argentinos recibió a Huracán en cancha de Ferro. El Diez alcanzó un fabuloso desempeño, marcando tres goles con que los Bichitos derrotaron tres a dos al Globo.

–Te felicito, Dieguito, la rompiste –lo saludó René, tras el partido. El Loco no salía de su asombro por lo que acababa de verle hacer a Maradona en la cancha. Seis años atrás se daba una situación idéntica, pero a la inversa, cuando el que la descosió contra Argentinos fue el Loco y el Pelusa lo admiró secretamente desde su puesto de alcanzapelotas.

Dos días más tarde, ambos volvían a ser compañeros en la selección. En el Monumental, la Argentina recibió a un combinado conformado por los mejores jugadores del planeta. El equipo denominado Resto del Mundo se quedó con el triunfo por dos a uno, luego de revertir el marcador, abierto por un golazo de Maradona a Leão. En la acción previa, el italiano Cabrini le había cometido foul a René, pero Diego siguió la jugada y sacó un estupendo remate que se coló en el ángulo del brasileño.

Según el análisis de los medios periodísticos, el empeño de René por no apartarse del libreto táctico y la aparición cada vez más escasa de sus geniales locuras con el balón fueron de la mano:

–Cabrini –expuso El Gráfico– no le tuvo piedad a la fragilidad física de Houseman (una fragilidad –la de siempre– que ahora se ha quedado muda de talento, huérfana de inventiva, reemplazada por las ganas de hacer, de cumplir lo que pretende la filosofía del equipo).

Para el Loco no fue un partido más. Sin saberlo, ese 25 de junio de 1979, había jugado por última vez con la camiseta celeste y blanca. Era, de los futbolistas argentinos en actividad, el que más presencias internacionales oficiales tenía: 55. Convirtió, además, la nada despreciable cantidad de 13 goles. Si a esto se le sumaran los partidos no oficiales, contra equipos de clubes o combinados (la FIFA reconoce solo los enfrentamientos entre selecciones), Houseman totalizaría 71 presencias y 16 goles.

También se acreditó un récord, ya que hasta 2015 se trataba del jugador de Huracán que más oportunidades jugó en el seleccionado.

Por si esto fuera poco, hasta el momento de su retiro, había logrado otra marca al ser el jugador que más veces representó a la Argentina permaneciendo en una misma institución. Dicho récord fue batido luego por Américo Rubén Gallego, quien totalizó 63 presencias actuando solo en Newell's.

Pero, como se mencionó, en aquel partido contra Resto del Mundo, nadie sabía aún que para el Loco sería la despedida de la selección. Ni siquiera el propio Menotti, quien tres meses después todavía seguía conservando la esperanza de volver a contar con él en su mejor forma.

–Seguimos sin encontrar punteros –declaró el Flaco–. Pero no importa, hay tiempo. Y si no los encontramos, los inventaremos. Por ahora, entre los que he visto y Houseman, aún con todos sus problemas, sigue habiendo una gran diferencia.

En la segunda mitad del 79, la Argentina encaró la Copa América con un conjunto de escaso roce internacional, reforzado con Passarella, Maradona y Barbas, los únicos tres que llegarían a España 82.

En cuanto al Loco, ya no habría otra chance para él, a pesar del pensamiento de Menotti.

Poco más de un año después, en febrero de 1981, al director técnico le hicieron un reportaje en el que se hablaba de las posibilidades que Maradona tenía de triunfar en el fútbol. El Flaco, dejando entrever una cuota de dolor, invocó el caso del Hueso, que acababa de firmar para River.

–La aparición de Houseman en 1973 fue tan importante como la de Maradona. Tenía todo, pero para aguantar los piques, los desbordes, tirarse atrás, cabecear, ir por derecha, por izquierda, por el medio, necesitaba el respaldo de la responsabilidad, generosidad y valor para pelearle a las cosas que desgraciadamente le faltaron. Schubert lo dijo: "El arte es disciplina". Y Houseman empezó en el 74 lo que se puede llamar el principio del fin, bajando siempre hasta llegar a hoy. Y desgraciadamente opino que jamás volverá ser el que fue; si cambia mucho podrá ser un jugador de Primera División, nada más.

–¿Maradona futbolísticamente está para ser número uno indiscutido?

–Tiene todo en la cabeza y puede transformarse en una figura como Pelé. Pero vuelvo al ejemplo de Houseman, que irrumpió más estrepitosamente que Diego, que deslumbró, que fue uno de los más grandes de todos los tiempos y tuvo varios amigos en el plantel que trataron de ayudarlo.

En los dichos del entrenador quedaba claro que el ciclo de René con la albiceleste estaba absolutamente cerrado.

CAPÍTULO 22

DEMASIADA PRESIÓN

–¿Se puede saber de dónde vienen ustedes?

El aire se hizo irrespirable en el lobby del Hotel Argentino de Necochea. En un clima de insostenible tensión, José Vigo hizo la pregunta una vez más. Pero no obtuvo respuestas convincentes. Eran casi las dos de la madrugada del 23 de enero de 1980. Entonces, el técnico de Huracán determinó que los cuatro jugadores que habían regresado con retraso a la concentración se volvieran a Buenos Aires. Hubo alguna que otra palabra subida de tono y antes de que amaneciera, Miguel Ángel Gallardo, José Gerardo Galván, Dante Adrián Sanabria y René Orlando Houseman viajaban hacia la Capital Federal en el auto del wing derecho.

Como se ha visto, la temporada para el Globo arrancó de manera accidentada. Cuando horas antes del conflicto Vigo mantuvo una charla con todo el plantel, todavía reinaba la paz.

–Quiero que nos ajustemos a los horarios preestablecidos –pidió el entrenador–. El que tenga algún problema o quiera pedirme autorización para algo en especial que se me acerque y lo haga. Me gustaría que este sea un grupo de amigos. Pero para la mejor integración del conjunto necesito orden y respeto.

La delegación completó la jornada de trabajo, y, después de la cena, salió a caminar. Tenían permiso hasta las 23.30. Cumplido este horario, el cuerpo técnico notó que faltaban cuatro de sus muchachos, y Vigo, junto al profesor De Santis, se sentaron en el lobby a esperar. Apenas el grupo volvió, se produjo el choque.

El técnico vertió duros conceptos dirigidos a René:

–Hablé con él desde el primer día. Pero no hubo caso. Es como hablarle a una pared. Es una lástima, pero es nocivo para el grupo. Antes de que se fuera del hotel hice bajar al resto de los muchachos. Los hice despertar y los reuní en el hall. Allí les comuniqué mi decisión. Creo que todos entendieron que era lo mejor, aunque nadie lo obligó a irse de madrugada. Es una lástima porque yo sé lo que vale. Es el único jugador argentino que –si quiere– puede darse el lujo de integrar la selección nacional en menos de un mes. Pero no entiende razones. Tiene siete kilos de más y sigue sin cuidarse. Tuve que separarlo porque me está arrastrando gente...

En el plantel permanecían tres ilustres integrantes del equipo del 73. Ellos, que compartieron con Houseman la máxima alegría de Huracán en su historia, también opinaron:

Miguel Brindisi: "Ojalá podamos recuperarlo para el bien de todos. El Loco es un gran tipo, pero es así... qué sé yo... a veces pienso que está destruido y que ya es imposible que vuelva a ser el René de antes. Me gustaría que supiera reconocer quiénes lo quieren de verdad. Todavía creo en él".

Roque Avallay: "Lo aconsejamos mil veces. Dice a todo que sí. Pero al otro día vuelve a hacer macanas. No se cuida para nada. Me duele porque lo quiero mucho. Tal vez la tolerancia que le tenemos sea negativa. Quizás habría que ser más duro con él. El miedo de todos es que termine mal. No sabe escuchar consejos".

Carlos Babington: "Apoyamos la decisión del técnico porque ahora el problema es que arrastra a los demás. Hay que poner orden de alguna forma. Ojalá que esto que pasó sirva de ejemplo. Yo lo quiero mucho y le deseo lo mejor. Él no entiende de razones y parece no importarle nada de lo que le decimos. Pero no se lo puede controlar. A René hay que aceptarlo o negarlo. Y yo lo acepto porque lo quiero. Pero es un mal ejemplo para los pibes que recién empiezan. Yo creo que Vigo está bien encaminado. Este plantel tiene muchos problemas de integración. La desunión y el desorden existentes tuvieron mucho que ver en el rendimiento del equipo el año pasado. Te digo más: había gente que como no jugaba se iba a la platea a esperar que perdiéramos. Lo de René es solo una parte del problema. Por eso acepto y aplaudo una sanción. Por el bien de él y de todos nosotros. Ojalá le sirva de lección. Pero va a ser difícil. El Loco está muy mal".

En Buenos Aires, René se refugió junto a su grupo de amigos de toda la vida. En ellos encontró la contención que en el plantel del Globo parecía faltarle. Mientras el equipo seguía de pretemporada, el Loco buscó la tranquilidad del buffet de Defensores de Belgrano. Allí pasó algunas tardes y ofreció su versión a quienes le preguntaban acerca del controvertido caso:

–Después de cenar, nos fuimos a caminar por la peatonal. Estuvimos dando vueltas hasta que entramos a un local, a la vuelta del hotel, para jugar al metegol. El permiso era hasta medianoche, pero teníamos tanto calor que nos quedamos jugando. Volvimos al hotel a la una y veinte... una y media. Nos estaban esperando. El técnico nos ordenó directamente que nos volviéramos a Buenos Aires. Ni una palabra más ni una menos. Yo tenía el coche y esa misma madrugada nos vinimos los cuatro. Creo que no es algo tan grave como para que nos den una sanción muy grande. ¿Dicen que llegamos borrachos? Mentira. Gallardo no prueba ni una gota. Sanabria, Galván y yo tomamos como lo hace cualquier tipo normal en las comidas. Inventan cualquier cosa. Aparte me parece que tomar una copa no significa estar borracho. Si este cuerpo técnico sigue, yo no juego más en Huracán.

Daba la impresión de que la crisis podía llegar a ser terminal. No obstante, Vigo continuó. Y también lo hizo el Loco, que –al igual que el resto de los excluidos– se incorporó al trabajo en Buenos Aires luego de limar asperezas.

En las dos primeras fechas del Metropolitano no estuvo, pero la noche del 28 de febrero reapareció en el cuadrangular Vendimia 80, que se disputó en el estadio mundialista de Mendoza.

El dato no sería significativo, de no ser porque uno de los partidos Huracán lo ganó por el increíble score de 12 a 0 ante los mendocinos de Gutiérrez Sport Club. El Loco fue el goleador, con cuatro tantos; Silva (tres), Sanabria (dos), Brindisi, Babington y Avallay, señalaron los restantes.

El 2 de marzo, por la cuarta fecha del Metro (en la tercera Huracán quedó libre y por eso viajó a Mendoza), el Hueso volvió oficialmente a las canchas. El rival fue All Boys y el Globo venció por tres a dos. Houseman marcó un gol y fue sustituido por Calvanese. Después jugó dos partidos más, contra Unión y Quilmes (ambos salieron cero a cero), y por una lesión no lo hizo en las siguientes cinco fechas. Volvió a jugar tres partidos (Argentinos, Ferro –aquí convirtió un gol– y Colón) y nuevamente estuvo marginado por siete jornadas.

En la 23ª fecha ocupó un lugar en el banco. Ingresó por Candedo a los nueve minutos del segundo tiempo y, como en la primera rueda, le hizo un gol a Carlos La Pantera Rodríguez, de All Boys. En la fecha siguiente se repitió la historia: fue al banco y suplantó a Candedo (esta vez sin goles).

Pero desde ese encuentro hasta el final del torneo –14 fechas– no jugó más, con excepción de 12 minutos contra Ferro, cotejo en el que volvió a reemplazar al mismo jugador. Finalmente, de las 38 fechas que duró el torneo, el Loco solo estuvo presente en nueve.

En esta oportunidad, no obstante, la complicada problemática que aquejaba al santiagueño se agravó por un tema extrafutbolístico que superó largamente las clásicas discusiones con el cuerpo técnico y la dirigencia. Para el Loco y su familia, aquella pesadilla comenzó en la madrugada del 15 de agosto de 1980, en el instante en que quedó detenido e incomunicado por una denuncia por intento de violación que le efectuó una uruguaya de 23 años, cuyos datos filiatorios nunca se dieron a conocer. Al respecto, el diario Clarín publicó:

–"El exinternacional fue denunciado por una alternadora de un club nocturno de Núñez. La misma asegura que Houseman, en estado de ebriedad, la golpeó para someterla".

Hariot, el boliche en cuestión, estaba en Republiquetas al 1500. René pasó sus primeros días de detención en la comisaría 35ª, para luego ser trasladado a la alcaidía de Tribunales. Recién recuperó la libertad a las dos semanas, lapso en el cual se desató un escándalo mediático que excedió a la prensa deportiva. El seguimiento de la noticia, que aparecía en la sección policiales de los periódicos, incluyó párrafos como otro que se extrajo de Clarín, y que se reproduce a continuación:

"En las adyacencias del Juzgado sito en el tercer piso de los Tribunales, comenzaron a reunirse desde hora temprana de ayer gran cantidad de fotógrafos y camarógrafos de medios capitalinos y del interior, en la confianza de que podrían cubrir la nota, muy especialmente en lo atinente a la llegada del crack desde la alcaidía hasta el despacho del magistrado. Empero, en razón de las precisas

instrucciones impartidas por este, todos debieron retirarse del lugar, tras larga e infructuosa espera, sin haber podido registrar la escena".

El párrafo hacía referencia a los momentos en que René era llevado a declarar ante el juez de instrucción Alfredo Olivan. Entretanto, a medida que pasaban los días, la desesperación de sus familiares aumentaba. La situación se tornó más dramática porque Olga, su esposa, estaba embarazada de cuatro meses. Pero los hechos comenzaron a esclarecerse cuando se dispuso un careo entre Houseman y la presunta víctima. A raíz del mismo, el juez puso en evidencia que el intento de violación no existió y al Loco le levantaron la prisión preventiva, recuperando su libertad el 29 de agosto. Solo se le trabó un embargo de cinco millones de pesos al ser inculpado por lesiones leves.

En aquellos días, René no quiso hablar públicamente del episodio. Solo mucho tiempo después, en un reportaje para la revista Hombre, manifestó que todo se trataba de una maniobra de la chica para sacarle dinero, cosa que consiguió.

–No pasó nada, fue todo mentira. Me comí el garrón de tener que pagarle un montón de guita a cualquiera. Fue solo para sacarme plata. Pero estar en cana fue lo peor de lo peor. No se lo recomiendo a nadie. Me vino a buscar la policía a casa para aclarar una discusión en un bar que yo solía parar. Fui tranqui, relajado, sabiendo que iba y volvía, pero me dejaron detenido y estuve en un hueco oscuro de 2 de largo por 1,5 de ancho.

Devuelto a la rutina del fútbol, junto con los momentos culminantes de un Metropolitano donde Huracán realizó una floja campaña, se repitieron los entredichos, los dimes y diretes y las versiones referidas al alejamiento de René. El secretario de la entidad, arquitecto De Vito, hizo declaraciones llamativas:

–No tenemos ninguna oferta concreta por el pase de Houseman. El técnico, el médico y el abogado del club son los que tratan directamente con el jugador. Nosotros, los dirigentes, no tenemos más nada que ver.

Más allá de las palabras del directivo, el interés de Talleres –ahora dirigido por Pastoriza– para tenerlo en el Nacional cobró nueva vigencia. Tanto, que el 9 de septiembre los diarios titularon que el pase estaba hecho. El propio René lo confirmó:

–Mañana mismo viajo a Córdoba. Pastoriza me dijo que me darían un departamento y la semana que viene me llevaré a mi mujer, Olga, y a mi hijito, Diego. El Pato me pidió que no lo defraude en la disciplina. Que como jugador no tenía nada que demostrarle, pero que debía borrar algunos errores de mi vida privada. Y es precisamente lo que estoy dispuesto a hacer. No quiero dejar pagando al Pato, que demostró ser un amigo porque me dio una mano en un mal momento. Además, quiero demostrarme a mí mismo que soy el mismo jugador de antes.

De un día para otro, increíblemente, las conversaciones de club a club se estancaron. A la mañana siguiente, los mismos medios que habían dado la información del pase, comunicaban que Huracán había declarado al jugador intransferible. Esto ocurrió luego que Talleres desechara la repentina suba en la cotización que la transferencia había experimentado en pocas horas. El presidente de los cordobeses, Amadeo Nucetelli, se enojó con sus pares del Globo, ni bien estos se despacharon con una solicitud de 400 000 dólares:

–Esta es una historia muy larga y triste. Nosotros no queríamos solamente comprar un número siete, sino además rescatar un ser humano. Cuando se entró en el manoseo del dinero, que unos dólares más, que unos dólares menos, la cosa se convirtió en un hecho realmente desagradable. La idea de poder brindarle una nueva oportunidad en su vida se desvirtuó totalmente y por eso finalizaron las tratativas.

La turbulenta vida de Huracán sufrió un sacudón más violento con el inicio del Nacional. En el debut, visitó a San Lorenzo de Mar del Plata, cayendo cuatro a uno frente al modesto contrincante. Tras la humillante derrota, Vigo separó del plantel a Borzi, Avallay y Gallardo. El Loco, en conflicto, no jugó, y tampoco lo hizo contra San Martín de Mendoza, por la segunda fecha.

Pero antes hubo una nueva crisis, que involucró a Vigo, a Houseman y a dos de sus compañeros, Babington y Candedo. Los problemas salieron a la luz el viernes previo al cotejo con los mendocinos. René, que estaba concentrado, le pidió permiso al técnico para irse a su casa, fundamentando el pedido con que se sentía muy mal estando encerrado, y que eso le recordaba las noches que había pasado en prisión, menos de un mes atrás.

Vigo dejó que se fuera:

–Me conmovió, lo vi desesperado, con grandes problemas –justificó.

En tanto, René se comprometió a volver para la práctica del día siguiente, que estaba pautada para las nueve de la mañana. Pero llegó recién al mediodía. La explicación que dio tenía que ver con una peregrinación a Luján, que no lo habría dejado cumplir con el horario.

Cuando Babington y Candedo lo vieron aparecer, disgustados, abandonaron el entrenamiento. El Inglés luego se disculpó, pero el delantero no volvió más y fue sancionado. Al ver a René, entendió que el técnico dispuso que el Hueso tomaría su lugar.

En este partido –que concluyó dos a dos– la hinchada reprobó enérgicamente al DT, quien sufrió un shock nervioso y fue retirado en camilla. El Loco no jugó, pese a haber concentrado. Según el médico y el cuerpo técnico, le faltaba estado atlético.

Ese denso cóctel de problemas internos implicó que Vigo fuera despedido.

–Yo no renuncio, si quieren que me vaya, tendrán que echarme –manifestó. Y los dirigentes le hicieron caso.

En cuanto a René, a la semana siguiente volvió al equipo, que tras un interinato de Vicente Bonavena, pasó a ser conducido por Eduardo Janín. El presidente Oscar Lucero ensayó una autocrítica y luego lo reprendió:

–En las actitudes equivocadas de Houseman yo soy consciente de que nosotros tenemos algo de culpa por no haber tomado el toro por las astas. Algo que haremos de ahora en más y si sigue con la indisciplina, será castigado con todo el rigor necesario. Pero tengo confianza y creo que René se adaptará, aunque a veces tiene cada una... Con su pase a Talleres me dijo tres cosas distintas en un par de horas: que se quería ir a Córdoba; que a Talleres no iba porque lo habían

hablado de Boca y que se quería quedar en Huracán para romperla. A partir de ahora habrá mano dura.

El secretario De Vito lo trató mal en forma pública:

–Lo de Houseman es inaceptable. A René no lo ayudo más. Todos los que quisieron ayudarlo; Menotti, Carrascosa, Babington, Brindisi, Vigo, yo, terminamos alejándonos de él.

En su nueva reaparición, Huracán perdió con Unión dos-cero, en Santa Fe, y el Loco, bajo física y futbolísticamente, a los 22 minutos del complemento, le dejó su lugar a Claudio García, un pibe que con sus 18 años se había convertido en responsable de uno de los escasos motivos de optimismo que mantenía la golpeada parcialidad quemera.

En un año de tantas penurias, el cambio de timón en la conducción técnica pareció hacerle bien al Hueso. Recobró, entonces, la continuidad de la que había carecido previamente, y, si bien lejos estaba de sus mejores tardes, algunos destellos de su talento provocaron que esa gente que tanto lo amaba volviera a aplaudirlo de pie. Eso aconteció, especialmente, en la victoria por dos a uno ante San Lorenzo. A los 23 minutos del primer tiempo, recibió en posición de ocho, dejó en el camino a Lupo y encaró en forma paralela al área grande. Cuando pasó el semicírculo, sacó un zurdazo que se metió en el ángulo izquierdo de Mendoza. Cuando los grabadores acudieron a su encuentro, no los esquivó:

–Estoy entrenando muy bien. Apenas tengo dos kilos demás sobre mi peso ideal. Ahora me falta jugar varios partidos, para recuperar mi ritmo. Houseman no está acabado como dicen ciertos tipos de la platea. Y se los voy a demostrar.

Los hombres de prensa pretendieron que René se explayara sobre otro tema delicado: su relación con algunos compañeros. Y también obtuvieron las calientes respuestas que habían ido a buscar:

–Conversé con Carlos (Babington), con Miguel (Brindisi). Hablamos claro y quedamos amigos como antes. Yo acepté todo lo que me dijeron. Porque son viejos compañeros y les reconozco autoridad para que me critiquen. Ellos podían molestarse con algunas cosas que hice. Lo que no admito es la actitud de este pibe Candedo. Porque no me pagó con la misma moneda. Es un buen jugador y yo siempre traté de alentarlo. Incluso no me molestó ir al banco cuando él agarró la Primera. Por eso no entiendo por qué reaccionó de esa manera el día antes del partido con San Martín de Mendoza. Yo aparecí por el club convocado por Vigo y Candedo sin saber si yo iba a jugar o no, se hizo el ofendido y se fue de la concentración. ¿Quién es él para agredirme así? ¿Qué méritos hizo? Se equivocó fiero. Y además es un desagradecido.

Las nuevas opiniones del presidente de la entidad provocaron la esperanza de que no todo estuviera perdido entre René y la dirigencia, y los más fervientes deseos de que las cosas volvieran a ser como en la hora más exitosa del número siete:

–Yo diría que está diez puntos, al menos en su relación con los directivos del club. Este muchacho necesita que le hablen, que lo apoyen, como hice yo en los últimos días. En este sentido creo que José Vigo se equivocó. Y no solo con Houseman, sino con todo el plantel. Se había quebrado la disciplina y el técnico ya no tenía autoridad. Por esto y por los malos resultados tuvimos que despedirlo.

El Loco jugó desde el comienzo casi todos los partidos que restaban del Nacional –en varios, fue relevado por Candedo y por el Turco García–, pero aquí tampoco Huracán se clasificó para las instancias finales.

En noviembre, la Comisión Directiva presentó en masa la renuncia. El presidente Lucero explicó que ello obedecía a la "delicadísima situación económica de la institución". Según Lucero, la deuda documentada y con juicios ya iniciados, era de tres millones3 000 000 de dólares.

En cuanto a René, por primera vez desde su irrupción en Primera División estaba a punto de calzarse una casaca que no era la de su entrañable Huracán.

CAPÍTULO 23

LOCO Y MILLONARIO

–Muchachos, a partir de hoy el señor René Houseman trabajará con nosotros...

Sábado 21 de febrero de 1981. Diez de la mañana. Entrenamiento de River Plate. Ángel Amadeo Labruna realiza la presentación de rigor. Por un lado, un plantel estelar, repleto de futbolistas consagrados. Por el otro, un crack, también consagrado, que no se resignaba a caer en el olvido a pesar de la curva descendente que su carrera había experimentado en los últimos tiempos. El Loco tenía 27 años.

Muchos se sorprendieron al leer en los títulos de los diarios que la operación se había concretado. La gente todavía recordaba el fuerte interés de River por Houseman. Sin embargo, el viejo anhelo de Labruna se remontaba a algunos años atrás, cuando el puntero se hallaba en la cumbre de su rendimiento físico y futbolístico. Huracán nunca había querido desprenderse de él, recordaba la gente...

En esta ocasión el panorama era diferente. Las circunstancias habían cambiado. Houseman ya no era esa estrella por la que se daban el lujo de pedir cifras astronómicas. Asimismo, la economía de Huracán estaba en crisis y ni siquiera permanecían en la institución los dirigentes que la llevaron a ese punto tan triste de su existencia.

Ahora, en el Globo mandaba un interventor, el coronel (R) Juan Tidona, quien tenía el propósito de no poner ninguna traba para dejar ir a René. Más aún, él mismo se encargó de ofrecer su ficha a fines de 1980. Así lo hizo, por ejemplo, con San Lorenzo. El Ciclón pretendía a Brindisi y Huracán intentó incluir en el mismo paquete de la negociación a Houseman. Nada de eso se concretó. Miguel terminó firmando para el rutilante Boca de Maradona, y el Hueso para el River de Kempes.

René se colocó su nueva camiseta a fines de febrero. Pero antes pasaron algunas cosas. Por empezar, que Néstor "Pipo" Rossi había sido contratado para ser el nuevo técnico de Huracán.

–Con Houseman ya hablé y fui claro –avisó–: yo no le voy a repetir lo que le dijeron muchos técnicos. Le perdono una sola, a la segunda no vuelve a pisar la cancha.

El final se precipitó. A la semana, René se demoró en llegar a un entrenamiento y el técnico cumplió su promesa. El Hueso contraatacó:

–No quiero jugar más en Huracán. Estoy decidido a hacerlo. El otro día llegué tarde 15 minutos y no me dejaron entrar. Me da la impresión que hay muchos interesados en borrarme del club. ¿Que soy indisciplinado? Que me lo demuestren. Si me trataran como corresponde yo les respondería con juego y goles. Le pedí el pase a Huracán: y les pongo la firma, si me venden volveré a ser jugador de la selección.

Talleres de Córdoba renovó su intención de llevárselo. También realizó sondeos un club al que nadie tenía en cuenta: San Lorenzo de Mar del Plata. No obstante, en aquellos turbulentos días de febrero, la insospechada aparición de River en el caso enterró todas las cuestiones previas y la novela tuvo final feliz. El día de su incorporación, René contó:

–Todo empezó hace como una semana: me encontré con Passarella y Tarantini, les comenté las ganas que tenía de volver a jugar, de pisar la pelota, de hacer chiches... No sé si por ahí me dieron una mano, a lo mejor sí.

Días más tarde, Houseman, por intermedio de Oscar García, un carnicero amigo, se contactó con Rodolfo Talamonti, el ayudante de campo de Labruna. El veterano conductor recibió a René en su casa y le dio el visto bueno para que fuera a River. El Loco charló nuevamente con Rossi, quien casualmente había sido compañero de Labruna en recordados elencos riverplatenses. Contra algunos pronósticos pesimistas, Pipo y René se entendieron:

–Le pedí que me ayudara a recuperarme, que no hiciera problemas si yo me iba. Me dijo que por mí hacía cualquier cosa; se portó un fenómeno. Después también hablé con el señor Seijo, el nuevo presidente del club, y no me puso inconvenientes.

La transacción se hizo a préstamo, sin cargo, con una opción fijada en 400 000 dólares, más el pase definitivo y sin cargo del marcador de punta Jorge Alberto Romero. El Loco disparó crudas confesiones:

–En Huracán dejo la mitad del corazón, es el club que me dio todo. Ahora llego a la mejor institución del país. Voy a jugar la Copa Libertadores... Es mi gran oportunidad. Si la desaprovecho me tengo que ir a jugar a Primera C. Es el momento clave de mi vida. O vuelvo a ser lo que fui o se acabó todo.

Al día siguiente de ponerle la firma a su contrato, sus compañeros debutaban en el Nacional contra Instituto, en Córdoba. Pero René no lo hizo hasta la cuarta fecha. En ese ínterin, trabajó fuerte con el objetivo de mejorar su estado atlético. Además, concedió varios reportajes a diversos medios, de los cuales pueden extraerse opiniones impactantes:

–Los muchachos me recibieron muy bien, me doy cuenta de que me tienen confianza, me piden que entrene. Daniel (Passarella), el Beto Tarantini, Mostaza (Merlo)... Hay muchos cracks. Yo reconozco la titularidad de Pedro González, que está pasando un gran momento, y también espero mi posibilidad.

»–Muchas veces prometí y no cumplí, así que esta vez no voy a prometer nada: solamente a mí mismo. Lo que puedo decir es que tengo una fuerza terrible para entrenar. El fin de semana el profesor Valgoni me dejó un plan de trabajo y lo cumplí de más: tenía que dar vueltas al lago de Palermo en diez minutos, y di una en nueve y otra en siete y medio. Y el lunes me fui a entrenar solo. Muy gordo no estoy, me sobran dos o tres kilos, pero los primeros días quedaba muerto... Desde el Mundial que no hacía abdominales.

»–Uno va aprendiendo, las cosas fundamentales no las cambia, pero va aprendiendo. Yo sigo teniendo los mismos amigos de siempre y es mentira que los amigos te llevan por mal camino; eso lo elige uno mismo.

»–Ahora creo que todo va a cambiar 100% y que River me va a comprar después del préstamo. Es un desafío y yo voy a jugarme entero. El otro día el presidente Aragón Cabrera me dijo que hacía mucho que me querían tener y eso me da más confianza.

»–Una vez dije "mi hijo me cambió la vida". Realmente lo sentía, pero al tiempo volví al camino malo. ¿Saben qué pasaba conmigo? Que me tenía demasiada fe. Mi pensamiento era: el domingo la rompo. Me tomo todo, me fumo todo y el domingo igual la rompo. Eso lo pude hacer en el 73, en el 74... Jugué bien en el 76 y en el 77, cuando se hizo la serie internacional en la cancha de Boca. Pero después me empecé a caer, sin entrenamiento ya la cosa no iba. Además, algo me hacía mucho mal: yo me tomaba hasta dos o tres pastillas por día para dormir. Me cuesta mucho dormir, pienso en mi hijo, en mi familia. Ellos me preocupan aunque la verdad es que la máxima preocupación soy yo mismo; esa es la verdad.

»–¿La selección? Eso lo contesto dentro de seis meses, cuando esté bien en ritmo. Pero igual yo me siento como un jugador más de la selección; el Mundialito de Uruguay lo vi por la tele y casi me enfermo de la garganta por gritar los goles. Vamos a ver si vuelvo.

»–Hacía mucho que no me pedían reportajes. Las últimas veces fueron por problemas. Yo reconozco que me los busqué, pero también hay que ver que a veces tuve razón, como cuando me prometían cosas y no me las cumplían. Ahora tengo confianza otra vez. Desde que llegué a River todos los recuerdos tristes se acabaron para mí, de verdad que lo siento así.

En medio de su pretemporada personalizada, el Hueso tuvo otra excelente razón para gozar de la vida, ya que el 28 de febrero su esposa Olga dio a luz a su segundo hijo. La que nació fue una nena, a la que bautizaron Jésica Evelyn. Su hermanito, Diego René, ya tenía cinco años y le gustaba con locura jugar a la pelota.

Pocos días después, el miércoles 11 de marzo, llegó el estreno. River visitó a Estudiantes y Houseman ingresó a los 22 minutos del segundo período, en reemplazo de Ramón Díaz. El equipo ganó tres a dos. Labruna quedó conforme con su actuación:

–Jugó con muchas ganas. A diferencia de otras veces, yo sé qué va a hacer Houseman con su vida privada, su profesión y su futuro. Hablé con él y quedó en claro lo que pretendo.

Cuatro días después hizo su presentación en el Monumental. River venció a Colón cuatro a cero y uno de los goles fue conquistado por el Loco, quien a través de una bonita maniobra, penetró en el área y sometió a Piccard con un zurdazo al ángulo. Ese sería su único gol con la banda millonaria...

Esa tarde el equipo formó con: Fillol; Comelles, Pavoni, Lonardi y Héctor López; Omar Labruna, Iervasi y Kempes; Houseman, Ramón Díaz y Ortiz.

River además contaba con Agustín Cejas, Giudice, Gordon, Saporiti, Passarella, Tarantini, Merlo, Commisso, Pedro González, el Beto Alonso, Vieta, Heredia y De los Santos, por citar algunos apellidos. Sin dudas, se trataba de un plantel riquísimo, pero esa superpoblación de estrellas terminaría por ser más problemática que efectiva. Por lo pronto, merced a ese triunfo, el equipo se colocó con siete puntos, dos menos que los líderes, Boca y Ferro.

Luego de Estudiantes, Labruna le dio a Houseman continuidad y en los siguientes dos meses jugó asiduamente, si bien la mayoría de las veces le tocó reemplazar a un compañero o lo relevaron a él. En la mayoría de las ocasiones su desempeño no desentonó, aunque tampoco pudo volver al nivel que todos añoraban. Lo suyo eran chispazos en el medio de los partidos, destellos contados con los dedos de una mano, que ponían de pie a la platea San Martín. Por ejemplo, contra San Lorenzo, por la 15ª fecha (empate en uno), el periodismo realizó un perfecto bosquejo de lo que era su realidad futbolística:

"Houseman quiere meterse en el partido y por momentos lo consigue, haciendo recordar a aquel pibe ingenioso y creativo del Huracán de hace nueve años. Pero participa poco y lo que él inventa, no tiene eco en el resto".

A esa altura, River ya había perdido el tren del campeonato. Eso había sucedido en la 10ª fecha, la lluviosa noche en que Boca lo goleó tres a cero en La Bombonera, con actuaciones magníficas de Maradona y Brindisi. René, impotente, contempló todo el cotejo como suplente. Por si esto fuera poco, River, también tempranamente, quedó al margen de la Copa Libertadores al no poder superar la primera ronda en el grupo que compartía con los colombianos de Junior de Barranquilla y Deportivo Cali. En un plantel con tantos apellidos rutilantes, eso sonaba como algo inadmisible.

La crisis no demoró en explotar, potenciada por los problemas contractuales que tenían las máximas figuras (el conflicto Alonso-Aragón Cabrera era el caso más grave, y el Beto continuó su carrera en Vélez). Alcanzado por los coletazos de esa crisis, también Labruna anunció que dejaría la institución al final del Metropolitano.

En tanto, las actuaciones de René empezaron a hacerse cada vez más espaciadas. El 5 de junio jugó su anteúltimo partido: ingresó por Heredia a los 16 minutos del segundo tiempo, en la revancha del clásico contra Boca (uno-uno). Más de un mes después, el 9 de julio, se puso la banda por última vez. Por un capricho del destino, fue justamente contra Huracán, en el Parque. River ganó tres a uno y Houseman fue sustituido por Vega faltando diez minutos.

Todavía faltaban seis fechas, pero su ciclo en River estaba terminado. Antes, se vio involucrado en un confuso episodio, cuando alguien echó a rodar la falsa versión de que al Loco le dio positivo un control antidoping, y varios medios se hicieron eco de la noticia. La AFA lo desmintió y el jugador advirtió que iniciaría acciones legales contra las publicaciones que suministraron esa información.

Días después de su último partido, Patrick Noher anunció que no seguiría en el club.

–Faltó a cuatro entrenamientos, le mandamos un telegrama, vino el jueves diciendo que había tenido un problema familiar. La Comisión resolverá, pero es muy posible que se vaya un mes a Australia, a un club de Sydney. River lo subarrienda.

Tres semanas más tarde, el pase al exterior quedó descartado. El Loco explicó:

–No me quiero ir de River, tengo contrato hasta fin de año.

Noher, el vicepresidente millonario, salió al cruce:

–Houseman se quedó porque quiso; la plata estaba en la AFA y eran como 20 000 millones para él.

Nadie entendía por qué se había truncado la operación. El que develó la incógnita fue Vicente Bonavena, encargado de hacer el contacto con los australianos:

–Estaba todo arreglado, pero de última René se echó atrás –explicó el exdirigente de Huracán–. Nosotros lo llevamos a sacar el pasaporte, los que lo contrataban ya habían pagado y hasta el pasaje teníamos. Quedamos en encontrarnos en Ezeiza a las tres de la tarde. A mi hermano Juan le dijo: "Me tiro a dormir un rato y voy para allá". Nunca apareció.

Bonavena era el mismo que dirigía la Tercera del Globo y, poco tiempo atrás, había tenido un interinato en Primera, antes de la asunción de Janín. A pesar del malhumor que le causó aquel arrepentimiento del delantero, dejó aclarado que jamás le guardó rencor:

–Cuando hizo eso lo agarré del cuello y me dijo que le tenía miedo al avión... Yo lo quería matar. Pero después se me pasó la bronca y me di cuenta que él era así. René es René y siempre lo quise mucho. Nunca me olvidé que él y los muchachos más grandes del plantel me dieron una mano enorme cuando me tocó dirigir la Primera de Huracán. Y como jugador, ¿qué más se puede agregar? Tuve la suerte de ser de este club para poder disfrutarlo.

A fines de agosto, Houseman volvió a practicar con River, ahora bajo la conducción de Alfredo Di Stéfano. Pero al no estar en los planes del flamante entrenador, se rescindió el préstamo. A propósito de su prematura despedida, el paso de los días le permitió ocuparse de elaborar una autocrítica, antes que ver culpas ajenas:

–Me equivoqué yo, no la vi, no la supe agarrar. Fue mi peor momento en el fútbol. No me pude adaptar al equipo y me tuve que ir. Me dio mucha lástima.

No fueron pocos los que recordaron aquellas palabras, pronunciadas seis meses atrás:

–Esta es mi gran oportunidad. Si la desaprovecho me tengo que ir a jugar a Primera C. O vuelvo a ser lo que fui o se acabó todo.

No ocurrió ni una cosa ni la otra. Su historia en Núñez fue fugaz. Sin embargo, todo lo drástico que había sido René al aventurar que se acabaría su carrera, se diluyó en el olvido. El Loco tendría otra chance. Se la daría Huracán.

¿Qué otra hinchada que no fuera la quemera estaría dispuesta a recibirlo como al hijo pródigo que volvía a casa?

CAPÍTULO 24

VOLVER

La clave de su retorno a Parque Patricios no fue el esfuerzo hecho por los dirigentes, sino por los hinchas. Mientras la Comisión Directiva no era afín a la idea, un grupo de fieles seguidores del Globo de buen poder adquisitivo se movió para propiciar su vuelta. A su favor contaban con que el pase seguía perteneciendo al club y con el consentimiento del nuevo técnico, Ángel Celoria.

El Loco vio con buenos ojos la situación. Además, le dijeron que la meta era tirarse al campeonato, con su aporte y el de Oscar Alberto Ortiz, el wing izquierdo al que había tenido de compañero en la selección del 78. En el equipo también descollaba Claudio Marangoni. El volante central, que estaba en el apogeo de su carrera, pasaría al año siguiente a Independiente.

Los hinchas le prometieron al Loco una buena retribución económica condicionada a su asistencia a las prácticas. Sin importar el resultado del partido, Houseman cobraba y a la institución no le costaba ni un peso.

René debutó en la segunda fecha del Nacional, contra Argentinos. Huracán perdió tres a dos y al Loco lo reemplazó Lorenzo Ojeda a los 23 minutos del segundo tiempo. Pero la fórmula pergeñada por los hinchas dio un buen resultado, lo que se tradujo en la continuidad que Houseman tuvo en el certamen. René no faltó ni un partido hasta que restaban dos jornadas para su finalización. Es decir, jugó 11 encuentros consecutivos, siendo reemplazado solo en tres de ellos, más allá de haber sido expulsado en otra ocasión, contra Argentinos.

En uno de esos partidos, contra Gimnasia de Jujuy, señaló el que fue su último gol oficial en Primera División. Se lo hizo en la provincia norteña a De la Colina, y el cotejo terminó empatado en 3tres. Fue además su único tanto en el torneo.

Pese a su aceptable campaña, el Globo no logró pasar a la siguiente ronda. Rosario Central y Gimnasia fueron los equipos de su zona que clasificaron para cuartos de final. Huracán terminó cuarto, a dos unidades de los jujeños y a una de Argentinos, que tampoco clasificó.

El técnico contratado por Huracán para 1982 fue un antiguo jugador de la institución, muy querido por haber sido uno de los baluartes del campeón del 73. Además, Alfio Basile –de él se trata– tenía con René una muy buena relación.

Por eso no escapaba a la lógica que cuando lo consultaron acerca del Loco, contestara que lo tendría en sus planes para la temporada.

–Por condiciones, René sigue siendo el mejor número siete, pero como siempre, depende de él.

Pero para el Hueso, el año no había empezado del todo bien. En primer lugar, se había ilusionado con una posibilidad de ir a Grecia. El Panathinaikos le ofrecía 100 000 dólares por un año, más casa y auto. La propuesta era firme, pero en definitiva se frustró y él se desanimó.

A principios de enero, Huracán comenzó a entrenar, con la ausencia de Houseman. Los días transcurrieron sin novedad, hasta que Basile dio algunas muestras de impaciencia.

–No sé por qué no vino, nunca me llamó ni hablé con él –reveló el Coco.

La situación se agravó en febrero. Allí el técnico se decidió:

–Conmigo no juega más.

El Coco amplió su opinión:

–No quiero crear polémica, a René yo lo aprecio, pero acá hay gente grande que se está matando todos los días y yo no les voy a fallar.

La salida del entuerto tenía color rojo y negro. Y así, el Loco volvió al club que lo catapultó a la fama: Defensores de Belgrano. Exactamente una década había transcurrido desde que René cambió los aires de Núñez por los de Parque de los Patricios. En Libertador y Comodoro Rivadavia era amado por aquel título de Primera C, conquistado en 1972. Apenas tuvo tiempo de saborear el campeonato, cuando Huracán se lo llevó de pretemporada a Mar del Plata. Lo que sucedió más adelante es una historia más conocida. Y el mismo club lo repatrió, cuando René había caído en el peldaño más bajo y cuando muchos de los que en épocas de bonanza lo adulaban, ahora lo herían con dolorosa indiferencia.

Esta vez Houseman no ocupó los titulares de los diarios, que apenas si le dedicaron algunas líneas a su pase. Sin embargo, varios excompañeros fueron consultados con respecto al descenso que estaba padeciendo su carrera futbolística. Uno de los que abordó el tema fue Babington:

–Yo leí casi todo lo que se escribió de él y el periodismo advirtió sobre cómo sería el final. No podía ser de otra manera. No estoy de acuerdo en que la culpa la tiene el medio. René fue uno de los jugadores que mayor apoyo recibió de parte de sus técnicos, compañeros, dirigentes y amigos, y sin embargo... Pienso que su mayor error fue no comprender que el fútbol es profesional. Lo pagó muy caro y se precipitó el final.

Fatiga Russo, su entrañable compañero de concentración del Huracán del 73, ofreció un punto de vista menos apocalíptico:

–Si uno se deja llevar por lo que dice la gente y, en especial, los dirigentes, Houseman no podría jugar más. En cambio yo siempre creí en él. Es que durante los años que pasamos en Huracán fui uno de sus mejores compañeros. Con Basile y Carrascosa nos pasábamos todo el día hablando y salíamos juntos. Lo que ocurre es que él es un muchacho de barrio, con varios problemas y que lo único que le gusta es jugar a la pelota. Yo creo que es recuperable para el fútbol argentino, pero no para el internacional, a nivel selección. Creo que la solución

es, primero, no crearle inconvenientes de tipo económico, algo que es tarea de los dirigentes y, segundo, hacerlo jugar continuamente, ponerlo en todos los partidos para que vaya teniendo confianza. Desde que surgió Houseman no hubo en el país otro como él. Lo que pasa es que muchos se ocuparon del Hueso en la buena y ahora nadie lo nombra.

Alfio Basile, en cambio, se abstuvo de opinar:

–No me parece oportuno referirme a Houseman en este momento. Si me lo hubieran preguntado hace tres meses hubiera respondido, pero no me parece correcto hacerlo ahora, siendo yo quien decidió que se fuera de Huracán.

Para la gente de Defensores, nunca fue el Loco sino Quenó. El apodo no era el de las célebres tardes de domingo, sino el mote familiar, el de la infancia, el de las interminables travesuras en las polvorientas callejuelas de la villa.

Huracán lo cedió a préstamo, sin cargo. La situación se asemejaba bastante a un cuento de características surrealistas: durante varios años las altísimas cifras que el Globo le pedía a las entidades más grandes del país hizo naufragar cuantiosas transferencias. Solo tres temporadas después, terminó dándolo gratis a un club de Primera B...

En Defensores de Belgrano el técnico era don Victorio Spinetto, el mismo que diez años atrás dirigía a Argentinos y esperó a René al finalizar un partido con Huracán, con el objetivo de felicitarlo por un golazo que hizo.

Las primeras declaraciones formuladas por René no se apartaron del libreto:

–Estoy muy contento por esta vuelta. A este club le estaré agradecido siempre. Gracias a Defe llegué a lo que llegué en el fútbol...

Ni bien estampó la firma, comenzó a rumorearse que podría debutar nada menos que contra San Lorenzo, por la segunda fecha del torneo. El Ciclón, descendido por primera vez en su historia, estaba transformándose en un sensacional fenómeno que llenó de vida al certamen de la B, rompiendo boleterías y colmando estadios. Defensores lo recibió en el mundialista de Vélez Sársfield, y la participación de Houseman estuvo en duda hasta el día anterior. Finalmente no jugó y San Lorenzo ganó dos a cero.

Dos semanas más se demoró su regreso oficial. Exactamente, el 27 de febrero, contra Chacarita, pisó el césped defensorista y levantó los brazos, saludando a la tribuna techada. El equipo formó con Anhiello; Fraga, Iélamo, Lagunas y Salzano; Galbán, Castellano y Alberto Jesús Beltrán; Cáceres, Britapaja y Houseman.

El local, que aún no había ganado en esas cuatro fechas, se impuso por dos a uno. Lo hizo gracias a dos penales convertidos por Aguirre –reemplazó a Britapaja– a diez minutos del final. El árbitro Juan Carlos Crespi expulsó a Banana Galbán y al chacaritense Iervasi, y resultó duramente cuestionado por los jugadores y el público visitante, que argumentaron ilegitimidad en los dos penales sancionados.

Houseman, bien controlado por el lateral derecho adversario, Luis Abramovich, le dejó su lugar a Ángel Ronci en el segundo tiempo. Las crónicas del partido aludieron a una pobre actuación del Loco, quien respondió a las críticas argumentando:

–El campeonato de la B es muy duro y yo todavía estoy en un 50%. Pero voy a mejorar, no tengo dudas...

Pero ya no habría tiempo para hacerlo, al menos en Defe. Pocas horas después recibió una oferta del Colo Colo de Chile y, como el contrato con Defensores de Belgrano contemplaba la posibilidad de una futura venta, su presidente Eduardo Deluca no puso trabas y se concretó el pase a préstamo, por 25 000 dólares que fueron a parar a las arcas de la entidad de Núñez. Deluca explicó los entretelones de la operación:

–Todo se inició por una iniciativa de los dirigentes de Huracán, que ya no sabían qué hacer para que René no siguiera cayendo, y nos preguntaron si lo queríamos de vuelta, a ver si en Defensores se podía recuperar. Aceptamos. El día que volvió a jugar, no estaba ni para media hora, pero el técnico de Colo Colo justo apareció en la cancha y tan impresionado se quedó con él, que esa misma tarde me hablaron para llevárselo. En Huracán, el dueño de su pase, nos dieron su consentimiento. Al Loco le dije: "Te vas a Chile". La idea no le disgustó. Quedamos en encontrarnos con René y los dirigentes del Colo Colo el lunes a las nueve de la mañana en un bar de Corrientes y Libertad, para arreglar los detalles. A esa hora estuvimos todos, menos Houseman. El tiempo seguía pasando y no venía. Los chilenos ya estaban desesperados, pero tal era el entusiasmo que tenían, que ni se les ocurrió mandarse a mudar. Y el Loco llegó... ¡a las once y media! Yo me lo quería comer crudo. Pero el acuerdo se hizo y se fue nomás a Chile.

Por la quinta fecha, ya sin el Hueso, el equipo de Spinetto se presentó en Santa Fe y fue vapuleado por Colón, siete a dos, lo que significó la despedida de don Victorio. Luego, el conjunto comenzó a mejorar y redondeó un aceptable torneo. La misma base de jugadores sería la que dos años después, en 1984, haría una fabulosa campaña, quedando en las puertas del ascenso a Primera.

El 10 de marzo, René viajó para instalarse en Santiago, junto a su esposa y sus dos hijos. Era el primer campeón del mundo de la historia que jugaría en Colo Colo. El técnico Pedro García lo quería para el campeonato local y la Libertadores.

Pese a que hacía casi diez años que no jugaba en el país vecino, los chilenos todavía recordaban aquella noche de Copa que, vistiendo la casaca de Huracán, le convirtió un golazo sobre la hora al mismo Colo Colo. Sin embargo, la bienvenida que le dio Carlos Caszely, histórico jugador colocolino, lo tomó de sorpresa:

–El técnico se equivocó al traerlo. Si Houseman puede jugar de 11, yo también puedo ser arquero.

Varios medios periodísticos también objetaron su contratación, al igual que su futuro compañero. Pero René hizo oídos sordos a los comentarios maliciosos y se dedicó a lo que más sabía hacer: jugar al fútbol. Una inesperada visita le dio ánimo. César Luis Menotti, invitado a dar una serie de conferencias en la capital chilena, se lo cruzó y, tras estrecharse en un emocionado abrazo, le recomendó:

–Nene, no haga macanas.

René respondió:

–No, César, pierda cuidado, quiero hacer una buena campaña en Colo Colo. Ya me instalé, mis pibes van al colegio y estoy muy contento.

A pesar de los cálculos pesimistas de Caszely y cierta prensa, Houseman tuvo un buen paso por el fútbol trasandino. Lejos de Buenos Aires, la distancia lo obligó a adaptarse a Santiago y en parte lo logró, en la compañía de Olga, Diego y Jésica. De todas formas, sus nuevos compañeros se encargaron de hacerle conocer la noche chilena y las famosas visitas a los bares no cesaron por el hecho de no estar en la Argentina.

–Allá conocí el pisco sour, la bebida típica. Había cada nene... ¡cómo les gustaba el escabio! Y bueno, yo acompañaba, no me iba a quedar atrás... –deslizaría, de regreso al país.

Mientras vivía en Chile se disputó el Mundial de España. Entonces le preguntaron si le hubiera gustado ser parte del plantel argentino. Consciente de que no atravesaba su mejor etapa futbolística, René se sinceró:

–Nunca me puse a pensar en esa posibilidad.

Futbolísticamente hablando, tuvo un buen rendimiento en el campeonato oficial, tan es así, que los mismos medios que antes dudaban de sus condiciones, luego lo calificaron como el mejor wing del año. En tanto, su equipo salió subcampeón, con cuatro puntos menos que el líder, Cobreloa. El Loco jugó 18 partidos y señaló tres goles.

Por otra parte, en esa temporada se disputó otra edición de la Copa Chile –también denominada torneo Apertura–. Y aquí sí, el equipo que la levantó fue el Colo Colo de Houseman, que en el cuadrangular definitorio ganó los tres partidos y totalizó seis puntos, aventajando a la Universidad Católica (que sacó tres), a la Universidad de Chile (dos) y el Cobreloa (uno).

El sabor amargo se lo dejó su frustrada intervención en la Libertadores. René solo llegó a actuar en el primer partido, justamente contra el Cobreloa. Después ya no pudo hacerlo debido a que por inconvenientes administrativos, su inscripción para la Copa se retrasó y fue inhabilitado para seguir jugando.

Al concluir la temporada, el club tenía la posibilidad de comprarlo en forma definitiva, pero no lo hizo, y el jugador regresó a la Argentina. En Buenos Aires explicó que la negativa de la dirigencia pasó por un tema económico:

–La opción valía 50 000 verdes y no los tenían. Cuando llegué a Santiago el dólar costaba 39 pesos chilenos y en un par de meses se fue a 100.

Por el horizonte de René se aproximaba nuevamente la inconfundible silueta de un Globo...

CAPÍTULO 25

SU ÚLTIMA LOCURA

–Hola, René, quiero verte ya mismo. Necesito saber si querés jugar en Independiente...

La voz de José Omar Pastoriza sonó con firmeza desde el otro lado de la línea telefónica. El entusiasmo que tenía el técnico sorprendió al Loco que, totalmente desprevenido, solo atinó a responder:

–Sí, Pato, ¿a qué hora tengo que estar?

Houseman todavía no se resignaba a considerarse un exjugador en el momento de la llamada. Pero no estaba lejos... Era enero de 1984 y su último partido databa de mayo de 1983. Ese día Huracán quedó eliminado del Nacional. Le ganó dos a uno a Unión, pero no le alcanzó para pasar a la siguiente fase. Para el Hueso, en lo personal, tampoco fue la mejor despedida, ya que Trucco le atajó un penal. Solo jugó cuatro partidos en ese campeonato –no hizo goles–, sobre un total de 12 participaciones del Globo en el Nacional.

A fines del 82 había vuelto de Chile y Huracán lo fichó nuevamente. Pero su tercer período en Parque de los Patricios no fue sencillo. René encontró resistencia de parte de ciertos dirigentes (el presidente era Luis Seijo hijo) y, peor aún, del técnico, Osvaldo "Chiche" Sosa. Sin embargo, la presión de la hinchada otra vez inclinó la balanza a su favor y el Hueso reapareció por la sexta fecha, en Tucumán, contra Atlético Concepción. El Globo perdió dos a uno, pero ya tenía la clasificación asegurada para la segunda etapa, que comenzaría a la semana siguiente.

En esa instancia, a Huracán lo esperaban otros seis partidos, en una zona compartida con Unión, Platense y River. Pero Sosa volvió a dejar al Hueso fuera de los 16... La convivencia entre ambos era difícil. Inclusive, muy cerca estuvieron de irse a las manos, en el estacionamiento del club. René tiró las llaves del auto al suelo, dispuesto a pelearlo, pero la cosa quedó ahí... De todas maneras, hizo público su malestar:

–Sosa no respetó mi trayectoria, mi título de campeón mundial...

Es que Houseman se había tomado muy en serio la vuelta. No quería defraudar a su gente y, por lo tanto, entrenaba fuertemente. Hasta bajó algunos kilos de más que tenía... En ese equipo ya estaban afianzados dos orgullos del semi-

llero, como el Turco García y Claudio Morresi. Miguel Ángel Converti peleaba el puesto con René, que al respecto opinó:

–Con todo respeto hacia el Cholo, yo creo que soy superior.

Luego de la reaparición en Tucumán, en tres partidos permaneció al margen del equipo. Pero la presión de los hinchas –que hasta llegaron a insultar a Chiche– se hizo sentir y el técnico lo puso en el banco contra River. A los seis minutos del segundo tiempo ingresó por Hiotidis y su actuación fue muy buena. La gente en el Ducó se puso de pie para aplaudirlo, como en las grandes tardes. No obstante, el equipo no consiguió impedir la derrota por dos a cero frente a los mMillonarios.

En la jornada siguiente entró de titular, pero en esta ocasión el Loco no funcionó y Huracán cayó ante Platense cuatro a dos, disminuyendo su chance de pasar a la tercera ronda.

El próximo partido fue el del ya mencionado triunfo contra Unión. El del dos a uno insuficiente, el del penal atajado y... el del adiós a Huracán. Esta vez sí, definitivo.

El Loco ya no volvió por los entrenamientos. Un empresario realizó sondeos para colocarlo en el fútbol mexicano. Huracán lo tasó en 20 000 dólares, la transferencia no prosperó y finalmente quedó libre a mediados de 1983.

En los seis meses siguientes no estuvo vinculado a ningún club, más allá de haberse movido junto a un grupo de jugadores libres en el Parque Saavedra y con All Boys, por su amistad con Ubeda, que militaba en el equipo de Floresta.

–Estoy flaco y entrenando con todas las ganas –declaró en noviembre–. Mi idea es seguir jugando. Soy joven, me parece que todavía tengo mucho para dar, no sé si en este club o en uno de Primera. Pero que sigo, pónganle la firma.

Llegó la Navidad sin que René tuviera novedades. Pero en los días posteriores, el llamado de Pastoriza hizo que recobrara la ilusión. El Loco estaba feliz. El bichito del fútbol le había vuelto a picar fuerte. Por eso, la propuesta no tuvo que pensarla demasiado y acudió sin pérdida de tiempo a reunirse con el Pato. A las pocas horas estaba viajando a Necochea para sumarse a la pretemporada de Independiente. Sus primeros pasos fueron tomados con cautela por los dirigentes, el cuerpo técnico y el propio jugador, que en un principio mostró un bajo pefil:

–El Pato me preguntó si me gustaría jugármela, le dije que sí y aquí estoy. Dentro de 15 días veremos. Yo creo que en ese tiempo voy a poder responder bien y conformar a Pastoriza, que me dijo que puedo serle útil y solucionarle varios problemas. Ojalá me pueda quedar.

El preparador físico Carlos Kenny expresó:

–No está bien atléticamente, pero es recuperable. Claro, no es cuestión de meterse acá en la pretemporada y después aflojar. Debe entrenar y cuidarse. Si lo hace no tendrá problemas porque lo que sabe con la pelota lo mantiene intacto.

Por el lado del plantel, uno de los máximos referentes, Ricardo Bochini, le levantó el pulgar:

–Queremos que se quede. Ayer hizo dos jugadas increíbles. Aparte dijo que esta vez vuelve en serio.

Una mañana de febrero René abrió el diario Clarín y se topó con una frase de Silvio Marzolini: "Houseman fue superior a Garrincha". Esa fue otra gran inyección de ánimo para él.

–Marzolini habló en pasado, pero yo voy a demostrar que todavía no estoy acabado –sostuvo en la intimidad.

Luego de verlo trabajar algunos días, el entrenador le pidió al presidente Pedro Iso que lo contratara. El 26 de ese mes ya estaba debutando con la casaca roja, por la segunda fecha del Nacional. El estadio de la Doble Visera lo ovacionó cuando Pastoriza le indicó que se levantara del banco (minutos antes, ya habían empezado a corear su nombre). A los 20 minutos del complemento entró por Barberón. Independiente ya le ganaba tres a cero a Chacarita, resultado que sería el definitivo.

El Loco tuvo un muy buen desempeño. Tiró una celebrada pared con Bochini y dos veces estuvo cerca de anotar. En el vestuario, sus impresiones fueron reclamadas por medios orales y escritos. Entonces, repitió:

–Voy a poner todo lo mejor para responderle a los que confiaron en mí, especialmente a Pastoriza.

Un periodista le formuló una pregunta que no le gustó, referida al alcohol. La respuesta fue cortante:

–Mi vida privada nada tiene que ver con la futbolística, por lo que la pregunta está de más.

El Loco añadió una expresión ya mencionada en otras ocasiones:

–Yo soy el único culpable de lo que sucedió con mi carrera. Pero esta es mi última oportunidad de volver y no quiero desperdiciarla.

No era la primera vez que lo decía. Por eso el interrogante quedó flotando. ¿Podría René aprovechar esta nueva oportunidad, a diferencia de veces anteriores, en las cuales también se lo había propuesto sin arribar a un final feliz? ¿Podría vencer en esa titánica lucha que mantenía contra sí mismo? Pronto la incógnita quedaría develada.

Pastoriza pretendía llevarlo de a poco, algo que el jugador aceptó gustoso.

–Yo sé que de entrada voy a ir a banco y no jugaré tan seguido hasta que me ponga bien, pero no me importa, mi objetivo es ir despacio.

Dos jornadas más adelante, Independiente enfrentó a Chacarita, pero en condición de visitante. El Hueso fue incluido entre los 11 titulares, en un conjunto alternativo que el Pato utilizó, preservando al elenco estable para la Copa. Aquí René tuvo un pálido desempeño y en el entretiempo lo sustituyó Gerardo Reinoso.

Houseman también participó en la Libertadores. Lo hizo frente a Sportivo Luqueño. Independiente venció como local dos a cero a los paraguayos y el Loco jugó los últimos 45 minutos, en reemplazo de José Luis Clara. Sus continuos progresos condujeron a Pastoriza a ponerlo de entrada en el partido que cuatro días después el Rojo jugó en Rosario con todos sus titulares.

–Ya estoy casi en el 90% de mis posibilidades físicas, me siento bien como para responderle al Pato –manifestó antes de enfrentar a Central.

Pero su rendimiento en ese encuentro no satisfizo al técnico, que en la mitad del complemento dispuso que fuera relevado por Enrique Omar Sánchez. Independiente, que perdía uno a cero, igualó sobre la hora con un gol de Merlini. Para Houseman ya no habría partidos. Un inoportuno desgarro incidió para que perdiera terreno en el desafío que se había trazado. Su entusiasmo inicial fue mermando, lo mismo que sus asistencias a las prácticas. Para colmo el hombre que lo mimaba, José Omar Pastoriza, cayó en desgracia, debiendo ser internado por una afección cardiaca. Su ayudante de campo, Ramón Toribio Adorno, si bien no lo marginó, tampoco consintió al Loco de la misma manera que lo hacía el Pato.

No obstante, una vez más René llegó a integrar el banco de suplentes. Ocurrió a casi dos meses de su última presentación. Ese 3 de junio de 1984 Independiente superó a River como visitante por tres a dos, en un partido de alto vuelo que contó con una brillante labor de Bochini.

Para el Loco, aquí sí, significó el adiós definitivo. Una mañana, Adorno notó su ausencia y Carlos Kenny le informó que por propia decisión, había abandonado las prácticas:

–De un día para el otro dejó de venir. No creo que vuelva más...

Lamentablemente, Kenny no se equivocó.

CAPÍTULO 26

LEJOS DE TODO

–Bocha, ¿cómo andás?

–¡Loco!... ¿qué hacés por acá?

Ricardo Bochini no lo podía creer. Esperaba encontrar a cualquier persona allí, menos a él. Pero sí, era Houseman. Y estaba muy lejos de Buenos Aires. En la ciudad de Dusseldorf, Alemania Federal, con más exactitud. Transcurrían los primeros días de septiembre de 1984. Hacía varios meses que el Loco se había alejado de Independiente. Nadie lo había vuelto a ver. Y ahora que la selección argentina jugaría contra la que dirigía Franz Beckenbauer, René aparecía imprevistamente por el escenario del amistoso internacional.

También anduvo por el hotel donde se hospedaba la selección, que ya no era conducida por César Luis Menotti. El Flaco había renunciado a ella después de la eliminación en el Mundial de España, y su puesto era ocupado por Carlos Salvador Bilardo.

El Loco le explicó al Bocha que viajó con el objetivo de fichar para algún club de la liga germana. Ya había hecho algunos contactos y tenía posibilidades en varios equipos. Después, observó el partido desde el mismísimo banco de suplentes argentino. No pudo evitar emocionarse. Justamente diez años atrás, también en suelo alemán, él había sido una de las figuras del Mundial 74. Las cosas eran tan diferentes ahora... Sintió un extraño temblor en las piernas mientras repasaba mentalmente aquellas épocas más felices...

–Pensar que yo en este momento podría estar al lado del Mago –se dijo a sí mismo, en alusión a Bochini. Pero se dio cuenta de que ya era tarde también para eso.

Desde su butaca privilegiada disfrutó de un gran partido de la Argentina. El equipo venía maltratado por la opinión pública, a raíz de sus pobres actuaciones en esa etapa del proceso. Pero en Dusseldorf se reivindicó con creces y derrotó a los locales tres a uno. Mientras René se iba del estadio, hablaba con la gente de la delegación:

–¡Qué apretada les pegamos en el primer tiempo! Y si el Mago hace ese gol, nos íbamos todos, ¿qué te ibas a quedar a hacer?

La referencia era hacia una notable jugada de Bochini: un remate de larga distancia que tomó mal parado a Schumacher y casi se le mete adentro, pero el arquero alcanzó a manotear.

El Hueso elogió el trabajo de Bilardo, quien por esos tiempos ya estaba involucrado en una virulenta guerra mediática con su antecesor, el Flaco Menotti:

–No es por quedar bien con él, porque lo conocí recién hoy, pero yo creo que si lo dejan trabajar va a llegar lejos, como César.

El Loco no se equivocaba, porque a dos años de su pronóstico, la Argentina volvía a ser campeona mundial. En cuanto a su opinión sobre el técnico, el transcurso de los almanaques hizo que ya no fuera tan favorable. En declaraciones formuladas en la década del 90, se acordó del Narigón, aunque no de la mejor manera:

–Bilardo mató al viejo wing. Desapareció por culpa de él. Aburrió el fútbol con sus volantes carrileros y esas cosas raras que inventó.

Volviendo a su periplo por Alemania, en la madrugada posterior al partido con Argentina estuvo en el Hotel Gut Höhne. En el bar siguió charlando con Burruchaga. Tocaron el tema de la Copa Libertadores, recientemente ganada por Independiente.

–Mirá que yo también soy campeón de América, ¿eh? –le dijo con picardía.

Las estadísticas le daban la razón. Houseman jugó 45 minutos frente a Luqueño, por la primera fase del torneo. En el cuadro de honor que publicaron los medios él figuraba con una presencia, gracias a aquel partido en el que ingresó por Clara.

René también se encontró con algunos periodistas de Buenos Aires que cubrían el amistoso. A varios les llamó la atención lo que fumaba y lo que tomaba. Pedía una cerveza tras otra en la barra del hotel. Los hombres de prensa querían saber qué era de su vida después del repentino alejamiento de Independiente. Y el Loco contó:

–Lo de Independiente no tiene perdón. Yo me porté muy mal con ellos, pero como persona, no como jugador. Un día no quise ir más. No aguantaba los entrenamientos, la verdad es que nunca los aguanté en mi vida. Pero el profe Kenny te mata y yo no estaba para eso. Un día, cuando el Pato estaba internado por el bobo, me llamó el señor Carlos Sola y arreglamos la rescisión del contrato. Pero quedé mal con todos, con los muchachos, con el profe, y sobre todo con el Pato que me había tendido la última mano de mi vida. Por eso, cuando vine aquí, miré medio con desconfianza al Bocha, a Burru, a Giusti. Pero me recibieron como si no hubiera pasado nada. Con el Pato tengo que hablar urgente, le tengo que explicar, yo me paso la vida explicando cosas... Muchas veces lo pienso y no sé cómo soy, no sé qué me pasa. Es la cabeza, algo en la cabeza.

El Loco detalló el estado de las tratativas con varias entidades alemanas:

–Estoy en Frankfurt. Tengo tres ofertas. El Eintratch, que está en Primera; el Kickers Offenbach de la Segunda y el Leverkusen de la Tercera. Creo que me quedo ahí. El capo se llama Giorgio Opermann y dice que se acuerda de mí por el Mundial 74... Me garpa el hotel, me dio un Opel Corsa, me banca el gimnasio, un fenómeno. En diez días creo que firmo por 45 lucas verdes.

Como tantas otras veces, le preguntaron qué responsabilidad le adjudicaba a su entorno en su caída. Y él, haciéndose cargo de todo, reiteró:

–El único culpable soy yo. ¿Vos pensás que los tipos se me acercaban a mí porque era Houseman y tenía guita y fama? ¡No, viejo! Siempre los busqué yo... La mala junta, la bebida, todo eso... Gané un montón de guita, una fortuna... Me quedan dos departamentos, el almacén en Monroe y 11 de Setiembre. Si yo hubiera guardado como Fillol, me compraba una ciudad entera, pero se me dio mal...

Cuando salió el tema de Huracán, apuntó sus cañones hacia el técnico que lo dirigió en 1983, en su último período en el Globo:

–Sosa va primero en el ranking de los que me hicieron daño. En el 79 me arruinó el pase a Detroit, me hizo perder 450 000 dólares. Después, en Huracán, en el 83 me volvió a reventar...Creo que fue el que más daño me hizo en la vida.

Chiche no dejó pasar mucho tiempo antes de contestarle:

–No sé a qué se refiere cuando dice que yo le frustré el pase a Detroit en 1979. Y en el 83 lo saqué del equipo porque no estaba en condiciones de jugar al fútbol, pero se lo dije en la cara.

La polémica ocupó algunas líneas en los periódicos, pero paulatinamente fue enfriándose, hasta que los protagonistas un día se cruzaron y limaron asperezas. Tiempo después, René aclaró:

–Es verdad, tuvimos un problema, pero se solucionó. No nos hicimos amigos, aunque cada vez que nos vemos nos saludamos lo más bien.

Con respecto a la posibilidad de incorporarse al fútbol alemán, finalmente no se concretó y René volvió a casa. No obstante, en ese 1984 no dejó pasar la ocasión que se le presentó de jugar en un fútbol nada convencional: el de Sudáfrica. En efecto, fichó para el Amazulú, una escuadra tradicional de la ciudad de Durban. Su experiencia resultó tan alucinante como efímera, ya que permaneció allí solo un mes y jugó seis partidos. Como era previsible, el Loco no se adaptó a las incómodas costumbres de un país que, para colmo, atravesaba un nefasto régimen de discriminación racial dirigido desde el propio Gobierno. A la vuelta, contó:

–Llegué pensando que solo iba a encontrarme con indios y monos. Pero me trataban como a un señorito inglés y me pagaban cinco lucas verdes por tres partidos. Comía de lo mejor, pero me destruía la forma de ser que tenían. Los negros parecía que allá no eran personas. Yo abría bien grandes los ojos, no lo podía creer porque no los dejaban ni siquiera ir a los mismos baños que a los blancos. Para mí fue muy chocante ver como a los negros los trataban como basura.

El Amazulú estaba conformado por jugadores de esa raza, con excepción de René y un amigo que llegó tras él para vivir esa aventura: Jorge "Lulú" Sanabria. Además, alcanzó a prenderse en algún partido Marcelo Houseman, el intermediario que había llevado a los dos futbolistas al continente negro. Pese a ser portador del emblemático apellido, Marcelo no era pariente del Hueso, si bien a menudo se presentaba como su primo o su hermano.

En el debut de los aventureros, el equipo –que tenía un técnico inglés y un preparador físico escocés– ganó ocho a cero. Tres goles los hizo el Loco y otros tres Sanabria. Lulú compartió su estadía en Sudáfrica con el resto del plantel, en Durban. Por esto y por la gran cantidad de goles conquistados, la afición del Amazulú lo acogió como a un crack de características excepcionales. René tuvo menos contacto con el pueblo, dado que fijó su residencia en Johannesburgo, la capital sudafricana, desde donde viajaba para jugar directamente los partidos.

–Ahí jugué como volante por izquierda, tirando pelotazos como para disimular –recordó el Loco–. Yo hacía lo que quería. Amagaba y pasaban de largo. ¿Pero cómo me iba a quedar? La noche previa a un partido los jugadores se tajeaban las venas a la altura de la muñeca y los tobillos y a la mañana siguiente mostraban las cicatrices. Pero, además, esa noche dejaban los botines en un balde de agua ensangrentado y lleno de yuyos, que, decían, atraían la buena suerte.

René quedó fascinado con el fútbol femenino que se practicaba en Sudáfrica:

–Ver jugar tan bien a las minas es un espectáculo –le repetía a Marcelo y a Lulú.

Antes de partir, con otro insólito episodio, comprobó que aún no había perdido su capacidad de asombro. Sucedió cuando en el vestuario le ofrecieron un enigmático polvito. Sus compañeros sudafricanos lo aceptaron sin reparos. Él, desconfiado, se apartó, creyendo que se trataba de droga.

–Yo no quería saber nada, pero me di cuenta que lo que querían darme era pimienta, porque todos empezaron a estornudar. Ahí entendí menos todavía. Hasta que me explicaron que el tipo era un brujo de una tribu y que el método ese tenía por objetivo que los pulmones tuvieran mayor capacidad. Entonces pensé: "¿Qué estoy haciendo todavía acá? Yo me voy a casa...".

En Buenos Aires nuevamente, les contó a sus amigos la inédita experiencia. Cuando lo consultaron sobre qué cosas había aprendido, salió al cruce con una de sus notables respuestas:

–Lo que me aprendí muy bien son tres frases en inglés: "One wine, one beer y one scotch".

CAPÍTULO 27

UNA CUENTA PENDIENTE

–No aguantaría que la gente me llame borracho, falopero, villero... Por eso, volver a la Argentina a jugar al fútbol no, eso sí que no... El fútbol argentino se murió para mí. Se murió para siempre.

El año 84 despedía sus últimos días y René también ensayaba su propio adiós. Sus últimas experiencias en el torneo local era mejor olvidarlas. Él mismo reconocía que había defraudado. Tenía miedo de que al pisar nuevamente una cancha, los hinchas reaccionasen de manera hostil y le gritaran cosas como esas, tan afines al vocabulario tribunero, tan útiles para hacer leña del árbol caído, tan humillantes cuando el objetivo es defenestrar al adversario, sea como fuere...

El Loco no quería correr ese riesgo. Por lo tanto, tras su desvinculación de Independiente determinó no jugar más en el país.

En el exterior, sin embargo, estaba dispuesto a continuar. Por eso, buscó la posibilidad de fichar en Alemania –finalmente se frustró– y aceptó aquella audaz propuesta que le hicieron para anclar en Sudáfrica. Pero después ya no tuvo chances concretas de calzarse otra casaca.

Nuevamente instalado en Buenos Aires, los fantasmas del olvido volvieron a acosarlo. Dudaba entre seguir tirando anzuelos afuera o colgar los botines para siempre. La falta de ofrecimientos serios y de clubes de renombre lo frenaba a la hora de hacer las valijas. No le gustaba alejarse de su familia, de su esposa y sus dos pequeños hijos. Pero tampoco le caía en gracia hacerse a la idea de que era un exjugador.

Por aquellos años, causó conmoción el intento de suicidio de Rubén José Suñé. El exvolante de Boca, que también fue compañero de Houseman en Huracán, se arrojó desde un séptimo piso, pero se salvó. Ya recuperado, admitió que estuvo sumido en la profunda depresión que le provocó el haber abandonado la actividad... A René le afectó el drama de Suñé, como a tantos otros jugadores que estaban en la disyuntiva de continuar o de no hacerlo.

Hasta que un día llamaron a su puerta. La pregunta lo descolocó: "René, ¿te gustaría jugar en Excursionistas?". Al principio dudó:

–Eh... bueno, dejámelo pensar un poco –le contestó al enviado de la Comisión Directiva. Pero no tuvo que analizarlo demasiado. Horas después, ya se imaginaba con la camiseta albiverde. La propuesta le cerraba.

Gracias a ella se vio liberado del dilema que lo desvelaba. Es cierto que él había sido terminante cuando habló de no jugar más en el país. Pero esto era diferente: era Excursionistas, el club de su barrio, el que quedaba en Pampa y Miñones, a solo cinco cuadras de su casa. Los colores por los cuales fanatizaba desde pibe, a los que le había sido infiel cuando fue a probarse a Defensores. Ahora tendría la oportunidad de redimirse y, aunque fuera en el final de su campaña, vestir la querida casaca de los listones verdes y blancos, esa que también se había puesto su hermano Cacho tres décadas atrás.

Por el tema económico no hubo problemas: un par de socios, Julio Chavino y el expresidente Carlos Ianowsky, se comprometieron a aportar una importante suma de dinero, para que el club –donde la plata no sobraba ni mucho menos– no tuviera que desembolsar ni un centavo más del que su ajustado presupuesto permitía.

La única contra era el hecho de que Excursionistas pertenecía a la Primera C, que en ese entonces era la tercera categoría de AFA, en orden de jerarquía. Pero se trataba de un mal menor al lado de las ventajas que presentaba el caso, analizó René. Creyó además el Loco que las exigencias no eran las de una institución de Primera, y eso también lo sedujo.

El 8 de febrero de 1985 realizó su primera práctica, que consistió en trabajos físicos en los lagos de Palermo. Luego realizó sus primeras declaraciones:

–Es el club de mi barrio y lo quiero. Recién tengo 31 años y no quiero irme más del país. Esto me gusta porque no hay tantas obligaciones.

Excursionistas es una institución tradicional en los torneos de ascenso de la Argentina. Le dicen los Villeros, desde que esa populosa barriada alimentada por la inmigración interna y externa consolidó sus raíces en territorio belgranense, a muy pocas cuadras de La Pampa y Miñones. Era, por supuesto, el mismo lugar en el que se criaron René Houseman y sus hermanos cuando arribaron de su Santiago del Estero natal.

La villa había sido erradicada hacía siete años, pero el club conservó su mística y su seudónimo, como lo hace aún hoy, pese a que los modestos ranchos le cedieron su espacio a lujosas viviendas.

Hasta ese 1985, Excursionistas había militado en Primera B la mayor parte de la era profesional. Sin embargo, hacía ya varios años que había descendido a la C, y, temporada tras temporada, intentaba regresar al sitio abandonado en 1972. El 85 no fue la excepción. Para ello, la Comisión Directiva, encabezada por Enrique Viva, se abocó a formar otro competitivo equipo para encarar el certamen. Como técnico contrató a Eduardo Urbano, un hombre de aquilatada experiencia en el fútbol de los sábados. Además, llegaron varios refuerzos, que tendrían la misión de dotar al plantel de la jerarquía necesaria para pelear los primeros puestos. Uno de ellos era nada menos que el expuntero de la selección nacional.

El Loco prometió entrenarse con seriedad. Y lo estaba cumpliendo. La puesta a punto le costó más que al resto, como consecuencia de que su estado físico no estaba a la par de los muchachos que terminaron jugando la temporada anterior. Por eso, cuando arrancó el torneo contra Defensores Unidos de Zárate, René se quedó del lado del público. Lo mismo ocurrió en el segundo y el tercer partido, ante San Martín de Burzaco y Barracas Central. En las tres jornadas iniciales, Excursionistas cosechó dos victorias y una derrota, frente a los barraqueños.

En la cuarta fecha llegó ese momento tan esperado. Urbano citó al Loco para integrar el banco de suplentes contra Deportivo Armenio. El sábado 16 de marzo, la cancha de Excursionistas presentaba un lleno casi total. Motivados por lo que creían sería un excelente año futbolístico, los hinchas acudieron en forma masiva. Apenas pisaron Pampa y Miñones, se hicieron eco del fuerte rumor que circulaba de boca en boca: Houseman tendría el número 16 en su espalda.

Y efectivamente, minutos después salía por el túnel ese hombre que una década atrás deleitaba domingo tras domingo al pueblo futbolero. El mismo que brilló en un Mundial y obtuvo la medalla de campeón en el otro, ahora vestía oficialmente, y por primera vez, la camiseta del equipo del cual fue hincha toda su vida.

Para la historia quedaron esos 11 apellidos que salieron como titulares: Esperante; Moya, Panelo, Ronci, Alí; Carrasco, Di Rissio, José González; Luna, Cabrera y Acosta. Enfrente se paró un conjunto duro, experimentado en el difícil torneo de la C, dirigido por Edgardo Marchetti. En Armenio jugaba un viejo conocido de René, de los tiempos de Huracán: Miguel Ángel Gallardo. El Negro apareció en la Primera del Globo cuando el Loco estaba, hacía largo tiempo (era el mismo a quien Vigo echó de la concentración en Necochea), y luego de que muchos lo vieran como una enorme promesa, su nivel fue decayendo para culminar actuando en distintos equipos del ascenso.

El primer tiempo terminó cero a cero. Era notorio que el local no conseguía plasmar con ataques convincentes sus intentos por quebrar a la defensa de un rival que veía el empate con buenos ojos. Ese esquema se mantuvo en el comienzo del complemento. Entonces, Urbano le echó un vistazo al banco. Y lo vio a él. Al Loco, que también le clavó la mirada. Y le dijo que se moviera. Iba a entrar por José Daniel "Nico" González. Lo que pasó después es narrado por la revista Aquí Excursionistas:

"De pronto, la tribuna comenzó a mirar el banco de suplentes. Y no lo podían creer. El Hueso Houseman estaba haciendo precalentamiento. La ovación se sucedió inmediatamente, dejando todos de observar el partido. Y el Hueso entró –iban 19 minutos– para intentar decir que todavía estaba en vigencia. Se lo notaba excedido de peso, pero no importaba. Lo único que queríamos ver era esa gambeta que tan famoso lo hizo. Como se darán cuenta, ya el partido no importaba.

Estaba Houseman jugando para Excursionistas y todos pendientes de él. Lástima que mucho no pudo hacer. Solo cerca del final, cuando eludió a dos hom-

bres y antes de rematar, el balón se le enredó entre las piernas, permitiendo la recuperación de un defensor".

Los de la colectividad aguantaron el asedio y consiguieron mantener invicta la valla defendida por Sarmiento. Los hinchas locales se retiraron con un dejo de decepción por el cero a cero, aunque no por la actuación de René, a quien seguían respaldando.

Pero a pesar de que el crédito hacia él estaba abierto, el Loco se desalentó y tomó una determinación, para muchos, apresurada: no volver más. Asimismo, devolvió el cheque de 50 millones de pesos –una suculenta suma para esa época– que le dieron cuando acordaron el vínculo, y que aún no había cobrado.

Y ya no hubo manera de convencerlo. Ni siquiera pudo hacerlo su hijo Diego, que ya tenía nueve años y había heredado de su padre el fanatismo por los mismos colores. Ya sin René, Excursionistas siguió adelante con su buena campaña, pero su objetivo de subir de categoría se vio nuevamente frustrado. En la tabla general salió tercero, seis puntos atrás del campeón Defensa y Justicia. En el octogonal por el segundo ascenso, cayó en semifinales con Almagro. El ganador de ese mini torneo fue aquel Deportivo Armenio de Edgardo Marchetti.

El Loco sufrió desde la tribuna la suerte adversa de su equipo. Y más adelante, cuando le tocó referirse a su abrupto debut y despedida, fue terminante:

–Fui un desastre. No podía ni levantar las patas –sostuvo, en relación con el partido contra Armenio.

Su apreciación, exagerada quizás, la completó con una fundamentación más profunda:

–Pasó lo que tenía que pasar. Yo me daba cuenta que no respondía y me borré. A mí no me gusta robar y menos lo hubiese hecho en Excursionistas, que es como mi casa. En algún otro lado como en Sudáfrica por ahí "chorié", pero no podés cagar donde comés.

El exzaguero Miguel Ronci dio más detalles del corto lapso que René compartió con el plantel:

–Entrenábamos en el colegio La Salle, de San Martín, y volvíamos juntos en mi auto. Al terminar las prácticas, siempre parábamos a tomar una cerveza. Antes del partido con Armenio, concentramos en el Torre Hotel, de Chacarita. Nos tocó la misma habitación. A la noche, nos fuimos al bar de la vuelta a tomar cerveza. Tuvo que venirnos a buscar el profe a la una de la mañana para que nos fuéramos a dormir. René nunca le dijo a nadie que ese sería su último partido. Después de jugar el sábado, simplemente no apareció más.

Ese fue el final de su brevísimo ciclo como jugador de Excursionistas. Al menos, se dio el gusto de haber actuado oficialmente para el equipo de sus amores, aunque más no fueran 26 minutos que de todos modos le bastaron para quedar inscripto en la historia de la entidad del Bajo Belgrano.

En el fragor de ese partido de pierna fuerte, cabeza gacha y tapón en punta, René no lo sabía, pero estaba consumiendo sus últimos minutos como futbolista. La pitada final de Carlos De Bary marcó también el epílogo de una singular carrera, iluminada por el brillo y la grandeza, y desteñida por una irreversible serie de tropiezos que, no obstante, nunca opacaron toda la alegría que René Houseman desparramó en sus horas de mayor esplendor.

Por todo esto, el cotejo ante Armenio no fue uno más. Pero, al fin y al cabo, sí lo era. No hubo fotógrafos, ni besos, ni felicitaciones, ni mucho menos homenaje que reflejara un instante histórico. Apenas la bronca de 90 minutos que no pudieron escapar a su cruel destino de cero a cero.

CAPÍTULO 28

ATRAPADO EN LIBERTAD

–Loco, ¿dejaste el fútbol?

–No. El fútbol me dejó a mí...

Es difícil escuchar a un exfutbolista pronunciar esta dolorosa frase. No hay muchos que se animen a reconocerlo. Sin embargo, la personalidad tan especial del Loco le permitió hacerlo públicamente, con una naturalidad casi absoluta.

Si existió algo que René se tomó muy en serio, fue su retiro. Desde que deshizo su vínculo con Excursionistas, la actividad física dejó de figurar en su imaginaria agenda. Tan solo esporádicos picados informales lo tenían como ilustre protagonista, mientras vorazmente iba ganando terreno otra rutina, mucho más adictiva y peligrosa que el fútbol.

El ocio pasó a ocupar en su vida un sitio privilegiado. Sus visitas a los cafetines del barrio se volvieron cada vez más frecuentes. Allí, la escena era dominada por un ente que fue envolviéndolo en una densa telaraña: alcohol, alcohol y más alcohol.

Cuando sus recaídas todavía eran aisladas, el Loco solía ocupar parte de su tiempo en ver partidos y visitar viejos amigos en entrenamientos. Así fue como en junio de 1987 se reencontró con un excompañero con el cual habían compartido el mismo equipo, por última vez, ocho años atrás. Nada menos que un Diego Armando Maradona que por esos días disfrutaba de su máximo apogeo. Ocurrió en el estadio de River, en una de las prácticas que antecedieron a la Copa América organizada por la Argentina.

El Hueso y un encuentro 10, fue la frase utilizada por Crónica para titular el recuadro que contenía la noticia del encuentro. Más abajo, el texto destacaba:

"Entre los muchos periodistas una figura humana trataba de acercarse, ese hombre maduro, con prominente abdomen, canoso, que pasaba inadvertido, era nada más y nada menos que René Housseman (sic), aquel que una vez hizo parar a multitudes con su gambeta en los estadios más importantes del mundo. Al verlo, Diego abandonó los reportajes, los interlocutores y se abrazó con su viejo amigo, quizás hayan pasado por su memoria en forma instantánea sus primeros momentos con la selección donde él era 'el pibe' y el Hueso la figura en Huracán y en la selección. El Hueso llegaba acompañado por su pequeño

hijo y lo que dijo Diego al verlo causó la hilaridad de todos: 'Tenés como 10 000 gramos de más, Hueso, ¿no venís a jugar, no?'".

A continuación René experimentó una sensación de la que ya tenía lejanos recuerdos. El periodismo lo requirió como en los viejos tiempos, haciendo aflorar, a lo mejor, la nostalgia del santiagueño.

–Solo vine a saludar a Diego y a agradecerle por lo que hace por el fútbol argentino –declaró–, el fútbol de nuestro país es grande gracias a él. Los dos somos gente humilde, nacimos los dos en una villa de emergencia, somos de la misma clase social, por eso no hay dinero que nos pueda enloquecer.

Frente a decenas de cámaras y micrófonos, Maradona devolvió la gentileza:

–Nunca voy a olvidar los momentos en que yo me iniciaba en la selección, ahí me di cuenta que René es lo más grande que hay. En aquella selección de Menotti era el único que nos divertía a todos.

Luego de la improvisada conferencia de prensa, el Loco solicitó que el periodismo lo dejara a solas con el Diez. Solo ellos dos saben de lo que hablaron.

Houseman presenció la mayoría de los partidos que el conjunto de Carlos Bilardo disputó en esa Copa América, en la cual una Argentina alicaída quedó relegada al cuarto puesto. Después, el Loco aceleró su descenso en un tobogán que al final del recorrido le deparaba el inevitable choque con el agravamiento de su adicción al alcohol.

La carencia de obligaciones y de horarios facilitó su incursión en un campo que, si bien había frecuentado durante su carrera futbolística, ahora iba agudizándose hasta límites insospechados.

Según él mismo confesó, nunca supo cuándo comenzó exactamente su inclinación por la bebida. Pero admitió que en sus primeros tiempos en Huracán ya convivía con el vicio, aunque intentaba que el descontrol no lo venciera. La mayoría de las veces lo lograba. Otras, caía bajo sus garras y sufría complicaciones que interferían en su vida profesional.

Una de las experiencias más famosas en ese sentido, fue tomando el color de una divertida anécdota con el transcurso de los años. El Hueso recién pudo relatarla con una sonrisa una vez que había dejado atrás la pesadilla que lo atormentó en su época más difícil. Pero cuando el episodio ocurrió, allá por el 75, muy lejos estuvo de ser considerado como gracioso. Todo lo contrario: el hecho preocupó mucho a quienes compartían con él la vida en Huracán. El Loco contó:

–Llegué a la concentración como a las 11 de la mañana, con una curda bárbara.

Ese domingo de junio el Globo recibía a River. Delem era el técnico. Al verlo venir, el brasileño se agarró la cabeza. Houseman no podía mantenerse de pie. La noche anterior había celebrado un cumpleaños familiar.

–Amanecimos bailando chamamés. ¿Dormir? Ni pensarlo, para eso hay tiempo en el cementerio.

Cualquier otro jugador hubiera sido desafectado del plantel y seguramente no hubiese actuado nunca más en su club. Pero tratándose de René, esto no solo no sucedió, sino que además hasta se dio el lujo de salir a jugar. Él deseaba fervientemente hacerlo. Claro que para que esto fuera posible, antes debieron someterlo a una rigurosa sesión de cafés y duchas de agua fría. Así y todo, el estado del número siete cuando empezó el partido era lastimoso.

–Ponía en pedo a los contrarios con solo abrir la boca, pero cuando cambié el aire y se me fue la resaca, empecé a andar bien.

Se trataba de un encuentro de suma importancia, dado que ambos rivales luchaban en lo alto de la tabla (el campeón sería River, que ese año enterró sus 18 años sin campeonatos). Durante el desarrollo, no se sacaron ventajas. A los 40 minutos del segundo tiempo aún no habían abierto el tanteador. Entonces, sucedió lo inexplicable: Larrosa se la tiró a Houseman y este, como si se hubiera despertado instantáneamente de su adormecimiento, construyó una notable jugada que culminó cuando, mano a mano con Fillol, definió con maestría, señaló el uno a cero que parecía sellado y, agotado, pidió el cambio.

El festejo duró poco, porque sobre la hora Alonso empató –con la complicidad de Paolino, en cuyo cuerpo se desvió el balón– y River rescató un valioso punto que le permitió seguir encabezando la tabla.

Pero sin dudas, el hecho de máxima trascendencia de aquella tarde lo produjo el Loco, que jugó y convirtió un gol inmerso en un evidente estado de ebriedad.

La leyenda popular propagó la sospecha de que no fue una, sino varias, las veces en las que Houseman salió a la cancha en esas condiciones. Sin embargo, así como no tuvo problemas en dar a conocer este hecho, también se encargó de desmentir lo otro. Según René, solo jugó borracho ese partido frente a River. Lo demás es puro mito...

Lo que no es mito es el ingenio gracias al cual burlaba el control del cuerpo técnico en las largas noches de concentración. Un método que solía implementar, por ejemplo, era disimular el vino tinto en el interior de una botella de Coca Cola vacía. Así lo subía a su habitación. Ese eficaz sistema le fue muy útil para pasearse con la prueba del delito frente a las narices de todos, pero sin que nadie comprobara nada anormal.

Ya sumergido en una vida sin fútbol, aconteció la debacle en su forma más cruel. René se levantaba tarde, más cerca del mediodía que del amanecer. Rara vez estaba de buen humor. No llegaba a violentarse, aunque los gritos y algún que otro insulto ya formaban parte de sus mañanas. Comenzaba entonces a desandar el riesgoso sendero que lo fue conduciendo al precipicio. El bar El Insólito lo tenía entre sus clientes más fieles. Allí solía recibir, por ejemplo, a los periodistas que pretendían saber de su vida lejos de las canchas.

Una mañana, lo visitó El Gráfico. Rodolfo Bracelli, quien le hizo la nota, no podía salir de su asombro luego de comprobar lo irreconocible que estaba. A continuación, reproducimos partes del reportaje titulado Houseman siempre anda por el borde, que refleja con pasmosa nitidez lo que sintió el hombre de prensa luego de pasar unas horas con el Loco:

"La cita con René Orlando Houseman fue a las 11 de la mañana, en El Insólito, uno de los dos cafés donde pasa sus días. Como corresponde, no está a la hora convenida. Al rato baja bostezando, restregándose los ojos con el pulgar de la misma mano del cigarrillo. Se adelanta y me dice: 'Lo que pasa es que anoche me tuve que acostar muy tarde'. Cuesta creer que él sea Houseman, no solo por

los kilos de más. Barba casi lampiña mal afeitada. Ojos enrojecidos. El pulso sin sosiego. Pelo entrecano que se suma a una piel blanca, opaca, casi harina, de los que ya andan arriba de los 60 y no van ni a la plaza. Sin embargo, habla con la velocidad eléctrica de los adolescentes.

–Yo ya pedí un café. ¿Usted qué va a pedir?

–No, no. Yo no tomo nada.

–¿Cómo fue que decidió abandonar el fútbol?

–Primero decidí cortar acá, porque jugar mal en la Argentina da mucha vergüenza. Fue en un partido para Excursionistas, frente a Armenio. No me salía una. Usted sabe, el cigarr... (tiene un acceso de tos), el cigarrillo y ¿escuchó?, el fuelle. Así solo se puede rendir bien en el truco...

–¿Hasta cuándo estudió?

–Completé el secundario. Pero, ¿qué estoy diciendo? Si no sé cuánto es dos más dos. Apenas si terminé la primaria en una escuela nocturna. Era un alumno medio raro: vivía escapándome...

–¿Casado? ¿Separado? ¿Cuál es su situación actual?

–Hago cuernitos y toco madera ya. Estoy casado con Olga y tenemos dos hijos: Diego René, y Jésica Evelina. Anote: todo en orden. Los chicos son estudiosos. Salieron a ella... Olga trabaja en la bombonería de la esquina. Si puede ponga que se llama Dalmes. No, así no. Con acento en la e: Dalmés. Eso es...

–¿Me disculpa un segundito? (Houseman se levanta, se toma de la cintura como un jubilado. Va hacia el interior del café. Un par de minutos y vuelve).

–Me estaba hablando de su mujer, de sus hijos...

–Cierto. Anoche me tuve que acostar muy tarde porque me quedé al lado de mi pibe hasta las cinco, mirando cómo hacía una cosa de aerotecnia.

–Recordemos un poco. ¿Qué partido, qué gol elige entre los que hizo?

–Partido, uno que Huracán le ganó tres a uno a San Lorenzo en el Gasómetro. Eso fue un carnaval. La pelota quedó así de chiquitita, como una nuez... El gol más loco se lo hice a Racing. Sobre la raya del fondo pasé a uno, a dos; cuando me quise acordar, estaba en el arco. Me agarré del poste y así seguí, hasta que empujé la pelota a la red... Pero también recuerdo uno que perdí. Cancha de Huracán, contra All Boys. Saca Spilinga para Pintos. Yo le soplo la pelota a Pintos, dejo a Spilinga atrás, me voy solo. Casi adentro del arco se me da por pisar la pelota, y se me va. ¡Mamita mía! Las cosas que me gritaban... '¡Villero hijo de p...!'.

–Pasados los años, ¿qué cuenta de sus famosas fugas?

–Mire, yo nunca quería escaparme de las concentraciones, pero cuando me quería acordar, ¡ya estaba afuera! No es que sea mala persona, pero no nací para estar preso. No hay caso, no aguantaba.

–¿Usted es de pelearse? ¿Alguna vez le dio una trompada a alguien?

–Una trompada di (acceso de tos y enseguida una pitada...). ¿Me permite un segundito? Ya vuelvo (Houseman se interna en el café. Vuelve al minuto). Le cuento de la trompada. En la villa había un tipo medio pesado. Un día lo tenía a mi concuñado abajo del cordón. Me avisaron. Salí y le metí una sola trompada. Fue a parar a una alcantarilla. Después, a correr...

Houseman otra vez me pide que lo disculpe 'un segundito'. Me doy cuenta de que tiene 'sed'. Y que va a calmarla detrás del mostrador. No se anima a beber delante del periodista. Cuando vuelve, me mira con cara de inocente. En realidad, es inocente. Y lo será. Me propone que vayamos un rato a su otro café, El Perro Negro. Llegamos. Houseman entra como a su casa. Me señala las inscripciones que hay en las mesas, en las paredes. Una: 'De noche todos los gatos son caros'. Otra: 'No hay placer en jugar en un mundo donde todos hacen trampa. J. P. Sartre'.

–Alejado del fútbol, ¿a qué se dedica últimamente?

–Rentas. Un par de departamentos alquilados. Mal que mal voy tirando, con lo justo. Aparte, mi mujer no es una santa. Es mil santas juntas. Yo... paso el día un rato en El Insólito, un rato en El Perro Negro. Partidito de truco allá, partidito de truco acá... Por la tarde, cuando los chicos han terminado con los deberes, juego con ellos. Más con la nena.

–Hay mucha leyenda y habladuría sobre usted... ¿Cuál fue su locura más loca?

–¿Se la cuento o no se la cuento? Mire que es brava, ¿eh?... Bue, se la cuento: la mayor locura de mi vida la hice un día en la cancha de Huracán. Estábamos citados para entrenar a las cuatro (mira el techo y silba bajito).

–Y... ¿Lo que me iba a contar?

–Je. La locura es que fui a entrenar. ¡Pero una hora antes! ¿Qué tal?

No sé qué decirle a Houseman y entonces no le digo nada. Escupe de costado, con la veloz eficacia de los músicos de las orquestas típicas. No hay caso, no sé qué decirle. Caminamos despacio. Hay una piedrita en nuestro trayecto. Espero a ver cómo la patea. Pero no, no la toca. Al llegar a la esquina nos despedimos. Apretón de manos (Hubiera querido darle un abrazo a Houseman, pero uno no siempre hace lo que siente, desgraciadamente)".

En la ruta del alcohol no había desvíos. Su marcha devastadora arrancaba por la mañana y, quizás con un breve intervalo para dormir una siesta, terminaba entrada la madrugada. Tampoco existían atajos, pues a menudo se llegaba a un mismo final: una borrachera por la que a veces, inclusive, era necesario llevarlo hasta la cama. La rutina amenazaba con perpetuarse. Todos los días eran insoportablemente iguales. La familia sufría. También René, más que por su propia suerte, porque dentro de su delicada situación, alcanzaba a darse cuenta de los padecimientos de Olga y los chicos. Pero la adicción era implacable. El alcohol se había convertido en un monstruo sin forma y sin rostro, capaz de desatar la más aterradora de las pesadillas.

CAPÍTULO 29

UN GRITO EN LA OSCURIDAD

El décimo aniversario del Campeonato Mundial obtenido por la Argentina fue como un oasis en medio del desierto. Para René implicó salir, al menos por un tiempito, de la tortuosa rutina a la que estaba sometido. En aquel mes de junio de 1988 los recuerdos, agasajos y festejos estuvieron a la orden del día. El llamado de los periodistas y de antiguos compañeros lo rescataron momentáneamente del olvido.

Además hubo un partido en la cancha de Colón de Santa Fe. Lo organizó Leopoldo Jacinto Luque con un fin benéfico, que era el de ayudar a los chicos carenciados de esa provincia. El lleno total que presentó el estadio confirmó que la solidaridad del pueblo iba de la mano con la memoria y la gratitud hacia esos héroes que una década atrás le habían dado al fútbol argentino la que hasta allí había sido la máxima alegría de su historia.

La delegación se reunió un día antes en Buenos Aires, y desde el Aeroparque voló con dirección a la capital santafesina. No estaban todos los campeones, pero la concurrencia bastó para armar un equipo de 11, reforzado con Ángel Bottaniz, quien, a pesar de haber sido desafectado de la lista de los 22 a días del Mundial –junto a Bravo y Maradona–, permaneció con la selección durante todo el torneo. Baley, Olguín, Luis Galván, Rubén Galván, Gallego, Daniel Killer, Larrosa, Villa, Alonso y Luque fueron los demás. Y por supuesto, Houseman...

René viajó con su hijo Diego, que a punto estaba de cumplir 13 años. Varios compañeros también llevaron familiares.

–Lástima que no estamos todos –se lamentó Larrosa.

Faltaron con previo aviso Lavolpe –en México–; Fillol –Racing no le dio permiso para jugar–; Pagnanini –en San Nicolás, dirigiendo un equipo, igual que Oviedo en Mendoza–; Passarella –volviendo de Italia–, Tarantini –en Francia–, Ardiles –en Inglaterra–; Bertoni –en Bariloche–; y Kempes –en Austria–. De las ausencias de Ortiz y Valencia no se conocieron los motivos. Tampoco de la de Menotti. Uno de los que más preocupado se mostró por esa razón fue el Hueso.

–Che, ¿y my father cuándo viene? –preguntaba a cada rato.

El Flaco acababa de firmar contrato con River y se iba a calzar el buzo de técnico de los Millonarios, después de la salida de Carlos Griguol.

–Tengo que verlo, voy a pedirle un laburito. ¿Me lo dará? –lo consultó a Gallego.

El Tolo y René empezaron con las bromas apenas se reencontraron. El Loco puso primera y dio lugar al disparatado diálogo.

–En el 78 Gallego anestesiaba a los contrarios y Daniel (Passarella) los operaba.

–¿Y a este qué le pasa?

–Callate, Gallego, que cuando venga my father te vamos a rajar de River...

–¿Vos jugaste en River, Loco? Porque yo no te vi levantar ninguna Copa. Y este negrito, así como lo ves, ya hace ocho años que está en el club y levantó todas las copitas...

–Salí, Darwin. Vos sos la comprobación de que el hombre desciende del mono. Pero cómo no vas a estar cuadrado si vos sos Gallego...

El Tolo se tomó un respiro y, en complicidad con el resto, le tiró un elogio:

–El Loco era un fenómeno. Pudo haber sido más grande que Maradona. Me acuerdo de las concentraciones en José C. Paz, cuando el Flaco lo encontraba a las cuatro de la mañana buscando comida en la cocina. ¿Qué hace, René?, le preguntaba. Y el Loco ponía cara de nada y le decía: "Ehhh, no puedo dormir".

René dejó a Gallego y se acordó de Luque, que esperaba en Santa Fe:

–Ese Leo era un fenómeno, pero a mí me daba bronca. Todas las noches antes de dormir, en vez de tomarse un whiskycito o algo, se bajaba un farol de leche así de alto...

Las risas estallaban, y eso que aún el viaje no había empezado. Ausente Menotti, por el lado del cuerpo técnico aportó su presencia el preparador físico Rodolfo Pizzarotti.

Apenas lo divisaron, los chistes hicieron blanco sobre él:

–¡Qué antiguo que era el profe! Para alentarnos nos decía: adelante, mis valientes –recordó Olguín.

Pizzarotti y Houseman protagonizaron otra anécdota. El grupo estuvo dos horas en Aeroparque esperando la salida, y en el momento de empezar a carretear, René había desaparecido. El profesor lo hizo llamar por el altoparlante y enseguida el Loco entró por la puerta delantera.

–Sigue siendo insólito –reflexionó el preparador físico.

El avión partió. En pleno vuelo, Villa, que estaba con su esposa, dijo:

–Tenemos que reunirnos seguido. A lo mejor me pasa porque estuve mucho tiempo en Inglaterra, pero estas cosas me hacen mucho bien.

Después confesó que en los tiempos de la hazaña integraba la mesa de los gorditos, con Bertoni, Houseman y el Negro Ortiz. Y otra vez la ligó Gallego.

–El Tolo no estaba, por eso es gordito ahora, no aprendió el régimen.

Hubo momentos en los que se pusieron más serios. Baley, por ejemplo, se emocionó:

–Esto es bárbaro, todo, que Luque se acuerde y me llame... Fue el mejor grupo que compartí en mi vida, con gente como Larrosa, el Pato, Tarantini... Estuve los siete partidos en el banco y únicamente dudé un poco contra Polonia, la noche que Fillol atajó el penal; en los demás siempre se notó que se podía y, después de Brasil, ya estábamos convencidos, habíamos tenido la suerte del campeón. Esto es bárbaro, encontrarme de nuevo con el Tolo, con René...

Chocolate y Houseman habían tenido un duro altercado cuando ambos jugaban en Huracán, en el 76. Pero los problemas quedaron superados y luego afianzaron su relación durante la convivencia premundialista.

Al pisar suelo santafesino, el anfitrión Luque, eufórico, recibió al grupo. Después de los abrazos, René le apuntó:

–Che, don King, ¿cuánto hay por el partido de mañana?

Luque se puso al lado del Loco y los dos se miraron la panza de reojo:

–Hueso, mirá qué peso ofensivo vamos a tener mañana...

El profesor Pizzarotti los observó y deslizó con humor:

–¡Qué mal que estoy trabajando!

Cafés de por medio, la siguieron en el Hostal Santa Fe, el sitio designado para pernoctar. En la charla grupal, surgió el tema de la importancia de Menotti en el título mundial. Luque fue el primero:

–El gran secreto del Flaco era que explotaba al jugador al máximo de sus posibilidades. A los wines, Bertoni, Ortiz y Houseman, no les pedía que desbordaran y tiraran centros, porque yo no hubiera agarrado una... César decía que si en vez de Luque, el nueve era Joe Jordan –un basquetbolista–, sí lo pediría, pero como ese no era mi fuerte cumplían otra misión. A mí me hacía rendir de una forma increíble. Yo después iba a River y –con el respeto que me merece aquel cuerpo técnico que dirigió al club– no agarraba una.

Luis Galván sacó a la luz algo que tenía muy adentro:

–Hoy me parece mentira, qué sé yo, un sueño, pero recuerdo que festejé como un loco porque era un jugador muy resistido por la prensa y el público. Solo el Flaco, los muchachos y mi familia saben lo que sufrí. La crítica de la gente me parecía entendible, porque con Talleres jugábamos muy poco en Buenos Aires, pero me dolió mucho la actitud de los periodistas, que sin conocer ni interesarse por mi nivel me cuestionaban... Mi agradecimiento a Menotti será para siempre porque me bancó cuando la cosa estaba por definirse. Si él quería, ponía a Mouzo o a algún otro de un equipo grande y se terminaba el problema, pero se la jugó conmigo.

Larrosa y René, que tuvieron al mismo técnico en el 73, analizaron juntos las diferencias:

–El Menotti del 78 no fue el mismo que el de Huracán. El de la selección había evolucionado mucho y para bien. Tal vez por la circunstancia de jugar el Mundial. Y por el trabajo. Por ejemplo, hacíamos un loco tremendo que nos obligaba a tener precisión y tocar a una velocidad asombrosa. Lo nuestro siempre tuvo una misma línea de pensamiento: fútbol ofensivo y buen trato de pelota.

Gallego continuó con las alabanzas:

–Nuestra preparación era fenomenal. Recuerdo que, cuando se sumó al equipo, Alonso la primera semana no tocaba una, estaba en otro ritmo. Y eso que en el campeonato local la estaba rompiendo.

Pizzarotti aportó su punto de vista:

–Nos dimos cuenta que perdíamos en dinámica colectiva, no individual. Necesitábamos concentración y trabajamos sobre eso. Los resultados quedaron a la vista.

El profesor también se enorgulleció por la vigencia del plantel:

–Una de las cosas más notables es que pasaron diez años y hay muchos que todavía son figuras en Argentina y en el mundo. Eso es muy difícil de conseguir.

Por la cabeza del Loco se cruzaron las hazañas de Maradona.

–¿Se acuerdan de Diego? Cuando lo traían para practicar, ¡cómo nos pintaba la cara!

El Beto Alonso recogió el guante que le tiró Gallego y otra vez las bromas pasaron a ganar la partida:

–Cuando Luque me llamó por teléfono dudé en venir. No sabía si Menotti me iba a poner... Pero ahora que no lo veo, estoy seguro: juego de titular...

Entonces, René se le animó a Rubén Galván.

–Negro, el otro día te vi en Canal 11, comentando fútbol italiano. Creí que eras Zamba Quipildor.

Gallego hizo lo propio con el ausente Oscar Ortiz.

–Ah, ustedes porque no vieron lo parecido que es Ortiz al Chango Nieto.

–Che, Loco, qué raro que vos aguantaste tanto tiempo concentrado. –Se metió Rubén Galván, con los tapones de punta:

–¿Aguantar? No me rajé porque para eso tenía que arriesgar la vida, si la concentración estaba vigilada por soldados. Pensé en pirarme, pero me dije: “Si me ven gateando, me meten un tiro”.

Las carcajadas inundaron la confitería del hotel, hasta que nuevamente fueron reemplazadas por una sentida reflexión de Luque:

–La verdad es que yo llegaba al entrenamiento de la selección y ya me sentía campeón del mundo.

–Nadie podrá cuestionar nuestro triunfo –afirmó Luis Galván–. Además, a nosotros nos tocó la primera fase más difícil: Hungría, Francia e Italia. Una cosa de locos. Nos clasificamos en el segundo partido y eso nos dio tranquilidad. Algunos pensaron que sacándonos de Buenos Aires íbamos a caernos, pero en Rosario recibimos como nunca el calor de la gente y eso fue importantísimo.

–A mí no se me borra de la cabeza la goleada a Perú –evocó Larrosa–. No pude dormir toda esa noche. Pero entré y me salió todo diez puntos. Todos la rompimos ese día.

–Y después hay que aguantar que algunos pongan en tela de juicio el seis a cero. Se escucha a cada uno... –coincidieron al unísono. Y se fueron a dormir, pensando en el partido del día siguiente. Y soñando con esa hazaña que ya cumplía diez años.

En la tarde del domingo 19 de julio, el micro los dejó en la cancha de Colón. La prensa local se abalanzó sobre el grupo ni bien cruzó el portón principal. Al Hueso le colocaron un grabador y cuando volvieron a preguntarle sobre Menotti, fue muy concreto:

–A mí me decía: “René, haga lo que quiera y raje de acá”. No necesitaba ni hablarme.

En la intimidad del vestuario, Killer recordó que en el 78 los periodistas del plantel eran Bottaniz, Ortiz y él mismo:

–Hicimos un casete durante la concentración, con comentarios, reportajes y todo eso. El Negro era un fenómeno imitando a Roberto Ayala, de Radio Rivadavia, y anunciando la incorporación de jugadores al plantel: "Se acerca Roberto Mouzo por la Panamericana". "Ya está Jota Jota López en la puerta de José C. Paz". Hasta cortinas musicales le pusimos.

Hicieron una suave entrada en calor, bajo las indicaciones de Pizzarotti. Luego, el profe los reunió antes de salir a la cancha. Al igual que Menotti antes de enfrentar a Holanda, la breve charla tuvo como objetivo lo emocional. Apuntó al compromiso y a la alegría de los hinchas:

–Ustedes no están acá para ganar ni para brillar, vinieron simplemente para que la gente recuerde quiénes fueron. Traten de divertirse y de sacarles una sonrisa a ellos...

Entraron los equipos y sonó la marcha del Mundial. Hubo globos, palomas, papelitos. La cancha llena. La tarde fría y gris, como en aquel domingo 25 de junio.

Enfrente, un combinado santafesino, con jugadores y exjugadores ilustres, como Theiler, Wermer, Eduardo Sánchez, Jorge García, Regenhardt, Pedro Pasculli –otro campeón del mundo, en este caso del 86–, Jorge Gómez, Alcides Merlo, Araoz, Victorio Cocco, Mario Zanabria, Di Meola, Artucio, Demetrio Gómez, Lapalma, Ripke, Saldaño y Rubén Rossi –campeón mundial juvenil en 1979–.

Ganó la selección nacional tres a cero, con una excelente actuación de Alonso, que salió como capitán por decisión de sus compañeros. El Beto hacía menos de un año que se había retirado.

–Estoy para jugar en cualquier lado, pero no voy a volver atrás con mi decisión –declaró.

En cuanto a Houseman, pidió el cambio a los 20 minutos. Bottaniz ingresó por él. Estaba totalmente agotado.

Cuando dejaba la cancha, escuchó la ovación de la gente, a la que saludó con los brazos en alto. Lo que seguramente no alcanzó a oír, fue el comentario de un padre a su hijito:

–¿Ves a ese que va ahí? Es Houseman, René Houseman, Menotti decía que era tan bueno como Pelé.

CAPÍTULO 30

PUNTO FINAL

–¡¿Papi, papi... qué te pasa?!

La vocecita asustada de Jésica lo estremece. Desde el suelo la mira confundido, impotente... Quiere levantarse, pero no puede. Está muy débil. Acaba de caerse en la calle, mientras iba de la mano de su hija de nueve años. René saca fuerzas de donde no tiene y pesadamente camina y llega hasta su casa. La nena va con él. A pesar de su inocencia, ella comprende todo. Y llora. Diego ya tiene 15 años. Él no derrama lágrimas, pero entiende mejor que nadie la situación: su papá está mal. Olga sufre en silencio. Llevan juntos una vida entera. Tres meses atrás René cumplió los 37. Pero parece mucho mayor. Está cansado. Quiere recostarse. Y se duerme...

El monstruo sin forma ni rostro lo conduce a un callejón sin salida. Las tinieblas lo envuelven. Los encapuchados van tras él. No tiene escapatoria. Lo rodean. Lo amenazan. Están a punto de apresarlo entre sus garras. Se resiste, pero no podrá vencerlos. Quieren llevárselo. Quién sabe adónde. Desde luego, será muy lejos. Lejos de su querido barrio. Lejos de su amada familia. Lejos de este mundo y de esta vida generosa que tanto le ha dado. Ahora pretende aferrase a ella. Pero es tarde. Ya vienen. Ya se lo llevan... Ya... Pero no. Súbitamente, René despierta. Ha sido una pesadilla; terriblemente real, pero pesadilla al fin. Aunque pudo haber sido cierto, reflexiona René...

Es momento de decir basta. De parar la pelota. De empezar de nuevo. Todavía no es tarde, como en el sueño. Aún hay tiempo. La decisión ya está tomada. Es la mejor decisión que ha tomado en muchos años, se dice a sí mismo. Sí, sí, claro que es la mejor.

....

....

–Fatura, mi hermano no da más. Lo tenemos que internar...

El jefe de camilleros del Hospital Durán, de apellido Invernoz, escuchó con atención la inquietud desesperada de Ema, la hermana de René. Fatura (el seudónimo con el cual Invernoz era conocido desde que vivía en la villa del Bajo Belgrano) se movió rápido.

Muy pronto, el 9 de octubre de 1990, René pasó a ocupar la cama 430 del Pabellón Romano de dicho nosocomio porteño. Estaba muy delicado. El diagnóstico del doctor Daniel Livio, el primer médico que lo vio, fue elocuente: el Loco padecía una complicada anemia.

El facultativo ofreció más detalles:

–Llegó totalmente anémico, en estado comprometido, la anemia que sufre se llama megaloblástica y su proceso de recuperación es bastante lento. Tenía un déficit de glóbulos rojos, pero con la medicación y el tratamiento lo va a levantar. Todavía no puede comer normalmente, porque las llagas que le provocó esta enfermedad son producto de irritaciones del hígado y estómago. En esta semana que viene vamos a estudiar mejor esos órganos y, si lo encontramos en condiciones, posiblemente le demos el alta médica. Desde ya, el proceso de recuperación deberá seguirlo al pie de la letra.

La enfermedad que padecía era consecuencia de la falta de ingestión de alimentos, ya que tenía la boca y la garganta plagada de llagas. No había que ser muy lúcido para darse cuenta que su adicción por la bebida provocó la tremenda gravedad de la situación. Hacía varios días que René apenas comía. En un momento llegó a estar tan debilitado que sufrió aquel percance en plena vía pública.

–Ahora estoy mucho mejor –le comentaba, desde su lecho de enfermo, a quienes lo visitaban, minimizando una situación que lo había colocado al borde del precipicio–. Me dejé estar, no comía porque me costaba mucho tragar, pero ahora me pusieron suero y ya empecé a comer liviano.

Más allá de su familia, que lo asistía en forma permanente, el Loco recibió otras visitas, como la de Norberto "Tucho" Méndez –otro famoso huracanense– y Carlos Babington.

También lo visitaba algún que otro admirador anónimo, que recordaba con melancolía sus hazañas en la década del s70. Le acercaban diarios y revistas con notas que le habían hecho.

Un reportaje le llamó poderosamente la atención. No era de su período de esplendor, sino de poco tiempo atrás. Menos de un año. Se trataba del último partido que jugó con público. Fue en el Luna Park. Allí Boca, River, Independiente, Racing, San Lorenzo y el Globo intervinieron en un torneo de fútbol reducido, con la participación de exjugadores. El Hueso ya estaba muy mal. Pero a pesar de todo, entró a la cancha, actuó algunos minutos y hasta señaló un gol con su querida casaca de Huracán.

Iniciando un desopilante diálogo, el periodista le preguntó:

"–¿Qué sintió cuando volvió a jugar en el Luna Park?

–Cansancio.

–Cuente un poco, apenas entró, metió un gol de novela...

–Sí. Le puse el piecito a la pelota, así y, plaf, adentro.

–¿Qué pensó, qué sintió al estar otra vez con los cortos, con la multitud?

–Lo primero que sentí fue el piso. Me di un porrazo. Todavía tengo el raspón. Si quiere le muestro... Después me levanté, hice el gol y, cuando iban como tres minutos, sentí que el bobo me decía 'René, ¿adónde me trajiste? Rajemos de acá'. Qué fulero. No daba más y a los cuatro minutos pedí el cambio.

–Pero lo despidió una ovación total...

–¿Ovación? Me la contaron después. Yo estaba como si hubiera jugado 90 minutos con alargue, y en Bolivia. Para mí que alguien se afanó el aire...".

Babington también jugó esa noche en el Luna Park. El Inglés había superado algún desencuentro del pasado con Houseman y por esos días era el técnico de un Huracán que acababa de ser campeón del Nacional B.

Cinco meses atrás, en mayo del 90, el Globo había celebrado su regreso a la división superior. En la previa al partido, con Atlético Rafaela, también dieron la vuelta olímpica algunos de los campeones del 73. Entraron a la cancha Menotti, Basile, Carrascosa, Larrosa y, por supuesto, Houseman.

Mientras tomaba la sopa y comía galletitas de agua y flan, el Hueso le contó al Inglés:

–Vi el clásico con San Lorenzo y también Huracán-Platense. El equipo está bien, juega buen fútbol y con un estilo que gusta. ¿Lo viste a Mohamed? Es un crack. Porque defiende lo suyo sin importarle lo que le gritan desde afuera. Además lleva a Huracán en el alma y eso se nota en las ganas que pone cuando grita sus goles. Es distinto, se viste distinto, juega distinto. Para mí vamos a salir campeones también en Primera. Bah, lo que pasa es que yo soy del Globo...

–Ya lo sé, René –se sonreía Babington–. ¿Sabés que yo a vos no puedo imaginarte con otra camiseta que no sea la número siete? Ese es el puesto de los locos, de los que nacieron para alegrar con quiebres, hamaques y gambetas.

Y el Hueso se quedó en silencio, mirando un punto fijo en el aire, como acusando recibo de los halagos. De repente, se puso serio, hasta quebrarse:

–No puedo vivir más así, quiero hacer buena letra.

Así, René recibió el alta 22 días después. Nunca más volvió a probar una gota de alcohol. Lo tenía estrictamente prohibido. Un año después de haber salido del hospital, abrió un diario. Quedó conmovido por una noticia referida a la muerte de un exjugador. Parte de la necrológica decía:

"Hacía fácil la gambeta más difícil porque, como se diría hoy, dominaba los dos perfiles. Enganchaba para adentro o para afuera. Era tan imprevisible como puede serlo un loco".

Cuando recuperó el aliento releyó el título y confirmó el nombre del fallecido: era Oreste Omar Corbatta. Murió por un cáncer de laringe en un hospital de La Plata. Tenía 55 años. Por un instante creyó que bien podían haber estado hablando de sí mismo.

René quiso seguir leyendo. El diario decía:

"El que jugó con la vida fue otro partido. Más duro, menos grato. Sin aplausos. Despiadadamente solo a pesar de sus seis hermanos, de sus cuatro mujeres, de sus tres hijos. Alguna vez alguien tuvo la suerte de escucharle esta confesión: '¿Sabés por qué no me podían sacar la pelota? Porque ella no se quería ir de mi lado. Otras cosas sí me sacaron, pero la pelota, no'. Y enseguida, cambió de tema. Nunca le gustó hablar mucho. Odiaba los reportajes, las entrevistas, el ruido. Tampoco se bancaba la soledad y la compañía la buscaba aunque sea en una botella".

René cerró el diario y lo guardó. Él no estaba tan solo como Corbatta, pensó. Tenía a su esposa, a sus hijos... Y se consideró muy afortunado. Con renovadas ganas, se preparó entonces para afrontar ese nuevo período de su vida. Él saldría adelante. ¿Quién dijo que se había muerto? No. El Loco no murió.

El Loco nació de nuevo.

IV
LA ESPERANZA

CAPÍTULO 31

VERDE PASIÓN

Una de las primeras reapariciones públicas de Houseman, luego de su internación, fue el 6 de marzo de 1991. Ese miércoles por la tarde se jugó un viejo clásico del fútbol de ascenso. Nada menos que Excursionistas-Defensores de Belgrano. El partido tuvo un marco imponente. Ambos equipos luchaban por la punta de la Primera C, categoría en la que se reencontraron después de muchísimo tiempo. Desde 1971, más precisamente.

Aquel año, Defensores descendió a la C, pero volvió a la B a la temporada siguiente, al salir campeón, entre otras virtudes, gracias al gran aporte de Houseman. Sin embargo, Excursionistas descendió en 1972 y no lograría subir hasta 1994. Por lo tanto, el clásico barrial no se jugó más hasta septiembre de 1990. Allí se vieron nuevamente las caras en Núñez, y el Verde venció como visitante tres a uno, en lo que fue el partido de ida al que nos ocupa.

La revancha, jugada en Pampa y Miñones, contó con la presencia de Houseman, protagonista de un emblemático caso por haber empezado su carrera en Defensores y haberla terminado en Excursionistas. Todavía había gente que tenía dudas sobre cuál de los dos clubes gobernaba el corazón del exwing derecho. Pero el Loco dejó las cosas definitivamente en claro, ubicándose en el sector local y haciendo fuerza para que el conjunto albiverde ganara esa tarde.

No pudo ser. El emotivo partido terminó uno a uno. Tossi abrió la cuenta para la visita e igualó Fonseca Gómez antes de que concluyera la primera etapa. En el viejo estadio del Bajo Belgrano no cabía un alfiler y, lamentablemente, el clima de rivalidad se tradujo en incidentes en las calles aledañas, que arrojaron un saldo de varios heridos.

Más allá del simbólico cotejo, René se hallaba, acaso sin saberlo, frente al punto de partida de un vínculo que lo acercaría a Excursionistas de un modo muy estrecho. Mucho más fuerte que la relación que los unía cuando Houseman todavía ni soñaba con ser lo que fue. Un vínculo que habiendo atravesado varias etapas, llegó hasta nuestros días.

Asimismo, cuando la década del n90 nacía, un episodio lo separó de Defensores definitivamente. Convocado para ser colaborador del cuerpo técnico encabezado por Domingo Iélamo, René regresó a la entidad que lo catapultó a la fama. Pero su permanencia, que no se extendió más allá de unos meses, terminó de la peor manera.

–No me pagaban nunca, ya estaba cansado de las promesas de los dirigentes. Un día me dieron unos bolsos con ropa para llevar al lavadero y no aparecí más. Me quedé con todo y así me cobré la deuda –explicó, sin cargos de conciencia y sintiéndose libre de toda culpa. Pero sus empleadores, haciendo otra interpretación del tema, dirigieron los dedos acusadores hacia él y, tras colgarle un imaginario cartel de "persona no grata", le pusieron candado a un ciclo que había sido pródigo en aplausos, y al que, desde ese hecho, sustituyó una total antipatía.

En 1992, René encontró en Excursionistas un sitio apropiado para su recuperación. La Comisión Directiva que encabezaban Rogelio Pita y Julio Chavino le colocó su nombre a la escuelita de fútbol que funcionaba en el gimnasio cubierto y le ofreció dirigir la Tercera División. El Hueso aceptó y se convirtió en ayudante del técnico Darío Espósito.

–Quiero largarme solo algún día. Tal vez me decida y haga el curso de técnico. Mientras tanto acá estoy bien, aprendo bastante. Me garpan cuatro palos, creo que es una guita respetable –comentaba, en función de los 400 pesos de viático que percibía.

Pero lo más importante era que el Loco conseguía reemplazar el encierro de los cafetines por el aire fresco de la cancha de fútbol.

–Vivo acá adentro y está bien, por lo menos mi jermu no me tiene que soportar –repetía, con ese humor que no perdió ni siquiera en los tiempos más duros.

Su novedoso trabajo lo ayudó a superar el problema que lo arrastró a la ruina. Porque esa es la palabra que utilizaba para catalogar la debacle en la que se había precipitado.

–Escabiaba mucho, eso me arruinó –se animó a reconocer–. Si no hubiera sido por el alcohol hubiera seguido jugando un largo tiempo más, pero me quitó mucho rendimiento físico. Yo estuve realmente grave; vivía en pedo, mis dos hijos se daban cuenta y lloraban. El escabio también me quitó la posibilidad de verlos crecer. Por eso decidí internarme. Lo hice por ellos. Me hicieron un tratamiento muy bueno. El faso no lo dejé, pero ahora no pruebo una gota de alcohol, me da asco.

Enfundado en su conjunto deportivo azul, una infaltable gorrita con visera y los brazos aferrados al alambrado, Houseman le daba indicaciones al Cabezón Zappala, al Flaco Spinelli, a Fido Boyagián, al Turco Olivan, a Bruno Medina y todos los chicos de la Tercera albiverde. Ellos, casi adolescentes todavía, tal vez nunca llegaron a comprender lo que significaba para el fútbol argentino ese simpático personaje que trataba de inculcarles conceptos que él mismo había aprendido de afamados entrenadores. Compartieron el vestuario algunos meses. Sin embargo, la única experiencia de René como técnico no duró más que eso. Más adelante argumentó:

–Para mí es enquilombado trabajar de técnico... Qué se yo, por ahí le digo a un pibe que se entrene, que se ponga las pilas y me sale con un "y vos que me decís, si cuando eras jugador no te entrenabas nunca", y ahí nomás me tendría que cagar a trompadas...

Menos serio, también explicó:

–En realidad, no puedo ser ni siquiera técnico electrónico. No tengo carácter para conducir un grupo. Me di cuenta una vez que con los jugadores adelante empecé a tartamudear.

El Loco abandonó el buzo de DT, pero conservó en la tribuna su lugar como hincha. En julio de 1994 gozó con el ascenso de Excursionistas a Primera B. El equipo era dirigido por Espósito, a quien los dirigentes habían promovido a Primera pocos meses atrás. René pudo seguir las alternativas del ascenso solo a través de Radio Colonia, ya que por un compromiso no llegó para el definitorio encuentro, con Liniers.

–Pensar que en la alegría más grande que vivió Excursionistas no estuve porque ya tenía asumido un compromiso en la ciudad de Bolívar. Escuché el partido y cuando terminó, de la emoción, me largué a llorar en la camioneta. Llegué al Bajo al otro día a las cuatro de la mañana y pasé por el club. No esperaba encontrar a nadie. Pero en la parrilla del fondo todavía había gente, y me quedé festejando con ellos.

Casi un año después, al Verde le tocó padecer una de sus más grandes amarguras, pues en un choque disputado en cancha de Platense, justamente Defensores de Belgrano lo envió de regreso a Primera C. René también lloró esta vez, pero sus lágrimas fueron de tristeza.

–El descenso fue durísimo. Me dolió más que nada porque fue muy injusto. Salí shockeado. Volví caminando y la verdad que no sé cómo llegué a mi casa.

La frustración no logró que René se alejara de Pampa y Miñones. En el club siguieron transcurriendo sus tardes y, por algún tiempo, también las mañanas, pues el concesionario del buffet lo empleó para que colaborara en la atención de su negocio. Así, algunos desprevenidos que ingresaban por la pintoresca entrada de la sede a comer una hamburguesa, comprobaban que la persona encargada de prepararlas era nada más ni nada menos que un campeón mundial.

–¿Sabés quién es ese que está ahí? René Houseman –era la revelación que recibían los azorados clientes.

No pocos eran los que se quedaban observándolo, probablemente sin entender cómo había llegado a esa situación. Pero René no se quejaba. Cumplía su labor y a los periodistas que iban a buscar su testimonio y a conocer su vida lejos del alcohol, les solicitaba:

–Por favor, quisiera que pongan que le agradezco a Lito, el buffetero del club, que me ayudó dándome la posibilidad de trabajar.

En la casa de los Houseman el dinero no faltaba. Pero tampoco sobraba. Olga ya hacía varios años que salía a trabajar –lo hacía en la bombonería de Echeverría y Montañeses–, Diego comenzaba sus estudios terciarios –siguió la carrera de periodismo– y Jésica estaba en la secundaria. Hacerle frente a los gastos no era sencillo. Fue por aquel entonces que René comenzó a apelar a la generosidad de gente allegada. Amigos y conocidos de más recursos no titubearon en darle una mano cuando veían que el Hueso la necesitaba.

Los famosos "centros" que pedía René encontraban su correspondencia en excompañeros y admiradores de sus hazañas. Claro, en otras épocas era él el que tiraba esos centros. En los dos sentidos, tanto en el futbolístico como en el económico, su generosidad no tuvo límites. Pero ahora estaba del lado opuesto de la vereda. Y si bien esa situación lo avergonzaba, también admitía que era una de las vías que a esa altura de su vida, le permitían subsistir.

Los años fueron pasando. En 1997, la revista barrial Francis, la hermandad villera, dirigida por Guillemo Black, expresidente de Excursionistas, resaltó una nota de color ocurrida en un partido en la cancha de Colegiales:

"Comenzaban los preparativos para desplegar la bandera gigante (la más grande de la C, lejos) y aquí vemos a René Houseman junto a otros leales, trabajando afanosamente. Un campeón mundial en medio de la hinchada. Lujos que se da Excursionistas".

En la foto que ilustra la apostilla se puede apreciar al Loco en el corazón de la tribuna, como si se tratara del más anónimo de los hinchas.

En el segundo semestre de 1997, Excursionistas alquiló sus instalaciones para que se grabara la serie RR.DT, protagonizada por Carlos Andrés Calvo. El programa, que emitía Canal 13, tuvo cierto éxito. René tuvo allí la oportunidad de ser actor, haciendo el papel de dueño de su propio buffet. Faltó muy poco para que eso se concretara. Pero...

–Llegué tarde, como siempre, y ya habían conseguido un reemplazante. Lástima, porque algunas monedas hubieran entrado –se lamentó.

El 1 de febrero de 2000, Excursionistas celebró su aniversario número 90 con un partido amistoso del que participaron destacados futbolistas de diversas épocas. La emoción y los recuerdos poblaron el Bajo. Un hombre de piernas flacas despertó los más fervientes aplausos, a pesar de que, oficialmente, solo había actuado 26 minutos con la casaca albiverde. Pero al margen de esa brevísima participación, todos valoraban el hecho de que el Hueso aceptara con orgullo su condición de fanático de Excursionistas, y que así lo mencionara en cuanto reportaje y programa de televisión pudiera.

Si en ese 1 de febrero existió un hecho que para el Loco significó la frutilla del postre fue que su hijo formó parte del equipo radial de la FM que transmitió el evento. Diego, que estudió periodismo, desempeñó el rol de vestuarista y, cuando el primer tiempo promediaba, anunció la salida de su padre, que estaba muy cansado por el esfuerzo, aunque feliz por esa inolvidable jornada. La posición que ocupó fue la de volante por derecha, igual que en sus comienzos. Su equipo perdió cinco a uno, si bien el resultado, desde luego, fue lo de menos.

Cuando se iba a su casa, el Loco recibió besos y abrazos, inclusive de gente que no esperaba, como el árbitro del encuentro, Javier Castrilli, quien le dedicó un caluroso saludo.

En 2014 escribió un nuevo capítulo del romance que lo liga al club, al ser convocado para ser partícipe del cuerpo técnico del fútbol femenino. El entrenador era Gabriel Chepenekas:

–Trabajar con las chicas fue una experiencia muy linda. Siempre se aprende algo nuevo y, en este caso, aprendí a manejar un plantel de mujeres. Ojo que siempre las vi solo como jugadoras, ¿eh? Después asumió otro técnico y yo me fui con Chepe, por más que el nuevo entrenador me dijo que me podía quedar. Si a mí me llevó él, lo correcto era que me fuera con él. Chepe es un gran tipo, no tengo palabras para definirlo...

Junio de 2015 encontraba a René en el mismo sitio. Casi a diario caminaba las cinco cuadras que separaban su casa del club. En el trayecto seguía recepcionando todo tipo de elogios: “Grande, genio”. “Loco, fenómeno”. Muchos de los que le demostraban afecto nunca lo habían visto en acción. Al traspasar la puerta de Excursionistas el panorama no cambiaba. En Pampa y Miñones era uno más del inventario, al igual que en la tribuna, los días de partido.

CAPÍTULO 32

QUEMERO HASTA LA MUERTE

El 18 de julio de 2001, 7 000 personas lo ovacionaron en el Palacio Tomás Adolfo Ducó.

"Eh... chupe chupe chupe / no deje de chupar / el Loco es lo más grande del fútbol nacional...".

René sintió el rugido de la tribuna y se le hizo un nudo en la garganta al escuchar la melodía del himno que tantas tardes había bramado la cabecera local. Luego saludó con los brazos en alto, tomó el micrófono y le dijo a la gente que había ido a despedirlo:

–Gracias por venir, solo quería darles un rato de felicidad.

Con esas sencillas palabras, Houseman cerró una tarde repleta de emoción: la de su propio partido homenaje. Aquel que no había podido ser al final de su trayectoria se dio después de muchos años, y sirvió, entre otras cosas, para que la hinchada quemera pudiera expresar, en la intimidad, el sentimiento que la unía a uno de los máximos exponentes futbolísticos de su historia.

No solo hinchas del Globo concurrieron ese día a Parque Patricios. El estadio también estaba poblado de simpatizantes cuyo objetivo era ver una vez más al wing derecho que tanto talento había desparramado por las canchas del mundo. Y en el césped, dos formaciones conformadas por sus amigos, sumadas a recordadas figuras del fútbol local y otros jugadores en actividad, se divirtieron con el Hueso como anfitrión.

En un equipo se agruparon algunos de los campeones de Huracán de 1973 (Carrascosa, Avallay, Buglione, Chabay), los que ganaron el campeonato del Nacional B en 1990 (Herrero, Quiroz, Delgado, Wiktor), refrentes quemeros de diversas épocas (Claudio García, Claudio Morresi, Dante Sanabria, Sebastián Viberti) y profesionales que representaban al Globo en 2001, como Juan Carlos Padra, a quien el homenajeado –que jugó para este equipo– señaló como uno de sus preferidos.

El rival fue una "selección de estrellas" (Burruchaga, Bochini, Quique Wolff, Oscar Ortiz, Olarticoechea, entre otros) a la que Huracán venció tres a dos. Algunas ausencias contradijeron los afiches de promoción, que anunciaban la participación de figuras de la talla de Babington, Brindisi y el mismísimo Maradona.

El Turco García se lució con dos goles. Uno, de chilena; y el restante, convertido tras una doble pared con taquito y todo del Loco, que al día siguiente cumplía 48 años.

La edad y el deterioro físico sufrido a través de tantos años de reconocidos excesos no logró modificar la estampa que lo había inmortalizado futbolísticamente: la de las medias bajas y la pose desaliñada, ávida del freno y la gambeta sobre la raya. Sus movimientos, inconfundibles, estaban intactos. Su velocidad, obviamente, no era la misma. Pero eso no importaba esa tarde. Ni siquiera era imprescindible que el partido respetara su formato tradicional de 90 minutos. Con el primero de 35 y el segundo de 15 bastó para que todos se fueran con las manos coloradas de tanto aplaudir.

Apenas empezó la etapa complementaria, agotado, pidió el cambio. Seguidamente, el público invadió el campo de juego para abrazarlo, y los árbitros, Carlos Mastrángelo y Luis Olivetto, suspendieron el más que amistoso encuentro. Una vez que las interminables muestras de cariño disminuyeron, el Loco, con la voz quebrada, manifestó su agradecimiento por los altoparlantes.

Su público lo aplaudió de pie.

Ya más tranquilo, se puso a conversar animadamente con un grupo de hinchas que lo contemplaban embelesados. Eran del interior del país. Sanjuaninos. Personas que, por obra de esa admiración, habían creado una peña huracanense en su provincia. ¿Su nombre? "René Houseman".

Algunos meses después, en la revista El Gráfico, contestó las siguientes preguntas:

"–¿La tarde de tu despedida fue el día perfecto?

–Sí, no podía pedir más. Me emocionó ver la cancha llena. No lo esperaba. Encontrarme con compañeros que no veía hacía mucho me puso muy contento. Fue uno de mis días más felices.

–¿Quién esperabas que fuera y faltó?

–El más grande. No sé por qué no fue. Yo lo quiero mucho a Diego, pero me defraudó. Habrá tenido sus razones.

–Ese día se recaudaron cerca de 35 000 pesos, ¿qué hiciste con el dinero?

–¡Qué no hice! Me compré cosas, pagué deudas, arreglé parte de mi casa... De esa guita no me quedó ni una moneda.

–¿Cuándo nació tu amor por Huracán? Porque de chico eras de Boca...

–Eh, pará, no me deschavés... Sí, es verdad, era de Boca y tenía a Rojitas allá arriba. Pero cuando arranqué en Huracán le empecé a agarrar cariño y terminé haciéndome fana del Globo".

La foto del afiche con el cual se promocionó la fiesta tenía al Loco flanqueado por dos personas. Una era Maradona; la otra, Carlos Alberto Babington. Paradójicamente, el Inglés tampoco estuvo en el Ducó.

–Nada me hubiera gustado más que acompañar a René en su homenaje, pero esa semana justo me encontraba en España, en medio de las tratativas para dirigir al Málaga. Tuve que conformarme con llamarlo por teléfono –indicó el ex número diez, poseedor de una marca difícil de igualar: fue jugador, entrenador y presidente de la misma entidad en distintas épocas de su vida.

Esto fue lo primero que había manifestado Babington en la entrevista realizada para este libro:

–Están haciendo la biografía del mejor jugador del mundo.

Semejante elogio no es antojadizo, sino que está fundamentado desde la posición de un hombre que lo tuvo como compañero durante casi diez años, tanto en el Globo como en la selección nacional, plantel que los reunió para el Mundial 74. Babington no se quedó solo en el enunciado, sino que desarrolló su pensamiento sustentado en bases sólidas:

–Futbolísticamente era el único jugador al que yo no le descubrí ningún defecto. Era tan hábil con la zurda como con la derecha, cabeceaba bárbaro, armaba la jugada, definía bien, pateaba tiros libres, hasta guapo era... Hablando de los grandes cracks de la historia, nadie lo igualó. A Pelé, por ejemplo, le faltaba pierna izquierda o a Maradona cabecear mejor. Pero René hacía todo bien. Claro, el Loco no tuvo la continuidad de los demás. Pero para mí, en su plenitud, fue el mejor de todos. Siempre lo creí así.

Babington, que fue campeón de Primera División como jugador, campeón del Nacional B como técnico, y que como presidente también logró el ascenso a Primera a través de la Promoción, recordó el día que conoció a Houseman personalmente:

–Estábamos de pretemporada en Mar del Plata, en enero del 73. Nos anunciaron que llegaría un nuevo compañero, un tal Houseman. Cuando lo vi llegar al Hotel Alfar pensé: "¿Y este es?". Por el apellido, yo esperaba un tipo grandote, quizás medio viejo y pelado, pero en cambio apareció uno chiquito, tímido... Después de almorzar se fumó un cigarrillo. A la tarde fuimos a practicar y la rompió. El desconcierto que teníamos los muchachos más grandes del plantel era muy cómico. Al otro día debutamos en el torneo de verano. Volvió a descoserla. Y lo que pasó a partir de ese día ya lo saben todos.

Junto al Inglés como armador, el Loco formó una sociedad ofensiva que dio que hablar. El ícono máximo de ese entendimiento mutuo seguramente sea el golazo a Italia en la Copa del Mundo de Alemania: pelotazo al vacío de Babington, definición de Houseman.

–Esa jugada nos salía de memoria. Yo levantaba la vista y el Loco picaba. Huracán hizo cantidad de goles de esa forma. Pero ojo, así como René definió muchas veces por pases míos, yo le tengo que agradecer porque gracias a él metí los goles que metí: al Loco le hacían, fácilmente, dos penales por partido y yo era el encargado de ejecutarlos. Eso se lo debo a él.

Son 126 las anotaciones de Babington en su campaña. Una buena parte de ellas fueron por tiros desde los 11 metros. Por esa vía, es uno de los jugadores más efectivos del fútbol argentino.

Una de las personas que la tarde del homenaje no dejó de vitorear cada intervención del Hueso era el doctor Néstor Vicente, quien, más allá de haber presidido el club en 2003, se declaró, ante todo, ferviente hincha de Huracán y profundo admirador del fútbol generado por Houseman. En diálogo con los autores, opinó:

–Futbolísticamente hablando el Loco ha sido, después de Herminio Masantonio, el ídolo más importante que tuvimos. Era la alegría en sí misma, la garantía de que, si se lo proponía, podía ganar un partido él solo.

Vicente escribió varios libros cuya temática gira alrededor del deporte. Cinco de ellos tratan sobre su amada institución: Desde chiquito me enamoré del Globo y de la Quema (1994), El Sexto Grande (2001), un homenaje a Masantonio, denominado Por Amor a la Camiseta (2006), una sensacional obra alusiva al centenario de la institución (2008) y 12 títulos y vamos por más (2015).

. A mediados de la década del n90 ingresó en la arena política del club y –como vicepresidente– acompañó a Juan José Zanola en la fórmula que gobernó durante un lapso no demasiado prolongado. Más adelante, en junio de 2003, se presentó a los comicios y fue elegido presidente, cargo que ocupó hasta diciembre de 2004, fecha en la que resolvió alejarse, agobiado por la crisis en la que estaba sumida la entidad.

–No pude encontrarle la salida a los problemas. En Huracán, el día a día te arrastra y los resultados deportivos influyen por sobre todas las cosas. Igualmente, no me arrepentí jamás de haber cumplido esa función. Uno de los días más hermosos de mi vida fue el de mi asunción como presidente de Huracán.

Vicente vivió su primer contacto cara a cara con René Houseman apenas estrenó la función dirigencial:

–En mi época de hincha yo nunca había tenido la ocasión de entablar una charla con ningún jugador. A René siempre lo disfruté desde lejos, nunca lo traté. Por eso, cuando ese día se apareció delante de mí en la sede de aAvenida Caseros, me tomó de sorpresa. Me impactó tenerlo frente a frente.

Tras los saludos de cortesía, el flamante presidente supo los motivos de la visita: René no atravesaba un buen momento económico.

–Me agarró el Loco y me mató. Enseguida me planteó su necesidad. Le pregunté si podía venir al día siguiente. Así lo hizo y, desde esa vez, comenzamos a tener un contacto muy fluido, que no se cortó ni siquiera después de que yo dejé de ser dirigente. René es René. Tal como era en la cancha, también comprobé que era su actitud ante la vida.

El relato de Vicente conserva una correspondencia con la estima del propio Houseman. En reiteradas oportunidades el exjugador hizo público su agradecimiento hacia el abogado, quien nunca dejó de proporcionarle la ayuda solicitada.

–Cada vez que voy a Huracán me cruzo con mucha gente que me da una mano y no tengo palabras para agradecerles. Entre ellos está Vicente. Néstor es un fenómeno, yo lo quiero muchísimo...

Vicente volvería a la Comisión Directiva del club, integrando la lista de Alejandro Nadur, presidente a partir de 2011. La pasión con la que encaró su etapa dirigencial también la empleó en la política. En ese aspecto, fue concejal (1973), diputado de la ciudad (1999) y candidato a presidente de la nación por la Izquierda Unida (1989), obteniendo un meritorio cuarto lugar (el cierre de campaña lo hizo en el Tomás Ducó). En cuanto a Houseman, pareció conmoverse al hallar, sin éxito, una frase para calificar su talento:

–Es que no se puede transmitir con palabras. Había que verlo en acción. Yo todavía lo sigo viendo. A veces cierro los ojos y se me aparecen las imágenes del festejo de sus goles, y de cómo salía corriendo, abriendo los brazos como si fuera un pájaro...

Otro expresidente del Globo, Juan José Zanola, dijo ser un "inmenso admirador de Houseman". El hombre que presidió a Huracán por primera vez en 1988 afirmó que el Loco "era un fuera de serie en una época en la que el fútbol no estaba tan mediatizado. Si él hubiera aparecido un poco más acá en el tiempo, estoy seguro que su reconocimiento alcanzaría un grado muchísimo mayor". Envuelto en una fuerte emoción, Zanola evocó los inolvidables momentos del campeonato de 1973, hecho que destaca como su máxima alegría emparentada al fútbol. Así, ubicó su mente, por ejemplo, en el cinco-cero que el Globo obtuvo ante Central, en Rosario.

–Esa tarde creo que René me terminó de deslumbrar. Lo que jugó fue algo descomunal. De ese día no me voy a olvidar jamás. Debe ser, también, porque a la vuelta nos rompieron todos los vidrios del micro en el que viajábamos... Como tantos miles de hinchas, yo formé parte de esa caravana que se desató el día del campeonato. Anduve en coche por las calles del barrio y, si no me equivoco, estuve hasta en el Obelisco. Era una revancha por tantos años de frustraciones.

Zanola volvió a dedicarle una mirada a Houseman:

–Hay que valorizarlo por su época de oro, pero además por lo que significa como hombre de Huracán. Las imágenes que guardo de él son las del jugador y las del hincha. Verlo prendido al alambrado, ya de grande, con la camiseta puesta, también era una sensación muy agradable. El Loco era un buen muchacho, que, proveniente de un lugar humilde, descubrió un mundo distinto de un día para el otro. A todos nos hubiera gustado que no terminara así, pero quién es uno para decirle qué era lo mejor para su vida, sobre todo si él aseguró que no se arrepintió de nada de lo que hizo.

Cuando Néstor Vicente mencionó a Juan Di Nome, hizo referencia a uno de los máximos próceres de la historia del club. Alguien que, sin ser jugador, ni técnico, ni dirigente, inscribió su apellido con mayúsculas en un imaginario libro de oro. Su mérito consiste en haber sido el fundador de una audición partidaria cuya prolongada existencia la asocia a un verdadero récord de permanencia en la radiofonía. Amigos de Huracán nació en 1948 en Radio Antártida.

En 2015 continuaba en Radio General Belgrano con la conducción de Gonzalo Di Nome, bisnieto de su creador. Cuando este falleció, en 1957, lo sucedió su hijo Cacho, otra leyenda vinculada al Globo, símbolo de amor por los colores y abanderado de la titánica lucha que significa mantener ininterrumpidamente un programa hecho a pulmón.

En 1973, Houseman cautivó a Cacho Di Nome. El comunicador sentía devoción por ese diminuto puntero derecho que había llegado de Defensores de Belgrano, y frente al micrófono irradiaba toda la fascinación que el juego de René le provocaba. Cacho y el Hueso congeniaron rápidamente, compartiendo momentos que no se limitaban a los partidos de fútbol, sino que se extendían a los entrenamientos y a la concentración del plantel. La relación amistosa se

afianzó durante la estadía del santiagueño en Parque Patricios, no se cortó tras su alejamiento e, inclusive, siguió una vez que el Loco colgó los botines. Hasta que Cacho murió, en 2004.

Uno de sus tres hijos, Juan Luis, más conocido como Fran, relató una vieja anécdota que refleja la personalidad de René e incluye a su padre:

–El Loco no soportaba las concentraciones y Menotti siempre tenía miedo de que se mandara a mudar. Mi viejo se llevaba bien con el Flaco, que muchas veces acudía a él para que lo entretuviera y no tuviese la tentación de irse. Resulta que Houseman era un genio en el billar. En el plantel nadie podía hacerle sombra y llegaba un momento que se aburría de jugar. Pero papá, por haber sido dueño de un bar con billares, era experto y el único que podía competir de igual a igual con René y ganarle. Menotti le pedía: "Cacho, por favor, jugá con él, entretenelo un par de horas, a ver si a este loco se le da por tomárselas...". Y así jugaban partidos que duraban hasta la madrugada.

Otra simpática anécdota que narró está referida al instante exacto en el que Cacho reporteó por primera vez al Loco:

–Al preguntarle si la hache de su apellido había que pronunciarla como una jota o directamente había que ignorarla, René le respondió: "Usted dígame como quiera, total la hache es muda".

En 1994, Amigos de Huracán estrenó su programa de televisión en el cable. En esos días, el equipo peleaba la punta. En la anteúltima fecha venció a Banfield dos a cero y quedó como único líder, un punto arriba de Independiente. Previamente al encuentro con el Taladro, Houseman fue invitado al centro del Ducó, donde se le entregó una plaqueta en honor a lo que el exdelantero significaba en la vida futbolística de la institución. Una semana más tarde, los 11 que dirigía Héctor Cúper visitaron a Independiente. Con solo empatar eran campeones. Pero cayeron cuatro a cero. Desde 1973 fue la oportunidad que el Globito más cerca estuvo de campeonar.

Dos años después, el Loco fue invitado al estudio de Amigos de Huracán, en el día de su cumpleaños número 46. Fue una grabación repleta de emociones. René y Cacho no se veían desde hacía un tiempo largo y en el reencuentro hubo abrazos y lágrimas. El santiagueño varias veces se quebró frente a las emotivas palabras del conductor y los recuerdos de grandes partidos, jugadas y goles, expuestos por la memoria privilegiada de los panelistas. Pero el pico de estremecimiento se vivió cuando se emitió una imagen grabada, que correspondía al saludo de Alfio Basile. Luego de unas efusivas felicitaciones, el Coco aguijoneó al homenajeado desde su ronco vozarrón:

–Che, Loco, a ver cuándo pasás por Caseros y Rioja y te pagás una cerveza o algo...

Cuando el rostro del técnico desapareció de la pantalla, se hizo un breve silencio. René quiso hablar pero un nudo en la garganta se le impidió. Al cabo de unos segundos se recuperó:

–Yo no tomo cerveza, pero con gusto pagaría una gaseosa –dijo. Y cerró el diálogo virtual con su excompañero del 73, con un tembloroso "te llevo en el alma". El llanto del Hueso enterneció a todos. También a Cacho Di Nome, quien

en los instantes finales del programa, le pidió que caminara hasta un gigantesco Globo que formaba parte del decorado, en el fondo del estudio.

–Decile lo que quieras –le solicitó Di Nome. Houseman contempló el emblema y solo dijo dos palabras: "Te amo".

CAPÍTULO 33

EL GORDO Y LA NENA

Diego contemplaba incrédulo todo lo que veía a su alrededor. En sus 30 años, pocas veces había sentido una emoción tan grande, como consecuencia de una situación relacionada con el fútbol. Solo unas semanas atrás, de visita en la casa paterna, el viejo lo recibió con una proposición que le aceleró el corazón con solo escucharla:

–Gordo, ¿tenés ganas de ir al Mundial? No hay que poner un mango...

Supo entonces que los organizadores de Alemania 2006 acababan de invitar a su padre a viajar –junto a un acompañante–, con todos los gastos pagos. Y así como con Houseman, hicieron lo mismo con cada uno de los campeones mundiales de la historia. Diego no titubeó. Le dio a René su aprobación rotunda y algunos días más tarde ambos estaban en Múnich, en el estadio donde se jugaría el partido inaugural entre alemanes y costarricenses.

Sentado en su butaca, a Diego lo invadió un sinfín de sensaciones. Allá abajo, en el campo de juego, René bromeaba –tal como era su costumbre– con exjugadores de todas las épocas. Todos participaban del emotivo homenaje que se llevó a cabo antes de que la pelota comenzara a rodar oficialmente.

–Ese fue uno de los momentos en los que más orgullo y más felicidad sentí en mi vida –comentó Houseman hijo, en diálogo con los autores–. Cuando mi viejo me dio la noticia le contesté que sí, pero igual pensé: "Es todo muy lindo como para que sea cierto. Hasta no estar allá, yo no lo creo". Y al final fue mejor de lo que me imaginé. No solo resultó inolvidable la experiencia de presenciar el acto inaugural, sino que toda la semana que vivimos en Alemania parecía sacada de un sueño. Nos invitaron a cenas, a galas, a todos lados. Me quedó grabada una noche en el hotel. Los alemanes organizaron una comida con los campeones y sus familias. Después de comer arrancó el baile y terminaron descontrolados, haciendo trencito... Yo lo miraba a Boby Charlton, que estaba borracho, bailando en medio de la pista, y no salía de mi asombro. Me hice amigo del hijo de Luis Galván, del de Baley... Lo que nos reímos con Valencia no se puede creer. En ese momento se me cruzó por la mente algo que sigo creyendo hoy: esa semana que viví, no se paga con nada...

Diego René es el hijo mayor de René y Olga. Nació el 3 de septiembre de 1975, como fruto del amor de la pareja que se había formado en la villa del Bajo Belgrano. Cuando Diego vio la luz, su padre estaba de gira con Huracán por Centroamérica. Era la primera señal de que su infancia estaría signada por los avatares de la carrera profesional de uno de los jugadores más brillantes que la década del s70 le dio al fútbol. Siendo un bebé visitó concentraciones y recorrió plateas, en los brazos de una mamá casi adolescente y de un padre que lo llevaba orgulloso para que sus compañeros de equipo lo vieran entretenerse con su primer juguete, que no fue otro que una pelota.

Diego balbuceaba sus palabras iniciales y ya sabía los apellidos de varios jugadores.

–¿Quién es este que lleva la pelota? –le preguntaba su papá, enseñándole las fotos que salían en las revistas.

–¡Liles! –gritaba el nene. En su idioma, eso significaba Ardiles, una de las grandes figuras del sensacional Huracán del 76.

–¿Y este de la vincha? –insistía René.

–Aaaati –respondía Dieguito, alargando la A en clara alusión a Hugo Gatti.

–¿Y de quién sos hincha vos?

–¡De Acán!

A pesar de no saber hablar todavía, ya tenía claro cuál era el cuadro de sus amores. El que de adulto seguía llevando en el corazón, como signo de una fidelidad que le fue inculcada de pequeño y que no cambió como suele ocurrir en la infancia de muchos chicos.

Diego dijo tener vagos recuerdos de cuando jugaba en los escalones de la cancha de River, en medio de los partidos del Mundial 78.

Con mayor nitidez se acuerda de cuando se mudó a Chile con sus padres y Jésica, su hermana recién nacida. En Santiago, a los seis años, hizo el primer grado de la escuela. A fines de 1982, volvieron a Buenos Aires y lo anotaron en la Número ocho de Mendoza y Húsares. El fútbol ya le gustaba. Lo tenía en los genes. Por eso, cada vez que podía, el Loco lo llevaba a patear al parque que estaba en la esquina de su departamento de Monroe y Ramsay, en lo que fue la primera vivienda propia luego de salir de la villa.

Excursionistas fue su primer club. A los ocho años lo inscribieron en el baby. Tuvo como entrenador a Héctor Cuitiño, alias Oreja o More. Casualmente, se trataba de la misma persona que había sido compañero de René en el baby de Excursionistas, pero 20 años atrás.

Los ojos expertos de More –que poco tiempo después se iluminarían viendo el excepcional talento de un chiquilín llamado Javier Saviola– supieron reconocer en Houseman júnior a un proyecto de jugador de excelentes aptitudes. Muy habilidoso, su juego tenía rasgos que no en vano lo conducían a la comparación con su padre, aunque a esa temprana edad era complicado establecer si con el transcurso de los años podría seguir los pasos de René en el fútbol.

Por el momento, lo único que importaba era que Diego se divirtiera junto a sus compañeritos de la clase 75, más adelante dirigida por Daniel Lozano. Entre ellos, había dos chicos que más adelante protagonizaron otro caso digno

de mención. Martín Zappala y Cristian Spinelli desandaron el camino del baby, pasaron a las divisiones inferiores y, siempre en Excursionistas, llegaron a la Tercera en 1992. En esa categoría se encontraron con un hombre que trataba de reinsertarse en el ambiente futbolístico, haciendo sus primeras armas como técnico. Venía de sufrir los embates de su adicción al alcohol, pero se podía afirmar que ya había ganado esa batalla. Era, por supuesto, René Houseman.

A la inversa del episodio descripto líneas arriba, esta vez el destino propició que el Loco se convirtiera en entrenador de dos jugadores que habían sido compañeros de su hijo.

Con respecto a Diego, su falta de constancia –como él mismo admitió– impidió saber si el nivel que tenía en los torneos infantiles podía proyectarse a un fútbol más organizado y competitivo.

–Jugar me gustaba mucho, pero creo que nunca lo tomé como algo serio. No era constante. Por ahí había épocas en las que iba a practicar con ganas, pero después desaparecía, hasta que un día no volví más.

Así culminó su etapa como jugador de Excursionistas. Una nueva coincidencia marcó que ese período en el baby fútbol transcurriera casi simultáneamente a la decisión de René de terminar su carrera justamente en el club de Pampa y Miñones. Al igual que con Huracán, Diego heredó de su papá la pasión por el Verde. Sin embargo, dijo no recordar con precisión cuál fue el primer encuentro al que asistió.

–Me acuerdo que jugábamos en el gimnasio cubierto y como nuestros partidos también eran los sábados a la tarde, de ahí me iba a la cancha y veía a la Primera –evocó Diego, que tenía nueve años cuando René pisó por última vez el césped de manera oficial. Ese 16 de marzo de 1985 (la tarde del debut-despedida), él estaba en la tribuna de madera, junto con su mamá.

–Me sentí muy extraño ese día. No sé, estaba nervioso. Tenía ganas de que mi viejo jugara en el club, pero, igual que él, yo también tenía un poco de miedo. Quizás me lo había trasladado. No quería que la gente se fuera defraudada. De repente, en el segundo tiempo lo vi calentando para entrar y escuché el murmullo de la gente. Todos empezaron a alentarlo. Más no me viene a la memoria. Ah, sí, también me acuerdo de (Oscar) Luna, un puntero derecho que tenía Excursionistas ese año y que, según decían, iba a competir en el puesto con mi viejo.

Pero la competencia no fue tal, ya que Houseman solo actuó 26 minutos. Ese debut terminó siendo el último partido de su carrera.

Entretanto, Diego terminó la escuela primaria e ingresó al colegio industrial Raggio, ubicado en el barrio de Núñez, sobre Avenida del Libertador. El fútbol no era prioridad en su vida. Sin embargo, antes de ingresar al secundario tuvo una corta experiencia nada menos que en River. Fue en agosto del 88. Estaba a punto de cumplir 13 años cuando, acercado por Gastón López, fue a probarse y quedó en la prenovena millonaria, cuyo técnico era Gabriel Rodríguez. El inconveniente era que, al no estar fichado, solo entrenaba y jugaba amistosos. La situación se mantuvo hasta diciembre. Pero cuando a principios del 89 Diego

debía volver para cumplir con los trámites del fichaje, no lo hizo. Los motivos, intentó desvelarlos él mismo.

–Tal vez haya sido eso de que nunca tuve constancia. También un poco de timidez: me dio no sé qué volver a presentarme al año siguiente. La situación era extraña, porque en el 88 yo no tenía carnet y al portero ya no sabía qué inventarle para que me dejara pasar. Fue una suma de cosas. Aparte, empezaba la secundaria en un colegio exigente... Por ahí pude haber seguido. En esa división jugaba de ocho o de diez y era titular. Así que no sé qué hubiera pasado. Tuve algunos compañeros que llegaron a Primera, como Lombardi, Dobrik, o el hijo del Beto Alonso. ¿Si mi viejo me iba a ver? No, él no quería meterme presión ni que la gente dijera que yo jugaba gracias a él. Si no lo hacía en Excursionistas menos iba a hacerlo en River.

A mediados de 1987, Diego cumplió un sueño: ver a Maradona en persona. René lo llevó a conocerlo al Monumental, días antes del cotejo contra Perú, perteneciente a la Copa América que se llevó a cabo en Buenos Aires.

–Estar al lado de él fue lo máximo, junto con haber ido al Mundial de Alemania. No me lo voy a olvidar mientras viva.

Ese fue un instante de felicidad en medio de un período que había empezado a volverse traumático para la familia Houseman. Es que René no estaba bien: el alcoholismo lo acorralaba y los coletazos de esa lucha desigual también alcanzaban a Olga y a los chicos.

–Yo no tenía tanta noción de lo que era eso, pero sí era consciente de que las cosas estaban empeorando. Un día estuvieron a punto de separarse. Ellos mismos me dieron la noticia. Al final, no sé por qué, pero no lo hicieron.

Diego rememoró un hecho que ejemplifica de manera cruel el drama en el que el Loco estaba sumergido:

-A los 11 o 12 años yo jugaba para un equipo de baby de Hurlingham que se llamaba El Destino. Mis tíos, que eran de esa zona, dirigían la sociedad de fomento. Resulta que mi viejo me llevó y mientras yo jugaba él se quedó tomando vino en el bar. Al rato se agarró una curda como para 25. Lo peor de todo es que teníamos que volver en colectivo a la casa de mi abuela, que no quedaba tan lejos de ahí, pero al estar en una zona de quintas, ubicarse no era sencillo. Mi papá no podía hacer demasiado, así que se agarró de mi hombro, arrancamos, nos subimos a un bondi y llegamos como pudimos. Menos mal que encontré el camino...

El acontecimiento, que roza lo tragicómico, forma parte de una triste serie de hechos que tiene su punto culminante en octubre del 90.

–Me interné porque me cansé de ver llorar a mis hijos –explicó el Loco, en el Hospital Durand. Diego –al igual que Jésica– visitó a su papá los 22 días que duró su internación y se puso muy contento cuando le dieron al alta. Mientras tanto, con buenas calificaciones completaba sus estudios de electromecánica en el Raggio. El fútbol seguía apasionándolo. Iba a ver a Huracán, a Excursionistas y se prendía en cuanto picado podía, junto a los amigos del barrio.

A René siempre le preguntaban por Diego.

–Mi pibe es un jugadorazo, zurdo –aseveraba el Loco–. Y ojo que no lo digo porque soy el padre. Es bueno de verdad. Podía haber llegado si se dedicaba a esto. Yo le decía que le metiera, pero la decisión fue suya. Jugar le gusta solo como un pasatiempo. Él prefirió dedicarse a estudiar y me parece bárbaro, aunque hay veces que pienso que por ahí le pesó un poco el apellido, por eso largó.

Unos años después de concluir la secundaria, Diego descubrió que el deporte, a pesar de todo, podía llegar a ser un medio de vida, y se inscribió en la Escuela del Círculo de Periodistas Deportivos. Cursó solo un año, acaso por esa misma falta de constancia que hizo que su paso por el fútbol no prosperara. Sin embargo, se dio el gusto de realizar algunos trabajos periodísticos, más emparentados con el placer que con la remuneración económica.

Así, a mediados del 99 sacó Soy del Bajo, una revista dedicada al quehacer deportivo e institucional de Excursionistas. Diego dirigió dicho órgano partidario algunos años. También fue vestuarista de Con Excursio a todas partes, emblemática audición seguidora de la campaña del Verde.

Como ya se mencionó en otro capítulo, los caminos de padre e hijo se cruzaron en febrero de 2000. René se calzó la camiseta albiverde con el logo de 90 Aniversario y salió a jugar el simbólico partido con el objetivo de celebrar el cumpleaños del club. Simultáneamente, Diego comentaba micrófono en mano los datos de color de la fiesta, desde la platea de Pampa y Miñones.

Poco después, cambió sus quehaceres cotidianos por unas largas vacaciones en Europa. Transcurrían los últimos tiempos de la convertibilidad y al igual que muchos argentinos, no desaprovechó la chance de recorrer durante varios meses los países del Viejo Continente. De regreso en Buenos Aires, hizo las valijas nuevamente, con el propósito de radicarse en San Martín de los Andes, la bellísima ciudad del sur argentino.

Esa no fue la mejor época para René, que extrañaba mucho a sus hijos. Jésica, casualmente, también se había ido a vivir a Córdoba.

Pero el calvario tuvo su final. En 2015, ambos estaban otra vez en Buenos Aires. Diego, viviendo con su pareja, cerca de la casa de sus padres, y con un buen empleo en el Cenasa. Como en los viejos tiempos, seguía fiel a Huracán y a Excursionistas, y soñaba con volver a publicar una revista que hablara del equipo del Bajo Belgrano. Además, continuaba jugando al fútbol con amigos, si bien cierto apego al buen comer lo obligó a ir dejando de lado la cancha de 11, para prestarle más atención a la de papi fútbol. No era capricho que René lo llamara el Gordo, un apodo que antes no existía, y que –sobre todo si se los veía juntos– contrastaba más que nunca con su huesuda figura.

Según Diego, "a mi viejo siempre lo vi como un amigo, más que como un padre. Durante mi infancia él no me ponía reglas ni límites –como sí hacía mi vieja– quizás porque era consciente de que no era el mejor ejemplo para su hijo. Pero es obvio que a su manera, a mi hermana y a mí siempre trató de darnos lo mejor y que nada nos faltara. Eso lo valoricé muchísimo, tanto como valoré que haya superado el alcoholismo. Creo que no hace falta que diga todo lo que lo quiero. Para mí, mi viejo es lo más grande que hay".

Jésica Evelyn nació el 28 de febrero de 1981. Ella dijo no haber presenciado nunca un partido mientras el Loco estuvo en actividad, aunque sí lo hizo, en brazos de su madre. La hija menor de René y Olga solo tenía cuatro años cuando su padre colgó los botines, en 1985. Cuando ella nació, el Loco acababa de firmar para River Plate. A los pocos meses volvió a Huracán y después la familia se marchó a Chile, pues a René lo contrató el Colo Colo. Un año después retornaron a la Argentina, donde René jugó nuevamente en Huracán, Independiente y Excursionistas.

Esos son datos que si bien están almacenados de alguna manera en su memoria –porque los escuchó cuando ya tenía uso de razón–, Jésica no conocía en profundidad. Ella no es detallista a la hora de reconstruir la campaña de su padre, como, por ejemplo, sí ocurre con su hermano. No obstante, asumió ser una fanática del fútbol, que al igual que Diego, heredó del Loco sangre huracanense y albiverde.

–Por una cuestión del barrio, me tira más Excursionistas. Huracán también me gusta mucho, pero queda más lejos –contó Jésica. Ella va a menudo al estadio de Pampa y Miñones. Lo hace desde que era muy chica. Allí se encuentra con un grupo de amigos que tienen en común su pasión por el club del Bajo Belgrano.

Cuando Jésica tenía nueve años fue protagonista privilegiada de un hecho que marcó una línea divisora en el destino de los Houseman. Pero lo que vivió no fue nada agradable, más aún teniendo en cuenta su corta edad. Sin embargo, con el tiempo ella pudo darse cuenta que luego de ese traumático episodio, las cosas empezaron a cambiar en su familia, que estaba sumida en la penosa crisis originada por la enfermedad de René.

–Salimos de casa con mi papá –rememoró–. Él me llevaba de la mano. El piso estaba húmedo porque había llovido. Cuando cruzábamos la calle en la esquina de mi casa, papá se cayó y yo me fui al suelo junto con él. Por Montañeses venía el colectivo 130, que tuvo que frenar para no pisarnos. La gente nos ayudó. No me acuerdo mucho más. Solo sé que me asusté y lloré mucho. Él en esa época andaba muy mal, ya no le daban más las piernas...

Auxiliados por los vecinos, padre e hija fueron reanimados en el bar El Insólito, distante a pocos metros del lugar de la caída. A la nena la lavaron y René se sentó hasta que estuvo un poco mejor. Casualmente, se trataba del mismo boliche en el cual el Loco solía agarrarse grandes borracheras. Pero a partir de ese día, sus parroquianos nunca más serían testigos de una de ellas. El accidente fue la antesala que condujo a René al Hospital Durand y a que, consecuencia de la internación de 22 días, abandonara por completo el desdichado hábito.

Jésica recordó aquella mañana de octubre con una sonrisa. La simpática niña que iba de la mano de su padre creció y a los 20 años se convirtió en mamá. Junto con su pareja de entonces y el hijo recién nacido de ambos, al que llamaron Damián Ezequiel, se radicaron en Córdoba. Su ausencia de Buenos Aires coincidió con la de su hermano, quien también había dejado la casa paterna seducido por la tranquilidad de San Martín de los Andes.

La falta de sus hijos y de su nieto coincidió con un período de extrema tristeza en el que cayó René, quien a pesar de todo, no volvió a quedar atrapado en las

garras del alcohol. Pero ni siquiera el partido homenaje consiguió sacarlo de ese estado. Por más que miles de personas lo ovacionaron aquella tarde en el Ducó, Jésica vivía lejos y él sabía que Diego estaba a punto de marcharse. Esa carencia, nada ni nadie podía compensarla.

–Lloré cuando mi hija se fue a vivir a Córdoba. Al igual que a Diego, los extrañé mucho confesó.

Pero un par de años más tarde, así como lo hizo el Gordo, la Nena también regresó. Ya separada del padre de su hijo, volvió a su misma casa de siempre, con René, Olga y Damián. El pequeño se apellida Reyes, pero Jésica aseguró que heredó de los Houseman ciertos genes futbolísticos.

–Lo llevé desde los cuatro años a la escuelita de fútbol que tiene Excursionistas –contó su mamá–. El técnico decía que era muy bueno, pero era medio vago: solo quería jugar partidos, no le gustaba correr alrededor de los conitos ni todas esas cosas. Por eso dejó de ir.

Considerando la revelación hecha por Jésica, es elocuente que las coincidencias entre Damiancito y su ilustre abuelo van más lejos que la habilidad natural con la pelota. Según los integrantes de la familia, los entrenamientos –tan aborrecidos por René– tampoco eran el fuerte de su nieto, que no obstante, regresó a Excursionistas y en 2015 comenzó a jugar futsal de AFA en la entidad del Bajo Belgrano.

Jésica manifestó tener una buena relación con su padre.

–Nos llevamos muy bien. Eso sí, somos de carácter parecido, por eso hay temas de los que no podemos hablar porque inevitablemente terminamos chocando. Con mi mamá sí somos más compinches –explicó. Morocha y menudita, las similitudes entre Jésica y su madre son asombrosas. Basta con ver una foto de una juvenil Olga para sorprenderse por el notable parecido físico.

A fines de 2006, la hija menor de los Houseman comenzó a trabajar en la Casa Rosada. El empleo lo consiguió por intermedio de René, aquella vez que él fue a visitar al entonces presidente, Néstor Kirchner.

–Papá llevó mi currículum y enseguida me llamaron para una entrevista. Me presenté y a los pocos días empecé a trabajar como telefonista.

El 8 de junio de 2007, el diario Crónica, en su sección Intimidades de la Casa Rosada, se hizo eco de la noticia, publicando el texto transcripto a continuación:

"Una bella y joven dama que trabaja en las oficinas gubernamentales –en el Ministerio del Interior– tiene un apellido muy conocido, pero que ha sido ovacionado por millares de personas en nuestras canchas: Houseman, ese gran puntero, como se le decía antes, de Huracán y del seleccionado argentino. Por eso, la joven recuerda muchas veces, cuando se le pregunta, la gran calidad de su padre en el fútbol de aquel tiempo, aun cuando don René podría sobresalir ahora en cualquier equipo, por su juego endiablado".

Al ver la publicación, Jésica, entre sorprendida y ruborizada, no pudo evitar un gesto de preocupación. Es que ella siempre procuró pasar lo más inadvertida posible y no le gustó que pensaran que obtenía beneficios gracias a su apellido, si bien era consciente que su padre, esa vez, le prestó una valiosa ayuda. Igual-

mente, aseguró que de no haber hecho méritos propios, su permanencia en el puesto hubiese sido efímera.

Ella estaba contenta con el empleo. Independientemente del evidente alivio económico que representa una ocupación estable de esa naturaleza, no son pocos los que, como descubrió Crónica, indagaban para conocer si existía parentesco con el exjugador de fútbol.

–¿Sos algo del famoso Houseman? –es la pregunta que Jésica escucha a cada paso, no solo en Casa de Gobierno, sino prácticamente a lo largo de toda su vida.

–Sí, la hija –responde ella, tan habituada a ese corto diálogo que se prepara para contestar, inclusive antes de que la consulta salga de la boca de su ocasional interlocutor.

Por más que la automática situación se haya repetido innumerable cantidad de veces, todas las respuestas son acompañadas por una cuota de orgullo que va más allá de lo perceptible. Y eso pasa especialmente cuando el que pregunta, redobla la apuesta:

–Yo lo vi jugar, tu viejo era un fenómeno...

CAPÍTULO 34

LULÚ

René Houseman tuvo infinidad de compañeros durante su circuito futbolístico. Pero, según sus propios dichos, solo con muy pocos llegó a forjar una amistad. Dentro de este último grupo existe un caso irrepetible, dado que con él compartió tres momentos completamente disímiles de su trayectoria. Por ende, el lazo afectivo los mantuvo unidos desde la niñez, sin que la relación se desgastara cuando las circunstancias de la vida los obligaron a dejar de verse.

Jorge Sanabria, el hombre en cuestión, conoció al protagonista de esta historia cuando todavía lo llamaban Quenó. Nacido en 1953 (igual que René), se conocieron en el baby fútbol de Excursionistas. Años más tarde, la camiseta de Huracán fue la que los juntó en una temible delantera. Se hicieron inseparables. A René ya hacía tiempo que le decían el Loco. A Jorge comenzaban a conocerlo como Lulú. Luego tomaron caminos diferentes. Pero hubo otro factor, mucho menos convencional, que volvió a unirlos sobre el cierre de sus carreras: el increíble fútbol sudafricano.

La sumatoria de todos esos momentos instauró un vínculo muy fuerte entre ambos. Más allá de sus parientes más cercanos, Sanabria acaso haya sido el compañero de ruta que más a fondo logró conocer a René. A eso hay que añadirle una trayectoria propia, repleta de ricas experiencias, para reconstruir un capítulo que permite comprender aún más al Loco, a través de la mirada incomparable de Lulú.

–Debuté en la Primera de Excursionistas en 1969. En el 75 me compró Huracán, donde jugué hasta 1979. Después, pasé por Vélez, Independiente, Argentinos, Quilmes, Deportivo Armenio y Leandro N. Alem.

Sanabria enumeró cronológicamente los clubes del país que lo tuvieron en sus filas. La lista contiene además una buena cantidad de destinos extranjeros, con lugares tan remotos y diferentes entre sí como Colombia, Japón, El Salvador y el citado Sudáfrica.

El primer contacto entre Quenó y Jorge se dio gracias a Constantino Sanmarcelino, el mítico entrenador de las inferiores de Excursionistas, formador de aquel espectacular equipo de baby fútbol. René ya brillaba en la 53 cuando el Gordo incorporó a esa categoría a Jorgito, otro de sus hallazgos. Solo había un

problema: el pibe Sanabria venía de la localidad de San Miguel y con sus diez años se le complicaba llegar temprano al Bajo Belgrano, si el Verde jugaba de visitante. La solución que encontró Sanmarcelino fue hacerlo dormir en una dependencia del club, donde también estaba alojado Carlos Ángel López, otro de los cracks que descollaban en esa división.

Jorge y René hicieron buenas migas. Una tarde el pequeño Houseman le pidió que lo acompañara a su casa, y desde ese día, las veces que Sanabria visitó el rancho de doña Elba, fueron cuantiosas.

–Me invitaron a comer tantas noches... Eran gente buenísima: muy pobres, pero si tenían que dormir en el suelo para darte un colchón, lo hacían sin pensarlo dos veces. Y Quenó era un fenómeno. Vos lo veías y te reías: flaquito, chiquito... El pantalón y la camiseta le quedaban grandes, las medias siempre las usaba caídas, como su hermano Cacho, que jugaba en la Primera del Verde... Me acuerdo de las bromas de Quenó: si caminábamos por los pasillos de la villa, de repente se escondía y me dejaba solo. Yo empezaba a deambular sin sentido, hasta que él volvía. Salir de ese laberinto sin conocer el lugar era imposible.

René pronto dejó el club, pero Jorge hizo el trayecto que lo condujo al plantel superior en corto tiempo. A los 16 años estrenó sus goles en el viejo campeonato de la B. En constante evolución, alcanzó la titularidad un par de temporadas más tarde y en los años 73 y 74, fue uno de los máximos artilleros del torneo de la C –Excursionistas había descendido en el 72–. Y así le colgaron la chapa que indicaba que esa divisional le quedaba chica. A principios de 1975 estuvo a punto de firmar para San Lorenzo. Pero terminó jugando para su clásico rival, gracias a la influencia de un jugador que ya tenía el mote de Loco...

–Yo conversé con el presidente de San Lorenzo, que quería llevarme a préstamo. Le contesté que no estaba convencido, que prefería que el pase fuera definitivo. Al salir de la reunión me habló alguien que resultó ser el jefe de la barra de Huracán. Yo no entendía qué hacía ese tipo en la sede de San Lorenzo y según me contó, había ido a reclamar unas banderas que les habían sacado. Cómo cambian los tiempos, ¿no? Ahora una situación así sería ridícula... Esta persona me comentó que la dirigencia de ellos también estaba interesada y ahí nomás me llevó a charlar con el presidente de su club, donde me enteré que René aconsejó que me contrataran. Huracán aceptó comprarme y puso un montón de plata por el pase. La parte que a mí me correspondía, se la doné a Excursionistas.

Es imprescindible no olvidarse que Houseman, en esos momentos, estaba en su máximo apogeo. Había sido campeón con el Globo un año atrás; y seis meses antes de aquel verano del 75, se consagró como una de las figuras del Mundial de Alemania. Sus deseos eran poco menos que órdenes para la dirigencia quemera. Sus ganas de ver a Sanabria en su equipo, no obstante, no hay que considerarlas como un capricho, dado que el centrodelantero había hecho méritos como para tener su oportunidad en Primera División. Y luego de un período de adaptación, no defraudó a sus compradores, alcanzando un interesante nivel y totalizando 133 partidos y 52 goles en sus 4 años en la institución.

En ese lapso que los reunió nuevamente como compañeros, los dos delanteros afianzaron su amistad, compartiendo la habitación en las concentraciones y haciéndose compinches más allá de lo futbolístico, ámbito en el cual también se entendían a las maravillas.

–Él me ayudó mucho y no solo por la transferencia, también dentro del grupo fue muy importante para mí –reveló Sanabria, que ya estaba a punto de recibir el apodo que lo identificaría para siempre–. Yo lo conocí más que nadie. Adentro de la cancha era tan bueno como afuera. Para que los suplentes cobraran el premio por partido ganado, se hacía el lesionado y pedía el cambio. Y si el técnico no lo sacaba, se iba caminando solito para el banco.

Los goles que Lulú señaló gracias a asistencias del Loco fueron numerosos. Pero a la hora de escoger uno en particular, ubicó la memoria en un encuentro contra Ferro, en abril de 1975.

–René desbordó por la izquierda, tiró el centro y yo lo metí de cabeza. Cuando el periodismo le hizo notas después del partido, dijo que el triunfo de Huracán me lo dedicaba a mí. Unos días atrás, había muerto mi viejo...

Las genialidades del Loco provocaron en Jorge una capacidad de asombro que ni el paso del tiempo modificó:

–Lo vi hacer cosas increíbles, pero me quedó grabado un amistoso en Brasil, contra el Gremio de Porto Alegre. Nos dieron un tiro libre a 25 metros del arco. Cuando lo fui a patear René me pidió que lo dejara a él. "Mirá el gol que hago", me dijo. Le pegó con cara externa por arriba de la barrera. El arquero ni la vio. "¡Qué golazo, mamita!".

Por esos días, nació también el singular seudónimo:

–Jugábamos contra Sportivo Patria, en Formosa, y nadie quería ponerse unos botines blancos. Para esa época eran muy osados. Yo, que encima usaba el pelo por la cintura, me animé. Lo que menos me gritaba la gente era maricón. Al otro día, Crónica tituló: "Ganó Huracán con gran actuación de Lulú Sanabria".

En la segunda mitad de la década del s70, una alarma que no presagiaba los mejores augurios aumentó sus decibeles. Los síntomas que lo acercaban peligrosamente a la adicción eran cada vez más frecuentes en René. Su amigo lo notó antes que nadie:

–Al ser mi compañero de pieza, era imposible no darme cuenta de que fumaba y tomaba demasiado, y que eso lo perjudicaba. Yo intentaba aconsejarlo. Él escuchaba y nunca discutía. Me decía: "Sí, Jorgito, tenés razón". Pero después hacía lo que quería. Siempre fue igual. Para René no era fácil salir de donde salió y encontrarse con toda esa fama de golpe. Hay que ser muy especial para salir ileso de esa situación. Creo que la dirigencia de Huracán tampoco colaboró. Al principio le permitieron todo. No supieron ponerle límites. Y más adelante, ya era tarde.

Desde el punto de vista de Sanabria, lo que resultó un factor gravitante para evitar problemas mayores fue la presencia de la esposa de René:

–Olga es una mujer que vale oro. Si él siguió caminando por la calle es gracias a ella, que nunca lo abandonó. De lo contrario, lo más probable es que hubiera terminado como Corbatta.

Lulú hilvanó este comentario con otro mediante el cual intentó desmitificar la fama de mujeriego que algunos tejieron alrededor de su amigo:

–René salía mucho, es verdad. Lo sé porque estábamos todo el día juntos. Íbamos muy seguido a un boliche de Santa Fe y Junín, donde paraban futbolistas y vedettes. Las minas lo buscaban, pero él nunca les dio bola. Se sentaba a charlar y a tomar con ellas, eso sí, aunque su único interés era escabiar. Vos le ponías la mejor chica y al lado una botella de whisky, y elegía lo segundo. Los vasos que se tomaba parecían televisores. Además era tímido. Nosotros solíamos ir a comprar ropa. Y si por la calle él veía que las mujeres venían a hablar, se cruzaba de vereda.

En 1980 el camino de los amigos se bifurcó. Mientras Houseman continuó en Huracán por algún tiempo más, Jorge comenzó su periplo por clubes argentinos y del exterior. En 1984 volvieron a cruzarse. Habían pasado muchas cosas en solo cuatro años. René –recientemente desvinculado de Independiente– acababa de desperdiciar la última oportunidad que le concedió el fútbol grande. Sanabria, también con 31 años, ya había tomado la curva descendente de su carrera. Deportivo Armenio, en Primera B, fue su última escala antes de que aceptara la alocada propuesta de firmar para el Amazulú, de Sudáfrica.

–La experiencia que vivimos en ese país fue impresionante. Lástima que para mí no terminó de la mejor manera. Tuve que escaparme a la Argentina porque el empresario que me llevó no me pagó lo que prometió.

Por una extraña coincidencia, la persona en cuestión tenía el mismo apellido que René, pero ningún parentesco los unía. Marcelo Houseman llevó al Loco y a Lulú a esa tierra inexplorada por futbolistas argentinos. El club que los cobijó se hallaba en la ciudad de Durban y los colores de su camiseta –otra casualidad– eran verdes y blancos, igual que Excursionistas, el equipo que la pareja había integrado en su niñez. Unos 20 años después volvían a asociarse a miles de kilómetros de distancia, en ese lugar ignoto y, a priori, hostil, ya que un apartheid en su más dura etapa tenía en jaque a la nación. Con su líder Nelson Mandela privado de la libertad, la comunidad negra era absolutamente denigrada y sometida a una salvaje humillación por parte del gobierno sudafricano. Y Durban era una aldea donde ese color de piel alcanzaba un altísimo porcentaje. A ese sitio fueron a parar los argentinos. Pero si existían miradas de desconfianza hacia ellos, estas desaparecieron en cuanto jugaron su primer partido.

–En el debut metí tres goles y lo que me tocó vivir a partir de ese partido fue como para escribir un libro entero –recordó Lulú, quien desde ese mismo día pasó a ser adorado por los seguidores del Amazulú–. En el siguiente partido me hicieron un recibimiento de película: entré con el estadio a oscuras y una luz me seguía a mí solo, mientras 20 000 tipos gritaban: ¡Lulú, Lulú!

Sanabria incluyó al Loco en su emocionada evocación:

–René era uno de los más impresionados por lo que pasó esa noche. Él nunca fue muy demostrativo que digamos, pero esa vez estaba tan asombrado, que la llamó a mi vieja a Buenos Aires y le confesó: "Goyita –ese es el apodo de mi mamá–, le quiero decir que lo que acabo de ver es lo que más me impactó en toda mi carrera deportiva".

En tanto duró su estadía, el Loco fijó su residencia en Johannesburgo, la capital de Sudáfrica. Desde allí, se reunía con el resto del equipo los días de partido. En cambio, Jorge entrenaba y convivía con sus compañeros en Durban, ciudad en la que a cada paso se topaba con fantásticos sucesos.

–Había oro por todas partes. Me hicieron ir a lugares adonde jamás había entrado un hombre blanco. Los nenes me miraban como a un bicho raro. Querían acercarse, pero no se animaban. Yo les hacía señas para que vinieran. Entonces se arrimaban, me tocaban y salían corriendo. Era muy loco...

Seis cotejos jugó Sanabria en el Amazulú. Una lesión, producto de una terrible patada de un rival, lo obligó a descansar. Pero no fue ese el motivo que lo alejó definitivamente del continente negro, sino un problema económico que se suscitó con el intermediario que lo hizo cruzar el Atlántico:

–Él no me cumplió. Yo ya presentía que no me iba a pagar nunca. Por eso, tomé la determinación de irme. No me resultó fácil, porque allá era muy querido y estaban dispuestos a no dejar que me fuera. Pero llegó un momento que ni el hotel estaba pago. El jefe de la tribu zulú, que me rogaba que no los dejara, hasta tuvo que ponerme comida en la heladera. Un día no aguanté más y me escapé a Johannesburgo en el micro de un equipo de fútbol femenino. En la capital me tomé un avión y aparecí en Buenos Aires sin que allá nadie se enterara, ni siquiera René. Más tarde me di cuenta que quizás tendría que haber aguantado un poco más. Pero en ese momento mi novia me esperaba en la Argentina y eso también influyó para que volviera. Si no me hubiese apurado, tal vez todavía estaría viviendo en Sudáfrica.

En cuanto al Loco, permaneció por algunas semanas más y también emprendió la retirada, aunque, en su caso, su dificultad para habituarse a un mundo tan extraño y lejano incidió más que la demora en los pagos. Tres años después, tuvo lugar un nuevo reencuentro. Las circunstancias eran muy diferentes. Jorge quemaba sus últimos cartuchos en Leandro N. Alem, equipo que esa tarde de diciembre de 1987 visitaba a Excursionistas por el campeonato de Primera C. Houseman, ya fuera de la actividad, concurrió al partido, como habitué que era del estadio de Pampa y Miñones. Alem ganó tres a dos y Sanabria señaló dos goles. Los gritó con fuerza, a pesar de su pasado en la institución adversaria. Muchos de sus hinchas no toleraron ese festejo y se lo hicieron sentir mediante gruesos epítetos. Pero para el jugador, su grito de gol no significaba una provocación:

–Lo más lindo del fútbol es eso, y yo nunca me privé de celebrarlos, por más que fuera en contra de Excursionistas, al que seguía queriendo más allá del festejo de un gol. Es ridículo eso que hacen algunos jugadores de quedarse callados por respeto.

La bronca contra Sanabria también se reflejó en forma de una violenta infracción que le cometió el arquero Juan Chiesa. El centrodelantero debió dejar la cancha en camilla. En el vestuario, lo esperaba un fiel amigo para asistirlo:

–René me ayudó a bañarme, a vestirme y me acompañó a la salida de la cancha. Ese es un gesto que nunca olvidaré. Para mí él ha sido un gran amigo, uno de los mejores que me dio no solo el fútbol, sino la vida.

Lulú dejó para el final la que consideró su reflexión más importante:

–Aparte de haber sido un jugador extraordinario, el Loco era más bueno que el pan. Cuando los defensores le pegaban a mansalva, yo no podía entender cómo se contenía. "Dejá", me decía, y nunca devolvía una patada. No tenía maldad. Por eso, lo que le pasó me duele. Y si uno se pone a pensar en lo que fue como jugador, más todavía: es inexplicable que su carrera haya terminado como terminó. Pero él no se cuidó y lo pagó. La vida tiene estas cosas y a veces premia más al que se esfuerza que al que es talentoso por naturaleza.

CAPÍTULO 35

CACHO

Carlos Walter Houseman es el mayor de los cuatro hermanos. Lo siguen Ema del Valle, Héctor Eduardo y, por último, René Orlando. Carlos –o Cacho– nació en La Banda, Santiago del Estero, el 17 de julio de 1943. Llegó a Buenos Aires siendo apenas un bebé de meses. Después, regresó a su provincia y a los 13 años se instaló definitivamente junto a su familia en la villa del Bajo Belgrano. Desde muy chico supo lo que era trabajar duro para aplacar el hambre y el frío; lo hizo en una fábrica de resortes, en una farmacia y en una carnicería del viejo Mercado Libertad, de Charcas (actual Marcelo T. de Alvear) y Talcahuano.

A los 20 años, se casó con Inés del Carmen González, cuatro años mayor que él, y más conocida por Nené que por su verdadero nombre. El matrimonio, que atravesó tiempos duros y otros (los menos) de mayor prosperidad, permaneciendo sólidamente unido a través de los años, recibió a los autores de este libro en su casa del barrio de Barracas. Con suma hospitalidad, Cacho y Nené exhibieron las bondades de una vivienda modesta, en la que, no obstante, no existían carencias materiales ni afectivas. Sentados a la mesa de la cocina, café de por medio, intentaron reconstruir los pasos de una historia intensamente vivida. El propósito original era hablar del hermano más famoso, pero sin desconocer que Cacho era, sin dudas, merecedor de un capítulo aparte, a razón de haber sido el primero de los Houseman que estuvo estrechamente vinculado al mundo del fútbol.

Su itinerario por las canchas de la AFA incluyen una sola institución: Excursionistas. En dicha entidad estuvo durante tres temporadas: 1964, 1965 y 1966, jugando un total de 35 partidos y marcando 12 goles. A veces las estadísticas suelen arrojar cifras llamativas. En este caso, lo es la circunstancia que indica que René debutó en la primera albiverde recién 21 años después que su hermano.

Cacho casi no realizó inferiores. Ingresó directamente a la Tercera y a los pocos partidos fue subido al plantel superior, compuesto en aquella época por reserva y Primera. Precisamente en un partido de reserva, contra Defensores de Belgrano, su carrera estuvo a punto de terminarse sin siquiera haber comenzado.

–Me dieron un rodillazo en los riñones y me tuvieron que internar –contó–. Los dirigentes me dejaron tirado en el Hospital Pirovano y se fueron. Estuve toda la noche orinando sangre.

Por esa triste experiencia y enojado con el club, decidió dejar de jugar. Fue necesaria la intervención de don Antonio Masciotra, un emblemático socio, para que revirtiera su postura.

–Vino a buscarme a mi casa y me convenció para volver. Practiqué una semana y enseguida debuté en Primera.

Su indiscutible calidad técnica era valorada en un conjunto en el que además brillaba un jugador de la talla de Omar Higinio García. Este crack, que había sabido de actuaciones consagratorias en San Lorenzo, quemaba sus últimos cartuchos en Excursionistas, entidad en la que se había iniciado. Una severa lesión había frenado su carrera cuando era una de las máximas figuras de la Argentina. Luego, regresó a la institución de Pampa y Miñones, que en aquel 64 tuvo una pobre actuación en el campeonato de la B.

Cacho, fanático de San Lorenzo, admiraba a Omar Higinio.

–De pibe lo veía jugar en el viejo Gasómetro y no podía creer que después fuéramos compañeros. Higinio no hablaba fuera de la cancha. Jamás iniciaba una conversación. Pero durante los partidos no paraba de dar indicaciones. Era un parlante.

Cacho era un volante ofensivo hábil, encarador, atrevido. Por su muy buen manejo de pelota, no estaba exento de convertirse en imán de las patadas de los impiadosos marcadores rivales. A pesar de eso, él siempre la pedía... Como luego pasó con el benjamín de la familia, utilizaba las dos piernas sin que se notara cuál era su mejor perfil: de muy jovencito, debido a una lesión en la derecha, había aprendido a darle también de zurda.

Su pose desgarbada, con medias inexorablemente bajas, eran un clásico. Esas características eran reconocidas por los hinchas y admiradas por un chiquilín que desde sus incipientes 11 años soñaba con ser como él. También empezaba a imitarle algunas mañas, por ejemplo, lo de las medias caídas. Se trataba de su hermanito, al que todos llamaban Quenó, y que la "dejaba chiquita" en el baby de Excursionistas.

El primer año fue productivo para Cacho, contrastando con la discreta labor del equipo en general. Sus dos primeros goles llegaron en el mismo partido: frente a Sarmiento, por la sexta fecha de la rueda de Honor, en la que Excursionistas ganó tres a dos. La racha no se detuvo allí, también marcó un gol en la séptima fecha, contra San Telmo (uno-cuatro), en la octava, contra Argentino de Quilmes (siete-cero), y en la décima, contra El Porvenir (dos-dos).

Pero ese año Cacho también tuvo tardes negras. Como aquella en Santa Fe, contra Colón.

–Antes del partido comí tanto que no podía ni correr –se acordó–. Victorio Nicolás Cocco no me la dejó tocar. Perdimos siete a cero...

La temporada 65 fue más magra todavía para Excursionistas: salió anteúltimo, pero al no haber descensos permaneció en la B. El siguiente campeonato tampoco resultó gratificante, pues quedó decimoctavo entre 22 participantes. Se trató además del último año de Cacho, quien jugó muy poco y señaló solo un gol en ese 1966.

El año siguiente, Excursionistas realizó una de sus mejores campañas en el profesionalismo, llegando a pelear al ascenso a Primera. Varios de sus excompañeros (Alves de Souza, Bachini, Tuya, Obdulio López), fueron grandes luminarias en ese equipo que realizó la mejor campaña de su historial. Sin embargo, el mayor de los Houseman ya no estaba. Había dejado el fútbol, otra vez furioso con la dirigencia.

–Largué porque no me pagaban –es la explicación que dio sobre su repentino alejamiento–. Ya estaba cansado de esa situación y no fui nunca más. Lo único que me dieron en esos tres años fueron 20 000 pesos, unos ladrillos para hacer mi casa y una heladera.

No son pocas las versiones que indican que San Lorenzo lo quería y Excursionistas no lo dejó ir. Cacho no pudo confirmarlas, pero el que sí lo hizo fue su hermano Héctor:

–Cuando lo pidieron, Excursionistas dijo que solo lo vendía a cambio del Ratón Ayala y Ameijenda. Los dirigentes de San Lorenzo salieron corriendo –aseguró el Cholo, agregando que en una ocasión también fue pretendido por Deportivo Morón:

–Esa vez, exigieron ocho millones de pesos más el pase de Semenewicz y ahí se terminó todo.

A criterio de Héctor, el mayor de los Houseman era todavía mejor que René:

–Era un fenómeno, lo que pasa es que necesitaba más espacio. En cambio René te dibujaba un poema en una baldosa...

Pese a que la AFA ya no lo tendría nunca más en sus filas, a Cacho el fútbol le tiraba demasiado como para dejar de jugar. Fue así que intervino tanto en campeonatos interbarriales –jugando para los famosos Intocables– como en los que organizaba la fábrica Bosch, empresa en la que había comenzado a trabajar. Así, volvió a usar las viejas zapatillas en lugar de esos incómodos botines que tanto le molestaban. En muchos de esos partidos llevó a jugar al Cholo y Quenó, que ya estaba más crecido y, a pesar de ser bajo y flaco, despertaba comentarios muy favorables por su habilidad. Cacho aseguró que las leyendas referidas a bravos combates entre equipos antagónicos no eran puro cuento:

–Una vez con Llos Intocables fuimos a jugar a la cancha de carbonilla de la villa de Retiro. Eran torneos por guita... Ese día se puso feo. ¡Volaron una de piñas! Se armó tal escándalo que cayó la cana y se llevó la plata que estaba en juego y que guardaba el árbitro.

En los albores de la década del s70, Houseman aceptó la propuesta que le formuló Estudiantes de Mercedes para ir a jugar a la liga local.

–Iba para allá los fines de semana. Viajábamos en el auto de Francisco Lamolina, que había jugado en Tigre y recién después se dedicó al arbitraje. Me trataron muy bien, fue una linda época...

Es imposible soslayar una anécdota que involucra al club mercedino y a René:

–Cuando comencé a jugar en Estudiantes comenté en el club que tenía un hermano en las inferiores de Defensores de Belgrano. Que andaba muy bien y que

podía preguntarle si quería venir. Mucho no les interesó y me contestaron que si era muy pibe no les serviría. Y menos si era flaquito. "Lo van a quebrar", dijeron. Pasó el tiempo y en el verano del 73 René apareció con todo en la Primera de Huracán. Cuando se avivaron de que era mi hermano, los tipos de Mercedes, que se habían olvidado de lo que pasó, se agarraban la cabeza. "¿Y por qué no lo trajiste para acá?", me reprocharon. "Si yo les dije, ustedes fueron los que no lo quisieron", les respondí.

La memoria de Cacho le permite recordar que teniendo René muy corta edad, ya se vislumbraban sus extraordinarias condiciones. Siendo Quenó adolescente, su hermano mayor, convertido en una suerte de representante, confirmó que sus sospechas eran ciertas.

–La rompía en los potreros y me lo venían a pedir de todos lados. Una noche vino un señor Scalise, de Ferro. No recuerdo bien qué sucedió con eso. Lo que sí sé es que yo no quería que volviera a Excursionistas. "Ahí, ni en pedo", le dije. Yo seguía enojado con los dirigentes... En Defensores empezó a jugar sin que yo lo supiera. Al tiempo me enteré. Él ya era más grande y se hacía imposible domarlo cuando agarró la calle...

De pronto, los progresos de René cobraron un vértigo inusitado: el debut en Primera, el título de 1972, el pase a Huracán, el llamado a la selección, la consagración en el Mundial del 74...

La vida de su familia cambió, aunque a pesar del ritmo alocado de la carrera profesional del más pequeño, los Houseman mantuvieron inalterables costumbres, como el apego a las raíces. La simpatía de Cacho por San Lorenzo no le impidió seguir a Huracán en una considerable cantidad de partidos. Sentado en la platea del Ducó, contemplaba el panorama y hacía observaciones que mucho tiempo después mantuvo en esta charla:

–Es una cancha muy grande, quizás por eso nunca la llenaron –ironizó pícaramente, desnudando su fanatismo por el Ciclón–. De todas maneras, mientras mi hermano jugó en Huracán, siempre quise que ganaran. Menos cuando jugaban contra nosotros...

Cuando el club le alquiló al Loco su nueva vivienda en Parque de los Patricios, Cacho se encargó de pintarla. Pero esas refacciones apenas fueron estrenadas, pues no se adaptó y rápidamente regresó a su casa de la villa, la misma que se llenó de gente mientras transcurría el Mundial de Alemania.

–Todos venían a felicitarnos. Pensar que dos años antes solo lo conocíamos nosotros y después todos los diarios del mundo hablaban de él...

En el comedor de su hogar, Cacho y Nené también recibieron a numerosos periodistas, deseosos de entrevistar al nuevo astro del fútbol argentino. El matrimonio puntualizó un caso muy particular:

–Un día le hicieron una nota en Canal 11 y el cronista era Pichuqui Mendizábal. Vino con Mariquita Valenzuela, que era su novia. Ella se quedó esperando en el auto –recordó la señora.

El siguiente Mundial los Houseman ya no la verían desde el Bajo Belgrano. El humilde barrio había sido demolido, pero la familia alcanzó a mudarse antes

a Hurlingham. Allí, de a poco y con esfuerzo, fueron edificando una casa que luego pasó a manos de Alejandro, el mayor de sus hijos.

Cacho y Nené tuvieron además otros dos: Sergio, que falleció a los 33 años por una complicación cardiaca, y el menor, Tomy.

Su marido reveló:

–Todos mis hijos salieron zurdos, igual que Diego, el pibe de René.

Tras alejarse del Bajo Belgrano, la relación de Cacho y el Hueso pasó por diferentes etapas. Hubo momentos en los que estuvieron distanciados. Después, volvieron a hablarse con mayor frecuencia, si bien las visitas no dejaban de ser esporádicas porque, según Cacho, "a mi hermano no lo sacás de Belgrano ni con una grúa. Él es un fiaca y a nosotros también se nos complica viajar, más todavía, sin auto".

El matrimonio contó que era propietario de un almacén, también en Barracas. Sin embargo, afectado por los trastornos económicos de la década del n90, el negocio bajó la persiana y ellos lo perdieron prácticamente todo. Gracias a las changas del esposo, cuya especialidad eran los trabajos de pintura, siguieron adelante.

Cuando a Cacho se le mencionó el problema de adicción que padeció René, sorprendió con su respuesta:

–Por ahí el culpable fui yo. En casa siempre tomábamos un poco de alcohol en las comidas. A mí me lo había recomendado el médico por un tema cardiaco y entonces mezclaba vino o cerveza con gaseosa. René era chico y tal vez haya empezado así.

Su mujer, presente en la conversación, asintió e intervino para recordar una anécdota relacionada con el casamiento:

–Nosotros nos casamos cuando René tendría diez años. Me acuerdo que se le colgó al hermano de la pierna y le gritó: "Por favor, no te vayas con esta". Era celoso...

Cacho sonrió. Él también se acordaba del episodio.

–Mi hermano era muy especial –sostuvo–. Siempre fue un tiro al aire. Por algo le decían el Loco. Yo me enojé muchas veces con él, pero al final me di cuenta de que había que aceptarlo como era, y no tratar de cambiarlo. De todos los que lo intentaron, ninguno tuvo suerte. Si no cambió cuando era joven...

El sincero comentario le dio pie a Nené, quien apelando al lunfardo, destacó las cualidades humanas de su cuñada:

–Olga sí que es una pingaza. Siempre estuvo con él. Lo que aguantó esa mujer no cualquiera lo hace...

Ya no quedaban rastros de café en los pocillos. En dos horas, el matrimonio había resumido buena parte de la historia familiar. Igualmente, nunca es tarde si otra anécdota regresa a la memoria de su protagonista:

–Una vez, después de muchos años, volví a Excursionistas. Había un torneo de papi fútbol y René me insistió para que me anotara en el equipo que él integraba con unos amigos. Había una guita de premio y en parte le hice caso por eso, porque yo llegaba a la noche cansado del laburo y tenía ganas de ir a mi casa, no de jugar al fútbol. Pero nos inscribimos y salimos campeones, conmigo

jugando de arquero. Resulta que cuando agarré mi plata la gente del equipo vino a exigírmela. Parece que era para un amigo que estaba preso y que yo ni conocía. A mí René no me había dicho nada, caso contrario, no jugaba. Me quedé con la parte que me pertenecía, pero casi me fajan. Más adelante, sucedió algo parecido. También me anotó mi hermano en un campeonato que se jugaba en Excursionistas. El primer premio era un viaje a Uruguay. Salimos primeros, aunque el pasaje todavía lo estoy esperando...

CAPÍTULO 36

LA EMA Y EL CHOLO

Ema del Valle es, en orden de edad, la segunda hermana y única mujer de la dinastía Houseman. Nació el 12 de julio de 1947 en el Hospital Pirovano. Por lo tanto, también es la única de los cuatro que no nació en Santiago del Estero. Sin embargo, recién a los diez años caminó por las calles de Buenos Aires. De su primera etapa en la capital dijo no tener recuerdos, pues sus padres y su hermano mayor, Cacho, regresaron a La Banda cuando ella era una beba. No obstante, por lo que le contaron, sí tenía conocimiento de algunas cosas llamativas. Por ejemplo, que con solo 15 días de vida entró a una cancha. La llevó su padre Walter, que era fanático de Tigre y en sus brazos la hizo ingresar al estadio de Victoria.

Como su madre simpatizaba con Boca, ella heredó el sentimiento por los xeneizes. Su condición de mujer no le impidió gozar del fútbol tanto o más que los varones de la familia. Empero, existió una ocasión en la cual Ema gritó con toda su fuerza un gol de River. Fue en el verano de 1981. Esa tarde, en la que el equipo dirigido por Ángel Labruna le ganó a Colón cuatro a cero, su hermano René estuvo presente en el marcador.

–Fue la única vez en mi vida que festejé un gol de las "gallinas". Después estuve arrodillada diez días seguidos, pidiéndole perdón a Dios...

Sentada frente a una taza de café batido, Ema confesó con dolor la situación. Y las dudas de que la pasión por el fútbol es solo masculina se evaporaron en ese mismo instante.

Junto a Ema estaba Héctor Eduardo, el Cholo, el tercero de los hermanos. En la casa de este último –un sencillo departamento ubicado en un complejo de monoblocks de Villa Celina, sobre una calle de tierra– se llevó a cabo la entrevista con los dos Houseman del medio. La señora de Pécora (el apellido de casada de Ema, desde que comenzó a vivir con Carlos, también presente en la charla) tomó la iniciativa. El Cholo y el resto de los comensales –varios parientes más– la escucharon con atención.

Ema habló de todo. No omitió referirse a su dura infancia en Santiago del Estero. A la necesidad de salir a trabajar cuando apenas era una nena. A la difícil relación que el padre tuvo con el resto de la familia. A la extrema pobreza que

los siguió acosando en el Bajo Belgrano. A su vida fuera de la villa. A un presente que la encontraba trabajando como empleada por horas, carente de los padecimientos de antaño, pero desprovisto de cualquier manifestación lujosa. Y, obviamente, a René.

–Desde que tengo uso de razón siempre fuimos pobres. Todavía la veo a mi mamá deslomándose para que nosotros pudiéramos comer y estudiar, tanto en La Banda como en la capital. El dinero nunca sobró. Pasamos hambre y ni para vestirnos teníamos, pero no puedo decir que no hayamos sido felices.

»–A los nueve años empecé a trabajar en casas de familia. A mi mamá no le quedó otro remedio que mandarme a hacer ese tipo de tareas. Estábamos en la miseria, pero éramos honrados. Nunca nos desviamos del camino correcto, y eso que oportunidades era lo que sobraba. El mejor ejemplo lo teníamos en casa: a mamá muchas veces le ofrecieron darnos en adopción. En Santiago del Estero le aseguraban mucha plata para que nos entregara, pero la dignidad era algo con lo que ella no negociaba.

»–Mi papá era un muy buen hombre, pero la bebida lo arruinó. Muchos de los recuerdos que tengo de él están relacionados con su enfermedad. Quizás no se portó bien con mi mamá ni con nosotros. Me acuerdo, por ejemplo, de cuando se emborrachaba y yo tenía que ir a buscarlo al bar para traerlo a casa. O de cuando nos molía a palos al Cholo y a mí. Después de pegarnos, nos hacía bailar el chamamé "Merceditas". Por eso, cada vez que vuelvo a escuchar esa canción me pongo a llorar. Pero estaba enfermo. Yo igual lo amaba y nunca me avergonzó reconocerlo.

»–A mí la pelota me encantaba. Yo, como mis hermanos, hubiera estado todo el día jugando al fútbol. Pero mi abuela Serafina no me dejaba. Decía que eso no era para mujeres. Tuve que conformarme con el voley, en la escuelita del Wayná. Ahí los que se juntaban eran mayormente los paraguayos. Hacían desafíos por plata. Jugaban uno contra uno y les gustaba hacer apuestas por todo. Hasta para ver quién escupía más lejos.

»–La destrucción de la villa es uno de mis recuerdos más tristes. El gobierno te daba una fecha, y ese día venía el camión a sacarte. Si tenías un lugar para ir te llevaban junto con tus cosas. Si no, ibas a parar a ranchos del Bajo Flores, Soldati o Florencio Varela. Nosotros, dentro de todo, tuvimos suerte: mis padres pudieron hacerse una casa en Hurlingham gracias a la ayuda de René. Yo estuve un tiempo en el departamento que él tenía en la calle Monroe. Después, también me fui a Hurlingham, y ahí me quedé.

–»Yo trabajo en casas de familia. Todos los días me voy hasta Belgrano a laburar en una casa donde antes estaba la villa. Lo que es el destino, ¿no? Parece que no me puedo ir de ese lugar, como René.

Ema se casó en 1966. Como fruto de ese primer matrimonio nació Claudia. Luego vino la separación y la posterior unión con Carlos Pécora, otro exhabitante de la villa del Bajo Belgrano. Juntos tuvieron otra hija, Bárbara, nacida en 1990. Cuando ella cumplió 15 años, toda la familia se reunió en un gran festejo. La asistencia de René fue toda una sorpresa para sus tres hermanos. Hacía mucho tiempo que no lo veían. "Él es así, medio vago. No va a visitar a nadie. Para

moverlo de Belgrano hay que esperar no sé qué... Pero yo lo quiero lo mismo, con toda mi alma lo quiero".

Una sincera efusividad brotó desde el corazón de Ema, que aunque dejó entrever cierto enojo por el especial carácter del menor de sus hermanos, no se abstuvo de remarcar su adoración hacia él. Según Ema confió, René no fue todo lo demostrativo que ella hubiera querido. Pero seguramente su amor fue recíproco. No en vano le obsequió el que acaso haya sido su trofeo más preciado. Un recuerdo futbolístico que, más allá del costo material que posee, se destaca por un inmenso valor afectivo: nada menos que la camiseta número nueve que utilizó durante el Mundial 78. Ema la conservó con orgullo, divirtiéndose al comprobar el notorio encogimiento que la remera sufrió debido al paso del tiempo. Regalos al margen, la señora se ufanó de haber estado junto a René en los momentos más difíciles de su vida:

–Yo siempre tuve esa vocación de cuidarlo. Cada vez que él necesitaba algo, ahí estuve. Una de las primeras veces fue cuando lo encerraron una semana en Tribunales, en 1980. ¡Qué manera de correr! Con los abogados, con la policía, llevándole comida... Una chica lo acusó de intento de violación. Solo quería sacarle plata. Esa piba se violaba sola...

–»Por su forma de ser, René me hacía renegar mucho. En el 90, cuando ya estaba muy mal por el alcohol, yo lo acompañaba al Hospital Durand a hacerse un tratamiento de gastroenterología. De Hurlingham me iba hasta Belgrano y nos tomábamos el colectivo 95. A veces me hacía viajar inútilmente: yo llegaba y él no quería ir porque estaba cansado o buscaba cualquier otra excusa. Una vez me harté: "No voy más", dije. A los pocos días Dieguito, el hijo, me viene a ver corriendo a una casa en la que yo trabajaba por horas. Su papá se había caído en la calle. Me fui volando para lo de René y ahí estaba él, tirado con la boca abierta, llena de llagas, vomitando... Con mi marido lo llevamos en el auto al Durand y se quedó internado. Tenía mucha fiebre. Lo pinchaban por todos lados y no reaccionaba. Recién después empezó a mejorar, pero estaba realmente muy mal. Fue a partir de esa internación que nunca más volvió a tomar.

Si bien los problemas de adicción del Loco se acabaron tras la mencionada situación, su vapuleada salud nunca dejó de molestarlo totalmente. Y su hermana seguía acompañándolo a visitar especialistas. En 2007 lo llevó a hacerse todos los estudios previos para una intervención de cataratas. Luego de ser operado exitosamente en uno de sus ojos, reapareció su ya crónico malestar estomacal. Entonces, Ema lo acompañó en varias oportunidades al Policlínico Bancario:

–El director era fanático de Huracán y nos dijo que sacando el nacimiento de sus hijos, el campeonato del 73 es lo que más feliz lo hizo en la vida. Ahí lo atendieron maravillosamente. Casi lo tenemos que internar de nuevo. Lo que tenía no era operable y estaba cada vez peor. Era por una especie de agujero en el esófago, que se daba por no comer bien y por todo lo que traía de arrastre. Le explicaron que necesitaba hacer una vida más ordenada. Él vivía al revés, durmiendo de día y quedándose despierto hasta cualquier hora de la noche. No le daba bolilla a nadie, pero parece que se dio cuenta que la cosa era grave y se comprometió a hacer un tratamiento.

Al final de la conversación quedó claro que las ganas que su hermana tenía de que René saliera adelante una vez más eran capaces de sortear cualquier obstáculo. Y, a modo de confirmación verbal, lanzó la frase que lo sintetiza:

–Siempre que él me necesitó, ahí estaba la Ema.

Por unos segundos, el silencio se adueñó del comedor de la vivienda de Villa Celina. El Cholo entendió que su hermana había terminado. Bebió lo que quedaba del café y se preparó para arrancar con su propia historia. El hombre nacido en La Banda el 13 de diciembre de 1949 no contradijo ninguno de los dichos de Ema. En cambio, agregó otros datos interesantes, como los que se hallan netamente emparentados con el quehacer futbolero del clan. Hincha de River al igual que el padre (insólitamente, los cuatro hermanos poseen diferentes simpatías futbolísticas, si bien en común después adquirieron la identificación con Huracán), Héctor empezó por hacer alusión al magnífico equipo que los tres varones integraron en la villa del Bajo Belgrano: los célebres Intocables. Su memoria privilegiada le permitió recitar la formación sin detenerse:

–Este sería el gran equipo que no perdía nunca. Al arco iba el Patón Juárez; de cuatro jugaba yo, de dos el Colimba, de seis Hugo Zárate –el capitán– y de tres René, aunque a veces él era suplente y jugaban el Colo o Piccín; de ocho estaba Cacho, de cinco el Negro Pelé y de diez la Liebre; de siete Alfio Luna, de nueve el Sordo o Cahiela y de 11 Chiquitín. Aclaro que de varios solo sabíamos los apodos, aunque nos conocíamos desde chicos y estábamos todo el día juntos.

–»Con excepción de mis hermanos, solo Luna llegó a una Primera A. Creo que en Argentinos Júniors (Nota de los Autores: jugó 43 partidos entre 1970 y 1972). Después, Cahiela también anduvo por la Primera de Excursionistas (se llamaba Juan Ernesto Zella y había jugado en 1964 y 1965). Pero con el resto, por más que eran fenómenos, no pasó nada porque nunca se tomaron el fútbol muy en serio. Si se lo hubieran propuesto de verdad, muchos hubieran llegado. Ya les digo, imagínense lo que era ese equipo que René a veces tenía que comerse el banco...

–»¿Mis características? Y... yo corría y metía. Bueno, y algo de habilidad tenía. Pero era más que nada batallador. Una vez fuimos a jugar contra los de Saldías, que era una estación del Ferrocarril Belgrano que queda para el lado de Retiro. Para ellos jugó Solórzano, un tucumano muy bueno que salió campeón con Vélez. Casi lo parto. Los de Saldías me querían matar porque le habían tocado a la estrellita. Ese día perdimos tres a dos.

–»Los campeonatos nuestros eran en la canchita de Pampa casi Figueroa Alcorta. Ahí sí que nos dábamos de lo lindo contra otros equipos del barrio. Teníamos un par de clásicos, como con el Real Madrid, que eran gente que vivía sobre la Pampa. Ahí jugaba Oscar Gómez, un defensor que llegó a ser suplente de Perfumo en Racing y después fue técnico de Excursionistas. También había un clásico con los santiagueños de la villa. Por más que nosotros éramos de esa provincia, jugábamos para la contra y nos tenían pica...

–»Una vez, un vecino vinculado a River, cansado de que nos hiciéramos tanta fama con lLos Intocables, nos organizó un desafío con la Quinta División de AFA de ellos: los goleamos ocho a uno.

–»Lo de lLos Intocables era una especie de entretenimiento. Como la mayoría de los muchachos, yo también jugué en otros lados. Mi primer club fue Excursionistas, donde estuve en la Quinta División. Después fui a Español, que usaba la cancha del ACIR que estaba enfrente de casa. Al año fiché para Defensores de Belgrano y jugaba en Tercera cuando René estaba en la Sexta. Pero me dejaron libre antes de hacerme el contrato y no llegué a debutar en Primera. En una época también anduve por Estudiantes de Mercedes, junto con Cacho. Y en el 76 me fui a Jujuy a probar suerte. Jugué para Gimnasia un regional, pero no pudimos clasificar para el Nacional. Ahí fui compañero de Valencia, que después terminó jugando el Mundial 78. A Gimnasio lo eliminó Altos Hornos Zapla y nos pegaron un voleo a todos. Yo me fui a Atlético Ledesma, con Ángel Tulio Zoff de técnico, y me fue bien. En un partido me puso de wing derecho y metí tres goles. Pero como ya extrañaba demasiado, me volví a Buenos Aires.

–»Allá en Jujuy eran unos vivos bárbaros. Me decían que usara el parentesco con René para sacar ventaja. Pero a mí era difícil convencerme: "Yo soy yo y él es él", contestaba. Una vez sí me convencieron: saqué un crédito y acosté a unos usureros que se aprovechaban de los pobres.

–»Lo último que hice como futbolista fue jugar algunos partidos en Primera D para Defensores de Almagro, un club que se desafilió de la AFA poco tiempo después. Me acuerdo que hacíamos de local en la vieja cancha de Fénix, en la villa de Colegiales, y entrenábamos en la de Piraña, en Barracas. Hasta que largué y me dediqué a laburar como empleado de una imprenta de Carlos Calvo y Colombres.

El Cholo se casó por primera vez en 1970. De aquel vínculo nacieron Mónica, Carla y Eduardo. Pero se separó y en 1986 tuvo otra hija, Viviana, como consecuencia de su relación con Elba Coronel, su nueva mujer. En su primer matrimonio sufrió con horror la pérdida de su casa en épocas de la dictadura militar. Sin techo propio, con esposa e hijos, se acomodaron en un terreno que un amigo les prestó en la localidad de Derqui. Desde allí palpitó cada uno de los partidos del Mundial 78, tal cual le contó a un cronista del diario cordobés Los Principios, que le realizó reportajes a los familiares de los jugadores cuando la Copa estaba por culminar. Dijo Héctor:

–Tengo que caminar cuatro cuadras en la oscuridad para poder ver los partidos en la casa de una hermana de mi señora, porque donde vivo, en una villa, no hay luz. Cuando vuelvo hay mucha oscuridad y, además, perros. No fui nunca a la cancha y tampoco pienso hacerlo. Es por cábala, así probablemente salgamos campeones.

Más adelante, ya divorciado, Cholo se fue a la casa de su madre, en Hurlingham, en lo que fue la escala previa a su última mudanza a los monoblocks Villa Celina. Cuando se realizó esta entrevista, trabajaba como sereno en un garaje del barrio de Floresta.

Cacho, su hermano mayor, trazó un cariñoso perfil del Cholo:

–Era un muy buen defensor. Y muy calentón. ¡Cómo gritaba en la cancha! A René lo tenía loco con las indicaciones. Un día casi se agarran a piñas.

Apenas Cacho terminó de decir esto, una disparatada anécdota le vino a la mente:

–Una noche que estábamos festejando algo en lo de René, Cholo se dio cuenta que estaba borracho. Pero no entendía cómo había pasado. "¿Cómo puede ser, si yo nada más tomé un traguito de cerveza?", se preguntaba. René lo miraba y no podía aguantar la risa. El Loco era el responsable: le había metido una pastilla de no sé qué en el vaso.

CAPÍTULO 37

OLGA

"Y, sin proponérmelo, ya estoy envuelto en una historia de amor adolescente... Y tenía que ser así... ¿Con René el esquema periodístico? ¡Como si alguien intentase un prospecto de marcas para adivinarle los amagues! A ver, a ver quién intenta la cronología de la historia. Mejor Olga, a quien René acude cada vez que pretende esclarecer su complicada relación con el almanaque... ¿Cuándo empezaron a noviar? Quizá desde siempre. Desde que ella llegó a la villa del Bajo Belgrano, cuando todavía chiquilina emigró de su Villarrica paraguaya... La misma historia de René... Cuando una mañana, todavía purrete, despertó lejos de los paisajes de La Banda, de su Santiago... Y desde entonces fue que comenzaron a verse, tal vez sin verse... Cruzándose todo los días en el hábito de la misma calle. Después, los bancos de la escuelita, como la llaman los dos. Más tarde el club Wayná, donde ya René destacaba su destreza deportiva para ser figura en la división campeona de voley y en la gambeta rea que ya era famosa en todo el Bajo... Y, al cabo, la vida... Cuando un día, cruzando la misma calle, se miraron para verse de otra manera... 'Sí, pero usted no sabe... Nunca me decía nada', agrega ella con una sonrisa intencionada. Nunca le dijo nada, como el tímido protagonista de Atahualpa... Amor gorrión, sin galanteos, sin requiebros literarios... Amor silvestre, sin la formal ceremonia de la petición de mano ni el programa de las visitas a domicilio con la anuencia paterna... ¡Total! Si todo siguió como un juego...".
(Osvaldo Ardizzone, revista El Gráfico, octubre 1975).

–Che, Olga, ¿nos casamos?

Sin romanticismo ni preámbulos, Quenó lanzó la frase.

Ella era una nena. Tenía 15 años. René había cumplido 19. Igual, aceptó.

Se conocían desde que ella tenía 10 y él 15. Primero fueron amigos. Y casi como un juego de chicos, empezaron a salir y un día descubrieron que se querían. Tras seis meses de romance, llegó la propuesta matrimonial, la respuesta afirmativa y el casamiento el 26 de noviembre de 1973.

Desde entonces René y Olga vivieron a pleno una historia cargada de alegrías y sinsabores; de risas y lágrimas. Atravesaron miles de obstáculos. Pero 42 años

después, seguían juntos. Hay dos hijos, Diego René y Jésica Evelyn. También un nieto: Damián Ezequiel, el hijo de Jésica, que nació en 2001.

–¿Cómo empezó todo? Uy... ya hace tanto tiempo que ni me acuerdo... Creo que nos empezamos a tratar en el club.

Entrevistada para este libro en la puerta del edificio de la calle Echeverría –"disculpen que no los hago subir, la casa está muy desordenada", se excusó–, Olga se esforzó para regresar mentalmente a su adolescencia. O, mejor dicho, a su niñez. Y se vio a sí misma jugando al voley en el club Wayná, la pequeña entidad barrial de la villa del Bajo Belgrano. Allí conoció a René, quien amén de haber aquilatado fama por su calidad en el potrero, también tenía pasta para el voley, el otro deporte que practicaba con sumo placer.

–En el club nos hicimos muy compinches. Después él venía a mi casa a escuchar música, a charlar... Y vieron cómo es esto, ¿no? Sí, sí, así empezó todo...

Olga Soto Báez nació en Villarrica, Paraguay, el 5 de febrero de 1958. Pero nada se acuerda de aquello, porque apenas caminaba cuando sus padres, Felipe y Juana, decidieron radicarse en la Argentina, en busca de la prosperidad que en tierras guaraníes era imposible encontrar.

La familia –padres y cuatro hijas mujeres– levantó su hogar en Húsares y Olazábal. Ella era la menor, detrás de Gertrudis, Angélica y Esther. Ya en el Bajo Belgrano y mucho después, nacería la menor de las nenas: Marcela. Sucedió recién en 1973, curiosamente el mismo año del casamiento de Olga. Apelando a una cuota de su humor más ácido, René bautizó a las chicas como "las hermanas calambre".

Una de ellas, Esther, se casó con Héctor Rubiolo, otro habitante de la villa que, al igual que René, representó a los paraguayos en aquel sudamericano del Circuito KDT. Rubiolo era una interesante promesa futbolística que llegó hasta la Tercera de River. Luego, reconocido por su padre biológico, cambió su apellido por Favre y, por gestión de Houseman, integró el plantel de Huracán, pero no llegó a actuar en Primera.

La Iglesia Nuestra Señora de las Mercedes, en Belgrano, fue la escogida para que la pareja diera el sí. A la mañana lo habían hecho en el registro civil de Parque de los Patricios. Dos hinchas de Huracán, muy allegados al Loco, fueron los padrinos. La fiesta de casamiento se realizó en la confitería de Defensores de Belgrano. La dirigencia le adeudaba a su exwing derecho algún porcentaje de su venta, cosa que saldó con la organización del festejo, al que concurrió todo el plantel rojinegro.

No hubo viaje de bodas. Las obligaciones deportivas de René lo impidieron. Debieron conformarse con una especie de luna de miel que vivieron durante la pretemporada de Huracán en Mar del Plata, en el verano del 74: "A él lo dejaban salir bastante aunque estaba concentrado, y la pasamos bien", reveló Olga.

No pasó mucho tiempo para que el flamante matrimonio dejara el Bajo para mudarse a un departamento de Parque Patricios. René, convocado para la selección, comenzó a viajar con frecuencia. En mayo de 1974, en la gira europea previa al Mundial, se enteró que sería papá. Su mujer se lo había dicho por teléfono. Pero ella perdió aquel embarazo. Poco más de un año después, en

septiembre del 75, nacería Diego, el primer hijo de ambos. René tampoco estuvo en el momento del parto: una gira con Huracán lo había alejado de Buenos Aires por más de un mes.

La sumatoria de todas esas circunstancias le hicieron comprender a Olga que no sería sencilla la vida junto a un marido súbitamente famoso, que permanecía poco en casa y era acosado tanto por los hinchas como por dirigentes y periodistas, que se resistían a aceptar ciertos rasgos extraños de su personalidad. Su huida de las concentraciones y su retorno al hogar de la villa desconcertaban al ambiente del fútbol. Los elogios llovían en la misma proporción que las críticas.

–Me acuerdo de la noche que se apareció en un cumpleaños en Castelar, después de haberse escapado de la selección. Cuando lo vi entrar no entendía nada. Pero él estaba tan contento de no tener que estar más preso, que nadie le hizo un reproche.

El testimonio de Olga tiene que ver con la que, seguramente, fue la fuga más espectacular del Loco, que saltó un paredón del predio de Luz y Fuerza en la que había sido una de sus primeras citaciones para el seleccionado. Todavía adolescente, ella se erigió como el principal sostén de René frente a la hostilidad de un mundo nuevo. Con su hijo recién nacido, sus necesidades afectivas influyeron para que la vuelta al Bajo se efectivizara rápidamente.

–Mi marido vivía concentrado y de viaje en viaje. ¿Qué iba a hacer yo en Parque Patricios, entre esas cuatro paredes? Preferí volver y estar más acompañada de mi familia...

La platea de Huracán fue durante muchas tardes anfitriona de Olga y Dieguito. Su mujer era recibida con gran cariño por los hinchas del Globo. Ella, si bien iba a la cancha, siempre reconoció que de fútbol entendía poco y nada.

–Mucha gente me saludaba efusivamente y me felicitaba por René. Yo agradecía y me ponía contenta, pero la verdad es que nunca me interesó el fútbol. Lo acompañaba a él, nada más.

A pesar de ese desinterés, su dedicación para administrar cuidadosamente el dinero generado por su marido resultó indispensable. Frente a la inevitable capacidad de despilfarro de René, cuando estuvo a su alcance, Olga procuró manejar con mayor cuidado los ingresos.

De esa manera, la pareja se mudó a su primera casa propia, luego de la vivienda de la villa que dejaron antes del Mundial 78. Estaba ubicada en Ramsay y Monroe, a muy pocas cuadras de la anterior. En 1985 realizaron su última mudanza, al departamento de Echeverría y Libertador.

René elogió en muchas ocasiones las virtudes de su esposa.

–Con un hijo como el mío, que te vuelve loco, y una mujer como Olga no hay excusas. Si no jugás bien es porque sos un tronco –declaró en mayo del 76, al dejar atrás uno de sus tantos conflictos con Huracán.

Ocho años después, con su carrera a punto de terminar, el Loco firmó para Independiente. Era la última oportunidad que tenía de no caer en un pozo que él mismo había contribuido a cavar. René aseguraba que había cambiado para bien. Le preguntaron si lo había logrado solo o si influyó otra persona. Y contestó:

–Mi mujer, Olga, que es un fenómeno, muy compinche, me rompió los huevos hasta el cansancio. Me hizo ver las cosas de otra manera. La tengo a ella, a los dos pibes, ahora me falta volver a ser alguien en el fútbol, no me quiero entregar.

Pero con 30 años, cambiar no resultó lo fácil que deseaba y se repitió la historia de esperanza y desilusión. Su repentino alejamiento de las prácticas determinó el final del vínculo con Independiente y el cierre de una brillante campaña, que no se correspondía con un corte tan drástico, aunque tan anunciado.

Tras un breve paso por Sudáfrica y otro por Excursionistas, más fugaz aún, su carrera quedó concluida. En cambio, lo que nacía era una pesadilla emparentada a la adicción que despertó con toda su furia una vez que el fútbol pasó a ser un recuerdo. El alcoholismo le empezó a ganar la batalla a todo lo que tenía que ver con René. Y entre esas cosas, estaba su matrimonio:

–Si jugaba se rescataba –apuntó Olga–, pero cuando lo dejó perdió el control. Ahí estuvimos a punto de separarnos. Se la pasaba todo el día en el bar, hasta que se sintió tan mal que lo internamos. Tenía fiebre, convulsiones. No podía con su alma...

El retiro de René de la actividad futbolística trajo aparejada una considerable merma en los ingresos monetarios. Fue su mujer la que salió entonces a trabajar. Con dos hijos que alimentar, no dudó en aceptar un empleo en la bombonería Dalmés, situada en la esquina de su casa, en Echeverría y Montañeses. Allí trabajó 18 años, hasta que el local bajó la persiana, en 2006. Pero Olga no se dejó estar y de inmediato consiguió otra ocupación, como recepcionista de un gimnasio. A continuación, le ofrecieron empleo como vendedora en una tienda, a dos cuadras de su casa.

–René de un día para el otro dijo que no jugaba más. No sé qué le agarró, todo el mundo decía que estaba loco para dejar de jugar tan joven. Pero siempre hizo lo que quiso. Y bueno, si él no trabajaba tenía que hacerlo yo –reconoció Olga con suma naturalidad. En su expresión, desprovista de lamentos y rencores, solo quedaba algo de resignación.

En el advenimiento de los tiempos difíciles no había margen para sentarse a buscar explicaciones. Simplemente era prioritario impedir que Diego y Jésica pasaran privaciones, poniéndole el pecho a las dificultades de índole económica que se avecinaban. En la crianza y educación de los hijos, la madre fue la que llevó las riendas y puso los límites, mientras René se debatía en su lucha, contextualizada en el último tramo de su carrera. Olga trajo a colación un ejemplo que tiene que ver con el rol predominante que desempeñó en aquellos años:

–Cuando Diego terminó la primaria tuvo que optar entre jugar en River o seguir en el colegio industrial. Fui yo la que dije que lo principal era que estudiara. Se anotó en el Raggio y tuvo que darle menos bolilla al fútbol.

El precipitado final y el inmediato agravamiento de la enfermedad fueron factores demasiado determinantes como para que no influyeran en el entorno familiar.

–Más por mi salud mental que por lo económico, yo siempre elegí trabajar. Y de lo que sea: si, inclusive, hay que limpiar, limpio. Por suerte siempre me llamaron, en el barrio me conocen –afirmó con orgullo, confesando que el que se resistía a que ella saliera a cumplir su jornada laboral era su marido.

–Es muy celoso –sentenció–, aunque yo jamás le di un motivo. En eso no nos parecemos, porque yo no tengo ese problema. Nunca lo perseguí, ni siquiera en su época de mayor fama. Quizás por eso tampoco me enteré de que anduviera en nada raro.

Una sonrisa acompañó su última reflexión. Pero el tema, presuntamente conflictivo, lejos estuvo de incomodarla.

–Más allá de los nuestros, nunca le apareció ningún hijo por ahí –añadió con su tono delicadamente irónico–. Pero, ojo, que si eso pasaba, para mí sería un hermano más de Diego y Jésica. Yo digo que los hijos son inocentes, ellos no tienen la culpa de lo que hacen los padres.

Hubo una ocasión en la que sí existió un problema serio, causado por la denuncia de una mujer. En aquella oportunidad, Olga se enteró al igual que todo el país, ya que la noticia de una supuesta violación salió en los diarios. Pero la cuestión fue más lejos aún, pues René pasó algunos días en una celda de Tribunales, hasta que se aclaró su situación y se comprobó que la presunta víctima solo quería sacarle dinero.

–Soy un desastre para las fechas y tengo la habilidad de descartar de mi cabeza todo lo malo, pero recuerdo que eso pasó a mediados de 1980. Lo sé porque yo estaba embarazada de Jésica, que nació a principios del 81. Esa semana fue terrible. Toda la familia sufrió muchísimo. Siempre aparecía alguien para sacarle plata a René. Él negó todo, aunque tal vez no se acordaba porque estaba borracho...

Olga volvió a sorprender con su reflexión. Su naturalidad para abordar el pasado sin restricciones, era una invitación para seguir charlando con esa mujer que pronunciaba cada palabra en un tono suave, casi susurrando.

–Tuvimos épocas difíciles. La peor fue cuando tomaba. Ahí estuve a punto de dejarlo y no sé qué hubiera pasado si lo hacía. En casa mal que mal se controlaba, pero si se quedaba solo, seguro que terminaba mucho peor... Me acuerdo que Diego se puso muy mal cuando le hablé del divorcio y al final no nos separamos... Ahora todo está mejor: René está más tranquilo y yo también. Pero sobre todo antes, todo el mundo me decía: "Vos sí que tenés un aguante especial...".

Conversar con Olga posibilitó descubrir que su esencia es tan sencilla como la de su marido. Sus pretensiones no van más allá de conservar una vida austera y pacífica junto a sus seres queridos. A pesar de que en la época de esplendor del futbolista el bienestar económico le hubiera permitido incursionar en costumbres más sofisticadas, ella –como René– privilegió la tranquilidad del hogar ante cualquier otro signo de estatus social.

El matrimonio nunca adoró el lujo. Existe una anécdota que lo refleja de manera contundente y se remonta a cierta vez que un periodista los visitó en su anterior morada de la calle Monroe.

–Este departamento lo tenés algo abandonado. ¿Vivís a lo qué me importa? –le preguntó al Loco.

–A veces lo pintamos con mi mujer. Yo lo veo bien, me gusta vivir así, no me importa el orden ni que brillen las cosas.

–¿Un reflejo del pasado?

–¿Lo decís por la villa?

–Podría ser.

–Sí, claro, en la villa no teníamos cortinas, mi familia y yo no leíamos revistas de decoración.

En una oportunidad, fue Olga la que concedió un pequeño reportaje para hablar de su marido. La entrevistó el diario Popular, pocas horas después de la coronación argentina en el Mundial 78.

–No sabe la que pasamos para llegar hasta casa. Nos trajeron en un patrullero policial –le confió al cronista

–¿Y la gente no lo reconoció a René?

–No, porque él se cubría la cara con las solapas del sobretodo.

–¿Y qué dice su esposo?

–Creo que todavía no se ha dado cuenta de lo que pasó. Está como siempre. Veremos cómo reacciona después.

–¿Qué piensa él de Menotti?

–Que es una gran persona. Lo admira por su personalidad. Yo sinceramente creo que es el que más se merece el triunfo.

Las veces que Olga viajó en avión hay que contarlas con los dedos de una mano. Al igual que René, no le gusta alejarse de su entorno.

–Lo máximo que fui es a Chile, cuando a mi marido lo transfirieron al Colo Colo y nos mudamos a Santiago. Eso para mí fue un castigo. Si no era muy difícil que me sacaran de casa. Y cuando los chicos empezaron el colegio, olvidate. Esa fue mi gran excusa. En cambio, a Diego le encanta recorrer lugares. Él me dice: "Yo no entiendo cómo te perdiste de haber conocido el mundo por quedarte acá". Y yo le contesto que viajar no me produce placer, que yo disfruto a mi manera. Eso sí: los chicos se mudaron a San Martín de los Andes y a Córdoba y ahí me la pasé recorriendo el país. Iba y venía...

El maestro Osvaldo Ardizzone cometió una sola equivocación al redactar el magnífico párrafo que encabeza este capítulo: "Amor silvestre, sin la formal ceremonia de la petición de mano ni el programa de las visitas a domicilio con la anuencia paterna", escribió en 1975. Sin embargo, el error consiste en que René sí pidió la mano de Olga y, además, también debió someterse al régimen de visitas impuesto por don Felipe.

–Yo todavía era chica y mi viejo, un tipo muy cerrado, aunque René lo adoraba. "Van a ser novios durante seis meses y, si después quieren seguir, se pone fecha de casamiento", nos ordenó. Eso fue en abril del 73. En septiembre nos comprometimos y nos casamos en noviembre. La cosa era así de estricta. Cuando él fue a pedir mi mano yo ni siquiera debía estar en casa. Y hasta que no nos casamos, no pudimos salir nunca solos. Nos acompañaba mi mamá o una de mis hermanas y solo tres veces por semana.

Volviendo a las singulares aristas de la personalidad de René, su mujer agregó:

–A veces es como un chico. O peor. Hace unos años lo operaron de cataratas en el ojo izquierdo. Después tenía que seguir un tratamiento, o haber ido a controlarse, y no lo hizo. Le escapa a ese tipo de cosas. Vos le preguntás y te dice: "Sí, ya fui". Pero no fue nada. Es ingobernable. No se deja ayudar y entonces terminar a los gritos es inevitable. Pero después, si entiende, es dócil.

Olga manifestó que gracias a su paciencia, en alguna oportunidad, la compararon con Claudia, la exesposa de Diego Maradona: "Yo la readmiro, pero no creo que las situaciones sean parecidas", desestimó. Y, a propósito de esa tolerancia que le adjudican, cerró el capítulo con una última consideración, buscando desechar cualquier rótulo de mártir, víctima u otro sinónimo a través del cual fuera posible caer en la tentación de calificarla:

–Es cierto, reconozco que hay que armarse de mucha paciencia para convivir con René, pero una no lo hizo por obligación nada más. Si estás 42 años al lado de alguien es porque un cariño sentís...

Con la misma cordialidad con la que salió a la puerta de calle, Olga se despidió y regresó al departamento del primer piso. Entretanto, su marido dormía plácidamente la siesta.

CAPÍTULO 38

HOUSEMAN POR HOUSEMAN

René Orlando Houseman, nacido el 19 de julio de 1953 en La Banda, Santiago de Estero, casado, dos hijos, habló para este libro como quizás nunca antes lo hizo. Numerosas opiniones por él vertidas se encuentran diseminadas a través de sus páginas.

Con excepción de esos segmentos, a continuación se detalla, en primera persona, el testimonio completo del exfutbolista. También se han añadido frases que René utilizó en reportajes concedidos a diversas publicaciones a lo largo de su vida. El orden de los párrafos tiene un criterio periodístico.

"¿Ustedes quieren saber quién es Houseman?

Para mí es un simple ser humano que tuvo la suerte de ser un jugador de fútbol y de llegar a integrar una selección. A veces me pregunto cómo se fue dando todo y ni yo mismo lo entiendo. Un día estaba dándole a la bola en los potreros de la villa, cerré los ojos y cuando los abrí estaba en el Mundial de Alemania, con todo el periodismo encima, diciéndome que yo era una gran figura. Todo se me dio así, muy rápido. De que apenas me conozca mi familia, pasé a salir en la tapa de los diarios.

¡Qué sé yo si me esperaba algo así cuando era chico! Por ahí sí, porque yo siempre soñé con jugar al fútbol. Con mis padres y mis tres hermanos vinimos de Santiago del Estero cuando tenía cuatro años. Mi primer apodo me lo pusieron allá, en La Banda. El Cerdo, me decían. No me bañaba nunca, solo si llovía. Si había jabón mejor; si no, como venía...

Nunca supe bien los motivos de por qué nos vinimos a Buenos Aires. Calculo que habrá sido para tener un mejor porvenir. Mi viejo era albañil y levantó una casita en la villa del Bajo Belgrano.

Decía que yo siempre soñé con jugar al fútbol. En realidad lo único que me importaba era eso. No sé cuántos años tendría, pero me acuerdo que ni bien me levantaba agarraba la pelota y salía a jugar solito. Le daba contra un paredón que había en la esquina de Blanco Encalada y Dragones. Ahí todo el día, de zurda y de derecha. Así aprendí a patear con las dos sin que se notara demasiado que era diestro. Por eso siempre me acuerdo de Sanfilippo, que decía que hacía lo mismo en una pared del viejo Gasómetro. Hasta que mi vieja se enojaba y

me mandaba adentro. Yo le contestaba: 'Un día estas piernas a usted la van a salvar'. Nos tratábamos así, de usted.

Desde muy pibe me vi obligado a hacer de todo para ganar apenas unos pesos... Fui carnicero, verdulero, lechero, repartidor de soda, cadete de una farmacia, cuidador de autos, ¡qué sé yo! Podría nombrar 100 laburos... Con tal de llevar un mango a mi casa... ¿Que cuál me gustaba más? Ninguno. A mí lo que nunca me gustó fue trabajar, así de simple. Aunque si tuviera que elegir el mejor, es el de la carnicería. El Triunfo, se llamaba. El dueño, Oscar Canavese, era hincha de Huracán y yo repartía bifes de chorizo con el camión por los carritos de la Costanera. Ahí tendría unos 14 años. Se cortó porque el día de más trabajo era el domingo y yo iba a jugar a los potreros. ¿Y en la farmacia? Ahí cumplí: nunca confundí la coramina con una bombacha de goma... También fui sodero. Pero me faltaban condiciones. Mano chica. No podía llevar más de dos sifones por vez.

A mi viejo casi no pude tratarlo, aunque me hubiera gustado hacerlo. Tenía parálisis, demencia, no se le podía ni hablar. Quedó liquidado y empezó a darle a la bebida. Mi vieja tuvo que salir a laburar como empleada doméstica y entonces a mí no había nadie que me controlara. A duras penas terminé la primaria. Era un alumno raro, vivía escapándome.

De la escuela recuerdo una cosa fulera: el maestro Ríos, de tercer grado. Por cualquier cosa nos rompía los dedos con una regla. Era terrible ese hombre. Digan que en la escuela también estaba la señorita Leticia. ¡Cómo me enamoré de ella!... Era hermosa, linda, alta, rubia, elegante. Por ella hubiera ido hasta al secundario.

Y después estaban mis hermanos. El Cholo, la Ema y el mayor, Walter, que era como un referente para mí. Por él me empezó a simpatizar San Lorenzo. Un par de veces me llevó a la cancha. Yo tendría nueve o diez años. Jugaba Omar Higinio García. ¡Cómo la rompía! Y lo que son las cosas, ¿no? Mucho después, ya de vuelta, terminó jugando con mi hermano en la Primera de Excursionistas.

Excursio... Excursio... De pibe me hice fana de los Verdes. Por mi hermano y porque yo también empecé a jugar en el baby fútbol del club. Pero bueno, esa es otra historia y se las cuento más adelante.

Recién hablaba de San Lorenzo. Eso me duró poco. Ya se sabe que si sos pibe cambiás de cuadro a cada rato y a mí me pasó. De repente me gustó Boca. Ahí mucho tuvo que ver Rojitas. Yo lo admiraba un montón. Después, ya de grande, me defraudó. Algo que me hizo en la década del s70 no me gustó. Nada que ver con el fútbol, ¿eh? ... En la década del n90 le hicieron un partido homenaje y fui a jugar. Una cosa no tiene que ver con la otra. Me pareció correcto aceptar su invitación porque soy educado.

Hoy veo cómo está el fútbol y me entristece, aunque en realidad en mi época también pasaban cosas feas. Todo lo que lo rodea es desagradable. Hay mucha competencia, puterío, envidia... Antes estaban los que se peleaban por ver quién salía en la tapa de El Gráfico. Yo, en cambio, siempre fui igual, un tipo de la villa. No cruzaba del otro lado de Libertador para no perderme. La envidia que hay en este ambiente es impresionante. Por su culpa hacer amistades en el fút-

bol es muy difícil. Yo comprobé que había envidia cuando decía la plata que ganaba y después iban mis compañeros y se quejaban con los dirigentes: '¿Cómo Houseman gana tanto y a mí me dan solo esto?'. Eso me pasó por otario.

¿Si eso fue en el Huracán del 73? No, fue un poco más adelante. En el 73 si llegaba tarde a practicar todavía decían: 'Dejalo que venga a la hora que quiera, que entre a la cancha y que juegue nada más'. Así pensaban los muchachos más grandes del plantel, como Basile o Carrascosa. Nunca me podré quejar de ellos porque es el día de hoy, que si yo preciso un centro, me lo tiran... El Lobo (Carrascosa) es un monstruo. Cuando nos vemos me habla y parece un cura de la iglesia, me baja de revoluciones, me hace bien. Ya no se fabrican esos tipos. Al Fatiga Russo y a Avallay también los tengo en el corazón.

Pero mis mejores amigos no son del fútbol. Son los que estuvieron en las buenas, cuando yo podía pagar, o en las malas, como cuando estuve internado tres semanas en el hospital Durand. Se me ocurre nombrar a Alberto Molina y Ricardo Leguizamón, pero seguro que debe haber más.

Volvamos más atrás. Recién hablé de Excursionistas... Excursio es mi vida. Es un sentimiento que no tiene explicación. Por eso me dolió tanto que ese dirigente me haya echado del club cuando yo jugaba al baby. La verdad que no me acuerdo ni quién era. Pero me dolió la actitud que tuvo esa persona para conmigo, diciéndome que no me querían por ser de la villa. Si el club está tan identificado con la villa, que la misma hinchada es la que canta 'vamos, vamos los Villeros'... Entonces, por un tiempo no fui más. Aparte también mi hermano dejó de jugar.

A pesar de todo nunca me cansé del fútbol. Fue lo más lindo que me pasó en la vida. Aunque lo de Excursionistas me golpeó, no había día que pasara sin que me prendiera en algún picado. También jugaba campeonatos por guita y estaba en el famoso equipo de Llos Intocables.

Una de las cosas más lindas que me pasaron de pibe fue el torneo sudamericano que ganamos con un equipo de la villa, en lo que era el Circuito KDT. Representábamos a Paraguay, que no había podido viajar. Les pegamos un baile bárbaro a todos y en la final nos tocó Argentina. Ganamos tres a cero, con tres goles de papá.

Tendría unos 15 años cuando pasó eso. Y enseguida entré a Defensores, gracias a José Salegas, que mucho después se convirtió en el utilero del club. Yo lo conté varias veces. Me probó el Chele Gómez y a los 15 minutos me dijo que saliera. Ya me estaba yendo a mi casa cuando me aclaró que me sacaba para que fuera a firmar los papeles a la secretaría.

No me importó ir a Defensores de Belgrano siendo de Excursionistas. Yo lo que quería era jugar y de mi club me habían echado. Después, me daba igual si era Defe, Lamadrid o Comunicaciones.

Jugando en Defe nunca negué que fuera hincha de Excursio. ¿Que la rivalidad antes no era tan grande? ¡Era peor! Pero como yo andaba bien nadie me decía nada. En Defe metí goles, me hicieron como 25 penales, salimos campeones. De eso la gente vieja no se olvida. Ahora no, si los guachos te ven por la calle, si te pueden escupir, te escupen.

Yo nunca dejé de decir que a Defensores le debo todo y que le estaré agradecido siempre. Sería una mala persona si no lo reconociera, pero parece que igual fui declarado persona no grata. No saben el problema que me hago. No duermo... Cuando estuve con (el expresidente Eduardo) Deluca, me preguntó por qué no había ido a la fiesta de los 100 años. Si no me invitaron, le contesté. Eduardo es un fenómeno. Conmigo siempre se portó bien.

Otro tipo fuera de serie era el Flaco Chiti, el técnico que me puso de wing derecho. Me tiró la camiseta a mí porque se lesionó Vidal Ayala y bueno, tuve la suerte de romperla. ¡Qué persona, Chiti! ¡A este sí que lo dibujaron! Fue jugador, técnico, buena persona, todo. Si jugué de siete es porque me lo pedía él. Seguro que si era otro, desaparecía...

Muchas veces me preguntan si existió algún técnico que me indicara cómo jugar. Yo respondo que a mí nunca nadie me dijo nada. A vos pueden indicarte por dónde moverte, pero el fútbol no se enseña, es la inspiración que nace de la piel de cada uno. En Defensores, Chiti ordenaba en el vestuario: 'Ustedes denle la pelota a Quenó, que él sabe lo que hace'.

Ni siquiera Menotti me decía qué tenía que hacer en la cancha. 'Nene, usted vaya e invente', era lo único que me repetía. A veces me mandaba a pararme un rato sobre un lateral para que no subiera el marcador, pero nada más. Ojo, que eso lo hacía solo conmigo. Con los demás hablaba y laburaba un montón.

A Menotti no hay palabras para definirlo. ¿Ustedes a su padre lo quieren? Bueno, yo lo mismo. Él es el padre que no tuve. Aparte las enseñanzas que me dejó, como ser humano... Se valora demasiado eso. Para mi madurez fue muy importante. Él me bancó siempre, pero porque yo también entraba a la cancha y hacía lo que tenía que hacer. Lástima que en algunas cosas no le di bolilla. Si lo hubiera escuchado, quizás mi vida hubiera sido totalmente distinta...

¿En qué parte de la historia habíamos quedado? Ah, sí, a fines del 72 salimos campeones y me compra Huracán. Con lo que me correspondió por el porcentaje organicé la fiesta de casamiento con Olga. Fue en la cancha de Defensores, mirá vos, y fueron todos mis amigos, no faltó ninguno. ¿Olga dije? Mi esposa es un fenómeno. Si ella no hubiera estado no sé qué hubiera sido de mi vida.

Y del Globo, ¿qué podría agregar del Globo que ya no se haya dicho? Ah, sí. Hay algo que pocos saben. Resulta que a mí me dijeron en Defensores que tenía que ir a la AFA a firmar los papeles con mi nuevo club. Pero no me aclararon cuál era. Yo fui con la idea de que pasaría a River o Independiente. En la AFA me enteré que era Huracán. Unos días después arreglamos el contrato: me daban 140 000 pesos por mes, más los premios, con lo que llegaba a redondear 600 000. Eso era una fortuna para mí, que estaba acostumbrado a jugar por el pancho y la coca.

Es cierto que de chico yo simpatizaba con Boca y mi máximo referente era Ángel Clemente Rojas, pero cuando arranqué en la Quema le empecé a agarrar cariño y terminé haciéndome fanático.

Todos se acuerdan del campeonato del 73 y tienen razón, era un equipazo. Pero hubo otro, el del 76, con Ardiles y el Poroto Saldaño, que era mejor todavía, con la diferencia que no salió campeón. Lo dirigía el Gitano Juárez, que era

un maestro. Nunca se cambiaba para dirigir un entrenamiento, mascaba coca todo el día, de noche y durmiendo... Ganamos la primera rueda invicto y con muchos puntos de ventaja, pero en la ronda final perdimos con Boca uno a cero. Ahí empezó la gran campaña del Toto Lorenzo. Se salvó con nosotros, porque había entrado en las finales de casualidad, por la ventana...

Me sigo acordando del Gitano: decía que yo era el único que podía gambetear en el aire. Que lo haya dicho un tipo como él para mí era muy importante. No saben lo que me dolió que se haya muerto tan joven.

Tuve la suerte de que en Huracán me tocaron grandes técnicos. Otro fenómeno era Delem.

El brasileño hacía 80 años que estaba en Argentina y todavía no sabía pronunciar mi nombre: 'Jené, Jené', me decía. 'Venga a entrenar, Jené'. 'Yo vengo a entrenar, Lázaro', le contestaba, 'Lo que pasa que a veces llego tarde, Lázaro...'. Era más bueno que el agua mineral.

¿Seguimos hablado de técnicos? Y bueno, no me queda otra que volver a my father.

Menotti me pedía que fuera hasta la mitad de la cancha y después que no baje más, que lo agarre el cuatro, el diez o cualquiera. 'Pero usted no se me canse', insistía. Manejaba bien el vestuario: a veces nos cagaba a pedos. Venía en el entretiempo y se enojaba: 'Están jugando para el orto, qué carajo les pasa'. Una vez contra Racing nos levantó en peso como sorete con pala. En el segundo tiempo le hicimos cinco al Pato Fillol. Eso te motiva: yo pensaba: ¿por qué me voy a tener que comer que me caguen a pedos por estos logis (los rivales)? Entonces entraba y la rompía.

Otros grandes técnicos que tuve fueron don Mario Imbelloni, el Toscano Rendo, Cayetano Rodríguez, que tenía mucha similitud con el Flaco... Josecito Vigo era un muy laburador. Yo lo hice sufrir mucho... Todos ellos, además de saber bastante de fútbol, eran muy buenas personas.

También lo tuve a Pipo Rossi, pero solo un par de prácticas antes de irme a River. Quería que siguiera al defensor y que marcara más de lo que creara. Yo le retrucaba: 'Si quiere lo sigo hasta la casa, pero después para llegar al área rival me voy a tener que tomar un remíis'.

Uno al que también tuve nada más que uno o dos entrenamientos es Alfredo Di Stéfano, en River. Ya se había ido el finadito Labruna, otro fenómeno, y vino él. No le entendía nada, era lo mismo que hablar en jeringoso. Después volví a Huracán, porque en River las cosas no me salieron bien.

Recién me referí a los técnicos que tuve. Ahora hago lo mismo con los jugadores con los que fui contemporáneo. Ahí no hay tanto para analizar: de todos, el mejor, lejos, es Maradona. Hubo otros excelentes, pero al lado de Diego compiten por el segundo puesto. Brindisi era completísimo: generaba jugadas y las definía. Y de los de afuera, me quedo con el holandés Cruyff. Pero, bueno, como dije, nadie puede compararse con Maradona. Eso hablando de los que son más o menos de mi época, porque después llegó Messi y no tengo dudas: ese sí que es el mejor de todos.

Como persona Maradona me falló, un día que llevé a unos chicos a La Bombonera porque querían sacarse unas fotos. Él era mánager de Boca, o algo así. Cuando le fui a hablar no me dio ni la hora. Yo no iba a pedirle nada más que una foto para los pibes. Diego siempre se había portado de diez conmigo, inclusive me ayudó económicamente. Pero en esa sí que me defraudó.

En una época pasó algo parecido con Passarella. Él estaba dirigiendo a River y se había muerto mi vieja. Yo andaba sin un sope y fui a pedirle para el cajón. Como no me contestó bien, me enojé mucho. Durante varios años la buena onda que teníamos se cortó. Cada vez que el periodismo me preguntaba por él, yo lo mataba. Pobre Daniel, ¡cómo le pegué en las notas que me hicieron en el Mundial de Francia! Por suerte, el tema se arregló en el festejo de los 25 años del Mundial 78. Estábamos con todo el grupo de muchachos en el restaurante que Passarella tenía en Recoleta. Daniel se me acerca y me dice: 'Quiero hablar con vos'. Bueno, vamos. En la charla, salió el tema que a mí tanto me había molestado. Me explicó que lo había agarrado en un mal día y que estaba nervioso porque River no andaba bien, pero que nunca quiso ofenderme. Yo también acepté que quizás lo interpreté mal y ahí nos arreglamos. Él es un buen tipo y con el tiempo me lo siguió demostrando.

Estábamos hablando de la primera época de Huracán, ¿no? Sin dudas fue lo mejor que me pasó en mi carrera. Gracias a esa parte de mi trayectoria la gente todavía me quiere tanto. Me enorgullece eso. Aunque hace unos años, en 2011, algunos se me enojaron cuando el Globo perdió con Excursionistas por la Copa Argentina y salí festejando por la tele. Yo les pedí disculpas a los que se sintieron ofendidos. Dije que no actué con mala leche y es verdad. Lo que pasa es que yo nací en Excursio. Es un sentimiento muy fuerte. El que lo entendió, bien, y el que no, bueno... Igual, más adelante volví a la Quema y estuvo todo bien otra vez. Me acuerdo que tardé como un año en volver. Tenía un poco de miedo, no por mí, sino porque yo iba con mi nieto y no quería que, si alguien me gritaba algo, él la pasara mal. Pero por suerte no pasó nada. Después todo volvió a ser como antes. En 2014, cuando subimos a Primera, fui a festejar a Patricios como cualquier hincha.

Con respecto a mi época de jugador, parece que la gente se olvidaba de que yo no entrenaba y me perdonaban todo. Siempre fui un santiagueño fiaca y me gustaba más salir con mis amigos, pero en la cancha rendía y a la larga los hinchas te lo reconocen.

Nunca me gustó entrenar ni concentrar, eso lo admito. No estaba hecho para vivir en jaula, encerrado. Pero que en Huracán me escapaba de las concentraciones es mentira. Yo lo que hacía era irme si no me cumplían alguna parte del contrato. Pero nunca me escapé, salía por la puerta y listo. Si no me pagaban lo que me prometían, chau.

En algún momento me hicieron ver que con esas actitudes yo afectaba al equipo. Pero no tenía esa intención, hacía lo que sentía. Es más, siempre traté de tirar para mis compañeros. Si a veces hasta me hacía el lesionado para salir y que el suplente se ganara el premio. Esa la inventamos con Scalise, con Lulú (Sanabria), con Candedo.

Hubo un par de veces que me fugué, es verdad. Pero esas historias son distintas.

Una fue cuando tuvimos que hacer un viaje por Centroamérica. No fui. Dije que le tenía miedo a un huracán, el Fifí. Me querían explicar que ya había pasado como un mes atrás. 'Sí, pero todavía deber andar revoloteando por ahí', retruqué yo. Después mandaba que no quería viajar por temor al avión. Nunca le tuve miedo a los aviones yo... Lo que no quería era irme hasta allá, tan lejos. ¡Honduras! Dejá, qué lugar tan feo....

Otra es la famosa anécdota de la selección, la noche que salté el paredón de Luz y Fuerza y me rajé de Castelar. Sívori, que era el técnico, me quería matar. Más adelante me di cuenta que hasta él era un tipo que quería favorecerme. Que trató de ayudarme siempre. Pero como hablaba poco nunca llegamos a entendernos. Me terminó sacando del plantel. Eso fue en el 73.

Al poco tiempo renunció y asumió el Polaco Cap. Y al final él me convocó para el Mundial de Alemania. Me acuerdo que los borró a Bertoni y al Conejo Tarantini, y Daniel salió a declarar que por qué llevaba a Houseman y no a él. Yo me enteré mucho después y lo encaré: le dije que a mí no me nombrara más, que el que te pone o te saca es el técnico. ¿Qué tenía que andar haciendo nombres? Eso a mí no me gusta. Pero después, con el Gordo, todo bien. Terminamos siendo compañeros de pieza en el Mundial de Argentina.

Bueno, volvamos al 74. Sigo pensando que en ese Mundial teníamos mejores jugadores que en el del 78, pero no mejores personas. Varios fuimos a jugar al fútbol, mientras que otros se fueron a mostrar para que los contrataran los clubes europeos. Si nos eliminó Holanda con esa goleada, creo que fue justamente por eso. Yo tuve la suerte de hacer un lindo gol contra Italia. ¿Que lo cuente de nuevo? Debe ser la jugada que más conté en mi vida. Quizás sea el gol más importante de mi carrera:

Babington me la pone de zurda. Yo iba entrando por la izquierda. Uno de ellos, Burgnich, me parece, no llega y la pelota da dos piques. Me llega a mí y, de aire, se la clavo por arriba a Zoff, que salía desesperado a achicar.

Esa jugada la practicábamos con el Inglés en Huracán. La habíamos aprendido de memoria. Cuando él agarraba la pelota en el medio, yo encaraba al defensor, me frenaba de golpe obligándolo a que él hiciera lo mismo, y cuando eso ocurría volvía a picar. Entonces me llegaba la pelota y me iba solo.

Desde que entré en el segundo tiempo contra Polonia, comprendí que había mucho verso en eso de que los europeos eran superiores. Si los polacos terminaron pidiendo agua y a los tanos los pasamos por encima...

Nos clasificamos porque Polonia le ganó a Italia. Un día lo contó Quique Wolff y nadie tiene por qué negarlo: nuestro grupo hizo una vaquita y le fue a llevar la guita a los polacos para que le hicieran más fuerza a los tanos. Si las cinco lucas que puso cada uno influyeron, no sé, pero ganar, ganaron, y así Argentina pasó de ronda. Lástima que enseguida nos goleó Holanda, perdimos con Brasil y tuvimos que volver a casa. Antes empatamos con Alemania Oriental –metí otro gol–, pero ahí ya estábamos con la cabeza más en Buenos Aires que en Alema-

nia. Justo se había muerto Perón y el ánimo de la mayoría estaba por el piso. Yo también me largué a llorar como un nene...

Después a la selección la agarró el máximo. Menotti, obvio, y la cosa cambió. Él hacía jugar el fútbol que a mí me gustaba. El mismo de Huracán. Lástima que en el Mundial de acá defraudé a la gente. Claro que me sentí partícipe, pero no jugué como todos esperaban. Siempre pensé que me pasó por estar sobreentrenado. Eso a mí me resultaba contraproducente.

En 1978 pasó una de las cosas que más me impactaron en mi vida. No, ma' que Mundial. Esto fue algo triste, doloroso, que me hizo llorar muchísimo. Fue cuando tiraron abajo la villa. ¡Cómo se me caían las lágrimas! Yo estaba concentrado con la selección y ni siquiera pude estar con mi familia. Parte de mi vida se me fue con la villa. Yo hacía poco que me había comprado una casa cerca, pero mucha gente sin recursos tuvo que irse lejos. La villa no existe más, pero yo me siento villero y lo digo con orgullo. Nací villero y villero voy a morir. Vivir ahí fue lo mejor que me pasó. En ningún lado estaba tan tranquilo. Yo era feliz, no me faltaba nada. Me pasaba el día entero pateando contra el paredón. Siempre preferí un sánguche de salame antes que la comida más cara del mundo. Mis raíces están en el Bajo Belgrano. No podría vivir en otro lado. Cuando gané el primer mango en Huracán, pude haberme ido a un lugar mejor. A menudo me lo ofrecían, pero a mí no me interesaba. Una vez me convencieron y me tuve que mudar a un depa de Sáenz y Uspallata. No sé si duré un mes. Me piré porque además tenía a los de la CIA enfrente. Claro, viejo. Un par de dirigentes de Huracán vivían cruzando la calle. Me querían tener cerca para controlarme. ¡Dejá! Yo prefería estar con mi gente, porque la gente de la villa es la mejor de todas. Los contrarios y los hinchas rivales me gritaban 'villero' todo el tiempo. Esos gritos me hacían sentir bien. Ellos se pensaban que era un insulto, pero que me digan villero para mí era un orgullo.

Después del Mundial, mi historia con la celeste y blanca duró un añito más. El Flaco me dejó de llamar. Pienso que habrá sido por bajo rendimiento, en una de esas porque me volqué un poco al alcohol. Él ya no me veía bien, como antes. Me daba cuenta yo mismo. Y cuando vi que no podía más con la cruz dije no, no juego más. Chorear no me gusta. Eso me pasó, por ejemplo, en Excursionistas, el último año. Dije ya está, lo lamento con todo mi corazón, pero no puedo. Me dieron un cheque de 50 millones de pesos y lo devolví. Ahora digo que el fútbol me dio dos alegrías insuperables: una fue haber dado la vuelta olímpica como campeón del mundo en el 78, en el Monumental. La otra es haber jugado aunque sea un partido para Excursionistas.

Hubo años en los que todavía estaba muy bien, en los que pude irme al exterior o a los clubes grandes del país. Yo no quería salir de Argentina, aunque lo hubiese hecho igual para hacer una diferencia económica. Pero los dirigentes de Huracán me tasaban por las nubes y el pase nunca se hacía. Lo mismo que con Boca y River, que en una época se peleaban por llevarme. Mirá el negocio que hizo Huracán conmigo: más adelante terminaron dejándome libre... Con el presidente De Santis tuve 200 000 problemas, pero era buena persona. No me querían vender porque para ellos era fundamental que yo siguiera jugando en el club.

En el 81, sí, me fui a River a préstamo. Pero ya era en otra etapa, Ahí estaba de vuelta. Lamento haber desperdiciado esa oportunidad. En River estuve unos meses y me fui solo porque si no me iban a dar un shot en el que te jedi. Y con razón. Si faltaba a los entrenamientos viviendo a seis cuadras. Las veces que habré subido a la concentración con una jarra de vino disfrazada de Coca Cola...

En Independiente, tres años después, me escapé sin siquiera despedirme de Pastoriza, que se la había jugado por mí. Esa época sí que fue dura. Cuando se acabó lo de Independiente surgió lo de Sudáfrica y al poco tiempo aparecí en Alemania, para ver si enganchaba otro equipo. Justo esos días coincidieron con el partido que la selección de Bilardo hizo contra los alemanes en Frankfurt. Me agarraron los de El Gráfico en el hotel de la delegación y me hicieron una nota. 'Vengo a ver si puedo seguir choreando un poco', salió en la revista. ¡Mamita, qué época fulera esa! Mucho tiempo después me lo encontré al Pato Pastoriza en un bar y le pedí perdón. Me hizo bien reconocer que le había fallado.

Tampoco tuve problemas en aceptar que el escabio me arruinó. Sinceramente, no sabría decir con exactitud cuándo empezó mi adicción. Primero tomaba un vasito de vino, después dos, tres, hasta que me tomaba una botella entera. Calculo que sería después del 76, hasta entonces no salía tanto. Pero cuando empecé a salir me tomaba hasta el pulso. Eso me mató. Ahora algunos excompañeros dicen que no se acuerdan y otros que no me vieron, pero todos sabían. Otros trataban de aconsejarme, pero a mí me entraba por un oído y me salía por el otro. Yo pensaba que en la cancha igual la rompía. Hoy tengo claro que el alcohol me hizo largar el fútbol. En esa época no tenía las cosas claras y no ataqué el problema de raíz. Dejé la profesión y no la bebida. Pero hay algo que me deja tranquilo a pesar de todo, y es que me retiré a tiempo y no di lástima. Espero no darla nunca...

A mí nadie me obligaba a escabiar ni me ponían el vaso en la boca. Yo era consciente de que me estaba perjudicando solo. Lo hice porque quería. Me gustaba la bebida. Seguí así hasta que estuve muy grave. No tenía ni ganas de comer. Le daba todo el día al escabio. Ya era una vida 14/14, como el penado del tango. Venía jugando para Chacarita, o cualquier otro cementerio cercano. Decí que me pasé unas vacaciones en el hospital Durand, si no hubiera seguido chupando como loco. Estuve 22 días internado, en el 90. Yo pensaba que iba un rato y me volvía. Pero terminé tres semanas adentro. Me pusieron suero y no comí por no sé cuántos días. Me asusté y dije, no tomo más. Mi hermana me llevó y mi familia me ayudó, igual que los médicos. Pero en el fondo la decisión fue mía. Si uno no tiene voluntad de curarse, no se cura. A mí me aclararon que si no dejaba el escabio, me iba a ver fútbol en platea preferencial, allá arriba, sector cielo, fila 15. Gracias a Dios, ya lo superé. Ahora no se me cruza por la cabeza tomarme un vaso de vino. Cuando salí del Durand le había ganado al escabio. Pero no tenía un mango partido por la mitad. Y acá estoy, menos diez, como en el chinchón.

Eso que jugaba mejor si estaba en pedo es verso. Lo de entrar borracho a una cancha me pasó una sola vez, aquella del gol a Fillol en un partido contra River.

Un sábado me fui de la concentración de Huracán. Me habían dado permiso para ir a un cumpleaños un rato, pero yo volví en curda como a las 11 de la mañana. Me dormí dos horitas, salí a la cancha y metí un gol. Empatamos uno a uno y me tiré a seguir durmiendo. No daba más. Ese día estar en pedo me ayudó a hacer el gol. ¿Por qué? No sé, pero me ayudó...

Decía que ahora estoy menos diez. Y es así. Igual, nunca tuve tanta guita. Si la tenía, la gastaba. Yo decía: si mi familia y mis amigos están bien, listo. ¿Para qué quiero la plata? De todas maneras, creo que debí pensar un poco más en el futuro.

En qué la gasté, se preguntarán, ¿no? No sé. Seguro que en el teatro y en el cine no. Tal vez fui demasiado generoso con los que me mangaron y por eso muchos me tildaron de tarado. Pero lo hice de corazón. Nadie puede acusarme de haberme olvidado de mi gente. Ya está. También la disfruté, ¿eh? No me la robaron ni la tiré en la ruleta. El único escolazo que me gusta es el chinchón y siempre por unos pocos mangos. Tampoco gané fortunas. 30 años atrás no se pagaba con pala. La guita grande había que hacerla afuera. Quizás me perjudicó no haber tenido representante, que es como la policía: un mal necesario. Pero tampoco me regalé. Si yo quería 20 por ahí arreglaba en 15. Nunca agarré 15 cuando pensaba que merecía 40.

En la primera época de Huracán me llené de cosas que mucha gente decía que eran inútiles: casetes, estéreos, pilchas. Hasta un Torino último modelo me compré. Lo dejaba estacionado en la puerta de mi casa en la villa, sí, ¿qué problema había? Pude haberme comprado un buen departamento, pero creo que uno de los motivos por los que no lo hice es porque siempre fui un cómodo. No me gustaban las averiguaciones y todo ese tramiterío. Nunca lo soporté.

¿Cuál fue la mejor plata que vi? Y... la de Huracán, después del 73, y la de los dos Mundiales. Por suerte esa la agarró mi mujer y compramos el departamento de Echeverría y Libertador, donde vivimos hoy. Ahí estoy bien y tengo a mis hijos sanos, que es lo más importante.

Hay personas que son muy buenas conmigo y económicamente me dan una mano cuando lo necesito. Son esos famosos centros que me tiran, como yo los llamo. Me da mucha vergüenza, pero tengo que reconocer que pedí bastante. Eso sí, nunca chorié, aunque anduviera muy mal.

En 2006 conocí a Néstor Kirchner, por intermedio del mozo que labura en la Casa Rosada y le servía el café. Lo conozco de barrio. Kirchner me pareció un tipo bárbaro. Como era de Racing, me hablaba de Corbatta. Por suerte me atendió y pude conseguirle un trabajo a mi hija como telefonista de la Casa de Gobierno. Como dije, nunca robé, pero si me dan una mano no la desprecio.

En fútbol trabajé, pero muy poco. En Excursio, aquella vez en la Tercera División y hace poco con el plantel femenino... En Huracán una vez me ofrecieron un puesto en inferiores, pero por muy poca paga, casi por un pasaje de ida y vuelta. Y lo que yo precisaba era un sueldo para comer. Más adelante, en 2008, durante un tiempito estuve en el cuerpo técnico de Ángel Cappa. Fatiga Russo era el otro ayudante de campo. No duré porque nunca vi un mango. Hasta el remís que me llevaba a los entrenamientos tenía que bancarlo yo. ¿Cappa? Para mí estuvo mal. Me podía haber tirado una moneda, pero no me tiró ni un centro pasado. Igual no dije nada. Calladito la boca, dejé de ir. Calavera no chilla.

Para el partido final contra Vélez yo ya no estaba. En la semana compré cuatro plateas porque de todas maneras tenía pensado ir con mi familia a la cancha. Pero el domingo no aparecí. No sé qué me pasó... tenía cierta desconfianza con que nos caguen, a pesar de que con el empate éramos campeones. Y lamentablemente así fue. Ganó Vélez uno a cero. Una tarde muy triste para todos los quemeros.

¿Cómo? ¿Que quieren saber de qué vivo? Me las rebusco. La Mutual de Jugadores y la AFA me dan una mensualidad. Huracán también me entregaba algo, pero se cortó. Y después están los centros, la generosidad de la gente amiga. Un tipo sensacional como Néstor Vicente, Eduardo Deluca, Daniel Passarella. Pero no solo ellos: hubo muchísimas personas que me dieron una mano y les estaré por siempre agradecido. Sin darme plata directamente, otro que me ayudó fue Grondona. Recuerdo que cada vez que iba a ver a la selección y me metía en el vestuario a ver si conseguía alguna camiseta, él le decía a los utileros: 'A René, le dan todo lo que pida'. Don Julio ha sido muy bueno conmigo.

¿Qué más quieren que les cuente? Acá me ven, en Belgrano, como siempre. Voy a ver al Verde, a Huracán.... Paso casi todos los días a tomar una gaseosa por la Petrobrás de Pampa y Libertador, charlo con los empleados, con la gente del barrio... He jugado al fútbol cinco una vez por semana en el Polideportivo de Manuela Pedraza y Cramer... He bailado en la murga del Bajo con mis hijos, con mi nieto. Charlo con los chicos de la barra de Excursionistas. Son pibes fenómenos, yo me siento como uno más de ellos.

Y listo, llegué al final. ¡De cuántas cosas me acordé, eh! Capaz hay gente a la que le es muy complicado mirar así para atrás sin sentir nostalgia, y, con más razón, habiendo vivido todo lo que vivió uno, por ejemplo. A mí no me afecta para nada. No se puede vivir de los recuerdos.

Sí, ya sé. Dejo para lo último la pregunta que me hacen en todos los reportajes: '¿Te arrepentís de algo?'. Y qué voy a contestar: ¡Que no! El que se arrepiente en la vida, pierde. Lo hecho, hecho está. Ese es un pensamiento que mantuve siempre, igual que esta frase, que resume prácticamente toda mi vida: 'A mí, ¿quién me quita lo bailado?'".

CAPÍTULO 39

ANECDOTARIO

Como seguramente ha quedado en evidencia en esta obra, la chispeante personalidad de René Houseman ha dado lugar a las más desopilantes situaciones.

Son innumerables las anécdotas que lo tienen al Loco como protagonista. A lo largo de la investigación de este libro, los autores nos hemos topado con una cantidad difícil de precisar. Algunas salieron de boca del propio René. Otras fueron referidas por los entrevistados que compartieron junto a él diferentes períodos de su vida.

Muchas de esas simpáticas historias se encuentran diseminadas en los capítulos anteriores. Otras, elegimos dejarlas para el final, sin que ello implique que sean mejores o peores que las que ya se han citado. Al margen de todo comentario, de algo estamos convencidos: pese a que las historias que se han podido recopilar son cuantiosas, este libro solo contiene una pequeña porción, comparada con la infinidad de episodios jocosos que posee un personaje riquísimo en ese tipo de vivencias como es Houseman.

La gran mayoría de esos hechos divertidos probablemente se haya quedado a vivir para siempre en la memoria de René. Mientras tanto, hemos logrado que unos pocos pudieran salir a la luz. Y aquí los refrescamos, para placer de todos los que se han sabido regocijar con ellos.

DE TAN BUENO, SE QUEDÓ AFUERA

Rodolfo Chitti, el técnico del sensacional equipo de Defensores de Belgrano en 1972, no tenía grandes intenciones de poner a Houseman como titular, al menos en los primeros partidos del torneo. A veces entraba como refresco en el segundo tiempo. Vicente Vidal Ayala, que era el wing derecho titular (René todavía jugaba de volante), en más de una ocasión se acercó al banco y le sugirió al DT: "Ponelo al pibe, así también se gana el premio". En la quinta fecha, el destino obró de manera tal que una complicada lesión de Ayala lo obligó a dejar la cancha. En su lugar, improvisado en la función de puntero, entró Houseman. Y ya no salió nunca más.

EL REY DE LOS PENALES

Una de las grandes habilidades de René consistía en fabricar penales, tirándose en el área sin que los árbitros sospecharan del engaño. Una vez, un veedor de la AFA fue a observar un partido de Defensores de Belgrano, donde Houseman volvió a hacer de las suyas. El árbitro de turno cayó en la trampa y sancionó la pena máxima, pero el veedor comprobó que no había sido penal y el hombre de negro fue "parado" por una semana. Una fecha más tarde, Defensores fue dirigido por otro réferi, muy amigo del anterior. Este se apersonó a los dirigentes. "En cuanto vea que el siete finge una infracción, le saco tarjeta", amenazó. Eduardo Deluca, que manejaba el fútbol, le habló a René: "No hagas ninguna macana, mirá que este te echa". Houseman prometió portarse bien. A los 20 minutos de juego penetró en el área, y enganchándose él mismo, cayó pesadamente. El árbitro no dudó un segundo: salió corriendo y marcó el penal.

NO ERA COMO SE LO IMAGINABAN

Houseman fue contratado por Huracán en los primeros días de 1973, siendo casi un desconocido para el gran público. Antes de que se sumara a la pretemporada, sus compañeros solo sabían su apellido y que provenía de Defensores de Belgrano. Babington y Brindisi –los dos cracks que tenía el equipo de Menotti– esperaban darle la bienvenida a un rubio de físico corpulento, dado el origen alemán del apellido. Por eso, cuando vieron aparecer a René con su cuerpito esmirriado pensaron que era otra persona. "¿Y este es el famoso Houseman?", se miraron entre sí. Nunca esperaban encontrarse con un flaquito diminuto y, seguramente, tampoco con las maravillas que pronto le verían hacer dentro de un campo de juego.

CONOCIENDO A RINGO

El legendario boxeador Oscar Bonavena era un fanático confeso de Huracán. Con Houseman tuvieron la oportunidad de conocerse apenas René llegó al club. Sucedió en Mar del Plata. Más precisamente, en los partidos de verano donde el talento del Loco irrumpió para no irse más en ese magnífico 1973. René regresó de la ciudad balnearia en el potente Mercedes Benz de Bonavena. Congeniaron de inmediato. Cuando estaban llegando a la casa de Belgrano, Ringo lo sorprendió con una sugerencia: "Ahora, agachate en el asiento". Asustado, el Loco quiso saber el motivo. La respuesta fue: "No ves que acá está lleno de indios, estamos entrando a la villa". A la broma de Bonavena siguió un grueso insulto de René, obviamente, en un tono más que relajado. Poco después, el boxeador viajó para radicarse en Estados Unidos, país en el que fue asesinado en 1976.

PURA ESPUMA

Era febrero de 1973. Nuevamente en Buenos Aires, concurrió, como casi todos los años, a los bailes de carnaval que se festejaban en Excursionistas. Muy divertidos, sus amigos recordaron cómo René, que ya tenía alguna moneda en el bolsillo, gastó una llamativa suma de dinero en grandes cantidades de espuma.

SU VIDA ES UN CARNAVAL

En las primeras épocas de Huracán se hizo muy amigo de Francisco Russo, el volante central del equipo. Muchas veces, Fatiga pasaba a buscarlo por su casa del Bajo Belgrano para llevarlo al entrenamiento. Si no lo hacía, corría el riesgo de que a René se le hiciera tarde. Un día de febrero, Russo paró su auto en la puerta de su casa y comenzó a impacientarse porque el Hueso no salía. Cuando le pidió que se apurara, la respuesta de René lo dejó con la boca abierta: "No, hoy no voy a ir porque es carnaval y quiero quedarme acá jugando al agua...".

NADA DE PELEAS

Jugaban Rosario Central y Huracán por la Copa Libertadores, una noche de abril de 1974. En lo más caliente del choque, que era decisivo para conseguir el pasaporte a la semifinal, Burgos y Brindisi chocaron fuerte en la puerta del área y la pelota se fue al córner. Pero antes de que este pudiera ejecutarse, se armó un importante tumulto entre la mayoría de los jugadores, con insultos, manotazos y todos los condimentos de un partido de Copa de los años s70. El único que no participó del entrevero fue Houseman, quien se sentó sobre la pelota, se apoyó en el mástil del banderín de esquina y, silbando bajito, esperó el cierre del debate, mientras le sonreía a la platea rosarina, que clamaba enfurecida. Finalmente ganó el Globo y pasó a la siguiente ronda.

POBRE CABEZÓN

Las bromas en la concentración de la selección eran moneda corriente, y el Loco siempre estaba metido en alguna. Enrique Omar Sívori sufrió varias de sus excentricidades en la etapa previa al Mundial 74, siendo la gota que rebasó el vaso su espectacular fuga de la concentración de Luz y Fuerza. Pero antes de eso, hubo otras bromas más inocentes. Como una que tuvo como cómplices a varios compañeros, con Brindisi a la cabeza, que fueron a decirle al técnico que a Houseman no lo encontraban por ningún lado. Sívori montó en cólera y, dentro de la habitación del Hueso, profirió insultos al aire una y otra vez, con los jugadores como testigos. Hasta que René salió de su escondite –debajo de la cama– y preguntó con cara inocente: "Perdón, ¿me buscaban a mí?". Una carcajada general coronó el hilarante momento.

EL LOCO DE WEMBLEY

Houseman siempre reconoció que al margen del alcohol, su vicio incurable fue el cigarrillo. Empezó a fumar siendo un adolescente y llegaba al extremo de hacerlo en los entretiempos. Su costumbre todavía era motivo de sorpresa

cuando René hacía sus pasos iniciales en el profesionalismo. En la gira previa al Mundial de Alemania, la Argentina enfrentó a Inglaterra, en el mítico estadio de Wembley. El Loco formaba parte de ese plantel, que dirigía Vladislao Cap. En los instantes previos al partido, el técnico notó que contaba con todos sus jugadores, menos con René. Unos segundos después lo vio venir. Cuando supo la razón de su ausencia, no podía creerlo: se había ido a fumar un cigarrillo al vestuario. Ese día Houseman ingresó por Brindisi en el segundo tiempo. El partido salió dos a dos.

EL LOCO Y EL CHAVO

La fama del Loco trascendió las fronteras tras la sensacional actuación que tuvo en el Mundial de 1974. En aquellos días hasta el famosísimo Chavo del 8 se ocupó de hacer referencia a él. En realidad, fue el personaje conocido como Don Ramón el que, en un pasaje del célebre programa, dijo: "El wing derecho de Argentina es muy bueno". René acababa de romperla contra Italia, golazo a Zoff incluido.

CUALQUIER RIVAL LO MISMO DA

Otra de las grandes anécdotas del Hueso también está relacionada con ese Mundial de Alemania. La Argentina ya había pasado la primera ronda, cuando alguien lo consultó: "¿Sabés con quién nos toca ahora, no?", en referencia a Holanda. René, inocentemente repreguntó: "No sé, ¿con Japón o con Corea?", ignorando por completo que esos dos países ni siquiera estaban en el Mundial. Con sus 20 años recién cumplidos, el Loco no entendía de rivales: lo único que le importaba era jugar.

SUPLENTE DE LUJO

La siguiente historia fue narrada por Ángel Cappa, una de las personas que más admiró sus genialidades. El director técnico, que en una época colaboró con César Menotti, relató:

"De todos los locos que conocí, o que vi jugar, les quiero hablar de quien quizás haya sido el más loco o el más genial: René Houseman. El Loco Houseman se escapó de todos los moldes, y no solo en el fútbol. Vivía –y vive– como jugaba: por inspiración. En él no había nada preparado ni programado. Siempre salía por donde nadie lo esperaba. En la cancha y en la vida.

El Gitano Juárez, fuente inspiradora de todo el menottismo, incluyendo a Menotti, llegó a decir de él que era más genial que el mismo Pelé, 'porque Pelé, dentro de su permanente creatividad, finalmente hacía lo que uno podía sospechar, por más difícil que fuera', decía el Gitano, 'en cambio Houseman inventaba lo que no estaba escrito en ninguna parte. E inventaba siempre, en cada jugada, en cada pelota de cada partido'.

Menotti, que fue su entrenador, me dijo que en 1973 cuando René recibía la pelota en los últimos 25 metros no había alternativas, era penal o gol. Iba a decir que era un gambeteador nato, pero en realidad fue mucho más que eso. Claro que gambeteaba, y con una facilidad inexplicable. Los dejaba dados vuelta a los defensores, pero no paraba ahí la cosa. En todo caso, la gambeta era solo una parte de la jugada que siempre sorprendía. Houseman redujo el asombro a un hecho natural y cotidiano.

Tuvo tres o cuatro años de apogeo, después, con la misma naturalidad con que llegó, se fue alejando, sin que nadie pudiera hacer nada para evitarlo. Hay una anécdota que quizá lo explique un poco: un sábado por la tarde, René no aparecía por la concentración de Huracán, y Menotti se empezó a poner nervioso. Una hora más tarde le dice a Poncini, 'acompáñame que ya sé dónde debe de estar'. Llegaron al Bajo Belgrano, donde vivía en esa época (1972-73), y en una de las canchitas del barrio se estaba jugando un partido, rodeado de la gente del lugar.

El Flaco mira y no lo ve. Se estaba tranquilizando cuando de pronto lo encuentra en el banco de suplentes. Se acerca, le toca el hombro y le pregunta: 'René, ¿qué hacés acá, viejo?'. '¿Qué hago acá?', contestó Houseman, 'fíjese en el titular, es un fenómeno'. Él pensó que Menotti le reprochaba su suplencia en el equipo del barrio y no su ausencia en la concentración de Huracán, para jugar al otro día un partido oficial".

René estaba al tanto de la anécdota que Menotti le relató a Cappa. Sin desmentirla ni mucho menos, le agregó su particular punto de vista:

–Esa fue la única vez que my father fue a buscarme a la villa. Yo ahí iba al banco porque al otro día tenía que jugar en Huracán. Era un tipo consciente, mirá vos...

DE CARA AL ALAMBRADO

Antes de que la AFA adquiriera el predio de Ezeiza, la selección entrenaba en diferentes lugares. En cierta ocasión tuvo que trasladarse hasta un lugar inhóspito del Gran Buenos Aires, bastante lejos de la capital. Allí estaba el Loco, quien, aprovechando un alto en la práctica, se acercó a un alambrado y comenzó a mirar hacia el lado de afuera. Algunos compañeros notaron el extraño comportamiento e intentaron averiguar qué le sucedía. La respuesta los dejó atónitos: "Hace rato que me quiero rajar y por acá no pasa ni un bondi. ¿Dónde miércoles estamos?".

Era difícil saber si René hablaba en serio o en broma. Más parecía esto último, sobre todo porque el Loco estaba en cueros y sin una moneda en el bolsillo. Aunque tratándose de él, nunca se sabe...

VESTIDO PARA MATAR

La selección jugaba con Paraguay un amistoso en 1976. Vestidos de elegante sport, tal como se estilaba en aquella época, los jugadores llegaban a la concentración. De repente, apareció el Hueso, desentonando con su vestimenta muy particular: pantalón buzo, zapatillas de entrenamiento y la camiseta argentina

puesta. Sus compañeros lo acribillaron a cargadas. René, sin hacerse problemas, contestó: "¿No dicen que tenemos que vivir el partido permanentemente? Y, bueno, viejo, yo ya lo estoy viviendo".

ABAJO LAS MEDIAS

Las medias bajas fueron una constante en su carrera. Las usaba de ese modo, contrariando lo que figuraba en el reglamento. Sin embargo, a él lo autorizaban a hacerlo: "Yo aducía que tenía problemas en las piernas y que no podía llevarlas hasta las rodillas -explicó tras su retiro–. Por eso, iba a la AFA una vez por año y me daban un permiso especial. Pero era verso. Yo las usaba caídas porque me resultaba más cómodo".

A LA NOCHE SOÑABAN CON ÉL

Muchos defensores que tuvieron la difícil misión de marcarlo, terminaron haciendo papelones ante todo el estadio. Algunos no se la aguantaban y le hacían sentir el rigor de las patadas. Por ejemplo, un lateral izquierdo de Atlanta llamado Ramón Ledesma. Según el Loco, "me pegaba hasta por las dudas".

Otro que no soportaba la humillación de ser bailado era Horacio De Filippo, de Ferro. Cansado de los golpes, René reaccionó a su manera: "Me harté. Antes los jugadores se ataban las medias con cordones en vez de elásticos. Yo las llevaba caídas, pero el cordón lo tenía, por las dudas. Ese día con Ferro, me lo saqué, se lo puse arriba del hombro a De Filippo y le dije: 'Che, Tano, agarrame ahora si querés...'. Para qué. Me tiró la más baja a la altura de la rodilla. Creo que todavía me está corriendo".

CARCAJADAS DE SELECCIÓN

En la serie internacional previa al Mundial 78, la Argentina enfrentó a Yugoslavia. En el medio del partido ocurrieron varios diálogos dignos de ser mencionados entre el Loco y el banco de suplentes:

–Va a comenzar el segundo tiempo. Menotti le habla a Houseman: "Ahora usted va a picar a ese tres que está asustado". La respuesta del puntero: "A ese (lo mira) me lo como crudo". Y le hace morisquetas.

–La pelota en juego. El marcador Vujkov se va al ataque. Houseman se acerca al banco y consulta: "¿Qué hago, César, lo sigo?". El técnico: "No se preocupe, René, que ese lo va a tener que correr a usted".

–Y la máxima: 27 minutos del complemento. El DT yugoslavo grita algunas indicaciones a sus jugadores. Desde el banco se escucha una voz que le requiere a Houseman: "¿Entendiste lo que dijo, René?". Y la rápida salida del wing, con cara de saberlo todo: "Seguro, viejo... Le dijo al tres que me tiene que encimar porque soy un fenómeno". Las carcajadas inundaron el sector de los suplentes.

CHOQUE INCONVENIENTE

En el Metropolitano de 1978 le dieron la suspensión más larga de su carrera: 15 fechas. El episodio, que ya fue narrado en este libro, ocurrió cuando tuvo un encontronazo con Norberto Peratta, quien entonces defendía la valla de Gimnasia de Mendoza. El Hueso contó su versión con la chispa que lo caracteriza: "El único gran lío que tuve en una cancha de fútbol fue con Peratta. Chocamos, caímos y desde el suelo nos desafiamos a pelear. Pero no terminaba nunca de ponerse de pie, medía como dos metros. Yo decía para mis adentros: 'Este me come vivo'. Se armó un lío bárbaro. Me volví loco porque el juez me expulsó. Me pareció injusto, y detrás insulté al árbitro, a los líneas, a cualquiera que se me pusiera enfrente. Lo que era para un partido de suspensión al final fueron como cuatro meses. Me dieron todas las accesorias posibles y hasta pagué las costas".

EL LOCO Y EL CONEJO

Houseman enloqueció a muchísimos adversarios que, en vano, intentaron neutralizar su habilidad. Pero uno al que le costaba superar era Alberto Tarantini. El Loco reconoció que el Conejo fue el hombre que mejor lo marcó: "Siempre me ganó, pero de chamuyo. Me hablaba sin insultarme. Me decía: '¿Otra vez por acá? Andá por la otra punta, que está Pernía. Esta noche vamos a cenar con la familia, ¿no?'. Yo le retrucaba: 'No, Pernía me pega mucho'".

Tarantini compartió la misma visión, aunque agregó un dato que el wing derecho omitió mencionar: "Siempre lo marqué bien. ¡Qué personaje increíble era René! De cábala, se metía pastillas DRF de anís en los bolsillos y en medio del partido trataba de distraerte: '¿Conejo, querés una pastilla?', me preguntaba".

CONFUNDIDO POR EL IDIOMA

En una gira que Huracán realizó por Europa, el plantel se encontraba en el aeropuerto de Madrid, aguardando abordar un vuelo. René matizaba la larga espera, mientras saciaba su sed. Él mismo relató lo que sucedió después. "De repente por los altavoces se escucha: 'A los pasajeros pasaremos a cogerlos por tal lugar'. 'A mí no me coge nadie', grité. Tenía un pedo terrible...".

DIALOGANDO CON MY FATHER

Luego de haber ganado el Mundial, Menotti escribió un libro donde dio a conocer diversas intimidades vividas en la concentración. Una de ellas tuvo como personaje principal al Hueso. El diálogo parecía muy triste:

"–Oiga, René, ¿qué le pasa?

–Nada, César, nada...

–Me parece que a usted le hace mal vivir como profesional. Al final tanta comida, tanta vitamina, entrenamiento y después resulta que ya no me tira un caño, que no me deja tres tipos tirados en el piso. Esto no camina, René, me parece

que lo voy a mandar de vuelta a su casa y lo voy a llamar media hora antes de los partidos.

–Eh, César, ya sé que no anduve muy bien. Pero vio cómo corro a los rivales, estoy más metido en el partido...

–Ah, no es esa una excusa. ¿Se cree que yo lo llamé para correr gente? No, eso es un complemento. A usted lo quiero para que toque, se hamaque, desborde y tire caños en el área contraria".

Cuando la Argentina ya tenía el título, el Loco confesó haber defraudado a la gente por estar lejos de su rendimiento habitual. Fundamentó su bajo nivel en el hecho de que estaba más preocupado en correr que en inventar.

TERAPIA INEFICAZ

Una vez, Houseman tuvo un disparatado diálogo con el periodista Rodolfo Bracelli, cuando este lo consultó si alguna vez había hecho terapia:

–¿Cómo adivinó?... Una vez creo que De Santis, que era vicepresidente de Huracán, me dijo que me hacía falta, urgente, un psiquiatra. "No estoy loco", le dije. Me contestó que tenía que ir para curar mi afán desmedido por gastar... Pero resulta que, para que el psiquiatra me curara de mi enfermedad de gastador, yo tenía que gastar en el psiquiatra. Y entonces, ¿en qué quedamos? Medio locateli soy, pero no bol... ígrafo.

PRONÓSTICOS EN PAMPA Y MIÑONES

Daniel Alberto Passarella culminó su etapa como jugador y regresó de Italia para dirigir a River en 1990. Un día pasó por la sede de Excursionistas, en busca de Houseman. Quería saludarlo. Charlaron y quedó planteado el desafío de un partido Excursionistas-River. Se jugó algunos días después, con el arbitraje de un miembro caracterizado de la barra albiverde, el Banana Antonio, quien no tuvo reparos en expulsar al ayudante de campo, Américo Gallego, "porque me estaba rompiendo las pelotas". Poco antes, Gallego y el profesor Pizzarotti le daban indicaciones a un jovencito que estaba por entrar. El Tolo le gritó a René, que conversaba con el Káiser unos metros más allá: "Loco, este dentro de poco va a ser como vos". Passarella interrumpió: "Para ser como René tiene que nacer diez veces". El pibe, que todavía no había debutado en Primera, escuchaba calladito y con mucha vergüenza. Se llamaba Ariel Ortega.

Ocho años después, Houseman criticó al jujeño, que estaba en el punto más alto de su carrera: "Parece una calesita". Al poco tiempo cambió de opinión: "Es un jugadorazo, me gusta un montón. ¿Lo de calesita? Cuando se sacó la sortija dejó de serlo".

EL COMPINCHE

El tal Banana, que en realidad se llama Tomás Antonio Simere, vivía en la villa del Bajo Belgrano y conoció a René "cuando vino de Santiago del Estero, desde que era chiquitito". Más allá de la cómica situación en el amistoso con River, este personaje protagonizó junto a Houseman unas cuantas anécdotas más, que él mismo narró:

–En Navidad del 74 yo venía en pedo y, sin querer, empujé a Olga, la esposa de René, y la hice caer. Al ver esto, él me tiró una trompada que me volteó y salió corriendo. Cuando me levanté para ir a buscarlo ya se había escondido debajo de una cama en la casa de los suegros.

–»En cierta ocasión Huracán se iba de gira por algún lugar de Sudamérica. René no tenía ganas de viajar. "Banana, vení con el auto a Ezeiza y quedate esperando", me dijo. Los jugadores se despidieron de los familiares y empezaron a subir por la escalerita. Una vez que habían subido todos, René se hizo el boludo, se dio la vuelta y al rato estábamos en el Bajo. Cuando el avión llegó, todos se preguntaban: ¿y el Loco dónde está?

–»En el 77 estaba entrenando con la selección en Mar del Plata. Recién se había comprado un Peugeot 504 cero kilómetros, muy de moda en ese momento. Me llama y me dice: "Venite con el auto que quiero dar unas vueltas". Agarré unos amigos y salí para allá. En la rotonda de Mardel nos paró la policía y nos obligó a dejarlo porque no teníamos los papeles. Me tomé el bondi hasta el hotel de la selección y cuando llegué, me lo encontré a Menotti. "¿Qué anda buscando, Banana?", me preguntó. Le expliqué todo y él mismo me llevó a la comisaría 1ª a buscar el auto.

–»Con los pibes de la villa, un año jugamos la final de un campeonato en el club IMOS, al lado de Defensores de Belgrano. Faltaban cinco minutos para empezar el partido y de repente se aparece René con otro muchacho. Nos piden camisetas para jugar pero se las negamos. "No, te van a cagar a pedos en Huracán", lo tratamos de convencer. Pero tanto insistió que al final jugaron. El otro pibe era Ardiles.

LA RESPUESTA QUE NO ESPERABA

A Houseman nunca le gustó demasiado compararse con los delanteros que vinieron después de él. "No sé quién se me parece, eso no lo puedo decir yo", solía atajarse. Sin embargo, nunca ocultó su debilidad por Javier Saviola. "Aparte es fanático de Excursionistas", sostenía René, quien una vez contó una anécdota que involucró a ambos, en el 2003.

–Jugaron Argentina-Brasil en la cancha de River. Ganamos y me fui al vestuario a saludar a los muchachos. Sorín me regaló la camiseta. Lo saludé a Saviola y me dijo: "Lástima que perdimos". "¿Cómo? ¿Si les pegamos un baile bárbaro a los negros estos?", le contesté. "No, don René, perdimos el otro día con Colegiales". Me mató. No lo podía creer, acaba de jugar un partidazo con Brasil y me sale con Excursio... Un fenómeno Javier.

En esa oportunidad fue René el que resultó burlado por la ingeniosa salida de su interlocutor.

EL GENIO LLAMÓ A LA PUERTA

Más o menos por esa misma época fue con un grupo de hinchas de Excursionistas a festejar el cumpleaños de otro hincha, a la localidad de Villa Fiorito. Era un día laborable, a media mañana. Ya en casa del agasajado, que quedaba en una calle de tierra sobre el arroyo Unamuno, alguien quiso presentarle a René a unos vecinos, fanáticos de Huracán. Estos, cuando lo vieron en la puerta, no podían creer que se trataba de Houseman. Fascinados, lo invitaron a pasar y lo colmaron de atenciones, mientras los otros festejaban en la casa de la vuelta. A las nueve de la noche, sus amigos tuvieron que pasarlo a buscar. Sus admiradores no querían dejarlo ir.

EL SUR NO ERA PARA EL LOCO

También en esa época lo invitaron a dar una charla en la ciudad de Trelew, provincia de Chubut. Allí, la dirigencia de Brown de Puerto Madryn se contactó con él y arribaron a un acuerdo para nombrarlo asesor de esa entidad, que militaba en el Torneo Argentino A. René vivió en la Patagonia algunas semanas. "Me siento muy bien. Veo jugadores, me encargo de poner las cosas en orden para los pibes. Estoy acostumbrándome al frío. Te imaginás, yo soy santiagueño", le dijo al diario Río Negro. Pero la aventura se terminó pronto. El Loco se hartó y abruptamente cortó la relación. "Allá estaba pintado. El técnico no me daba ni bola y dije ma' sí, que se vayan a la concha de su madre...". Y se volvió a Buenos Aires.

QUERIDO HASTA POR LOS CONTRARIOS

Aun siendo un furioso hincha de Huracán, Houseman fue aplaudido por la gran mayoría de las hinchadas, inclusive la de San Lorenzo. Una anécdota lo corrobora: "En la década del n90 fui a ver al Globo contra los cuervos, en la cancha de Vélez. Voy caminando para entrar por nuestra puerta y veo que viene toda la gente de San Lorenzo. 'Uy, acá me matan', pensé. Pero no. 'Grande, Loco, fenómeno', me gritaban. Por suerte, los hinchas de todos los equipos me quisieron".

MODELO MASCULINO

Poco antes del Mundial 2002, Direct TV lanzó su programación con una recordada publicidad televisiva. En ella, los excampeones mundiales de 1978 realizaban desopilantes pasos de baile, bastante excedidos de peso y vestidos con la ajustada ropa deportiva de la época. René era parte del aviso. En una nota para El Gráfico, le formularon algunas preguntas sobre esa cuestión:

–¿Te pagaron bien?

–Sí, igual solo me quedaron 50 centavos.

–¿Quién fue el que mejor actuó?

–Yo, sin dudas. Estuve fenómeno. Los peores fueron Fillol y Ortiz, un desastre, je. Pero nos cagamos de risa.

–¿No te viste medio ridículo bailando con esas remeras viejas?

–¿Ridículo con tres lucas en el bolsillo?

CAPÍTULO 40

TODAS SUS ESTADÍSTICAS

Estos son los números completos de René Orlando Houseman, desde su debut hasta su despedida. Están incluidos todos sus partidos por el torneo local –en Primera División y en el ascenso–, la Copa Libertadores y la selección nacional. Por haber sido imposible acceder a ellos, solo faltan los detalles de sus actuaciones en clubes del exterior: Colo Colo de Chile (1982) y Amazulú de Sudáfrica (1984).

En Defensores de Belgrano

Debutó el 29 de mayo de 1971, contra Almirante Brown, por la novena fecha del campeonato de Primera B. Empataron dos a dos.

En total, jugó 41 partidos, ganó 24, empató 10 y perdió 7.

Fue reemplazado en cuatro oportunidades, mientras en otras cuatro ingresó por un compañero.

Convirtió 16 goles. El primero se lo hizo a Curti, de Nueva Chicago, el 6 de noviembre de 1971. Defensores de Belgrano descendió a Primera C al cabo de esa temporada. Los restantes 15 los señaló en dicho torneo de Primera C, en el cual Defensores de Belgrano fue campeón. De inmediato lo transfirieron a Huracán.

Su arquero más vencido fue Morán, de Colegiales: le hizo tres goles, todos en un mismo partido. Fue el 2 de diciembre de 1972, día en que Defensores se consagró campeón.

Tuvo una segunda etapa en el club, ya que regresó en 1982. Pero solo jugó un partido, el 27 de febrero. Defensores de Belgrano derrotó dos a uno a Chacarita y fue reemplazado por Ángel Ronci.

En Huracán

Debutó el 4 de marzo de 1973, contra Argentinos, en Parque de los Patricios. Ganó Huracán seis a uno y René no hizo goles.

En total, jugó 266 partidos, ganó 129, empató 72 y perdió 65.

Convirtió 110 goles. All Boys fue su equipo más batido: 12 veces. Antonino Spilinga fue el arquero al que más goles le marcó: siete (cinco en All Boys y dos en Argentinos).

Se primer gol se lo marcó a Juan Carlos Delménico (Newell's) en su segundo partido en Primera, el 9 de marzo de 1973. A César De la Colina (Gimnasia de Jujuy) le metió el último gol de su campaña, el 30 de septiembre de 1981.

Fue reemplazado en 37 oportunidades, mientras que en 4 ingresó por un compañero.

Lo expulsaron siete veces.

Ejecutó 12 penales: 7 convertidos, 3 atajados (Luraschi, de Ferro; Munutti, de Argentinos; y Trucco, de Unión); y 2 desviados (contra Ghibaudo, de Temperey; y Munutti, de Argentinos).

Estuvo en tres períodos diferentes:

-Desde su debut hasta 1980.

-En el Nacional 1981.

-En el Nacional 1983.

Obtuvo un campeonato: el Metropolitano 1973.

En River Plate

Debutó el 11 de marzo de 1981, contra Estudiantes, en La Plata. Ganó River tres a dos.

Jugó 12 partidos, ganó 4, empató 5 y perdió 3.

Fue reemplazado en seis oportunidades, mientras que en dos ingresó por un compañero.

Convirtió un gol: a Piccard, de Colón de Santa Fe, el 15 de marzo de 1981.

En Independiente

Debutó el 11 de marzo de 1984, contra Chacarita. Independiente ganó tres a cero.

Jugó tres partidos, ganó uno, empató uno y perdió uno.

Fue reemplazado en dos oportunidades, mientras que en uno ingresó por un compañero (en su debut).

No hizo goles.

En Excursionistas

Jugó un partido: el 16 de marzo de 1985, contra Deportivo Armenio. Esa tarde ingresó por José González a los 19 minutos del segundo tiempo. El partido terminó cero a cero.

En la Copa Libertadores

Su participación en el máximo torneo continental es curiosa. Jugó 15 partidos representando a cuatro clubes diferentes. En diez de ellos estuvo con la camiseta del Globo y los restantes cinco partidos se los reparte en tres clubes diferentes. Este es el detalle completo:

-En Huracán:

Jugó diez partidos en la edición 1974. Ganó siete, empató dos y perdió uno. Su equipo quedó eliminado en semifinales.
Hizo un gol: a Colo Colo, en Chile, el 7 de marzo de 1974.
Fue reemplazado en un partido por Scalise.

-En River Plate

Jugó estos tres partidos, por la edición 1981:
3-4-81: Dep. Cali (Colombia) dos - River uno (ingresó por J. J. López).
21-4-81: River uno - Dep. Cali (Colombia) dos.
19-5-81: River tres - Rosario Central dos (ingresó por Heredia).
No hizo goles.

-En Colo Colo

Jugó un solo partido, por la edición 1982:
4-8-82: Colo Colo (Chile) cero - Cobreloa (Chile) cero.

-En Independiente

Jugó un solo partido, por la edición 1984:
30-3-84: Independiente dos - Luqueño (Paraguay) cero (ingresó por Clara).
No hizo goles.

En la selección nacional

Su participación se divide en partidos oficiales y no oficiales. Los primeros son los que la selección disputó en contra de otras selecciones, mientras que los encuentros que la Argentina jugó contra combinados y equipos de club no son considerados por la FIFA.

-En partidos oficiales:

Jugó 55 encuentros, ganó 30, empató 14 y perdió 11.
Debutó el 17 de mayo de 1973, contra Uruguay. Empataron uno a uno.
Fue reemplazado 15 veces. Entró por un compañero en 13 oportunidades.
Señaló 11 goles. El primero se lo hizo a Rumania, el 22 de abril de 1974.
Perú fue el rival al que más goles le convirtió: cinco
Ramón Quiroga –del mismo país– fue el arquero al que más batió: tres goles.

-En total:

Jugó 71 partidos, ganó 37, empató 20 y perdió 14.
Debutó el 15 de marzo de 1973, contra el Palmeiras de Brasil, en la cancha de Racing. Empataron uno a uno.
Fue reemplazado 17 veces. Entró por un compañero en 16 oportunidades.
Señaló 16 goles. El primero se lo hizo al combinado Olimpia 73, el 9 de julio 1973.

Su despedida se produjo el 25 de junio de 1979, contra Resto del Mundo. La Argentina perdió dos a uno en el Estadio Monumental.

-En Copas del Mundo:

Debutó el 15 de junio de 1974, contra Polonia. La Argentina perdió tres a dos.

Jugó 2 Mundiales: Alemania 74 y Argentina 78, totalizando 12 partidos, de los cuales ganó 6, empató 2 y perdió 4.

Fue reemplazado cuatro veces. Entró por un compañero en cinco oportunidades.

Señaló cuatro goles. El primero se lo hizo a Italia, el 16 de junio de 1974.

Sus títulos

-Campeón de Primera C con Defensores de Belgrano, en 1972.

-Campeón del Metropolitano 1973, con Huracán.

-Campeonato Mundial Argentina 1978.

-Campeón con Argentina de la Copa Félix Bogado (contra Paraguay) en 1976.

-Campeón con Argentina de la Copa Lipton (contra Uruguay) en 1976.

-Campeón con Argentina de la Copa Newton (contra Uruguay) en 1975 y 1976.

-Campeón con Argentina de la Copa Ramón Castilla (contra Perú) en 1976 y 1978.

-Campeón Apertura de 1982, con Colo Colo de Chile.

-Copa Libertadores 1984 con Independiente. Estuvo en la nómina del equipo campeón, a pesar de que ya se había desvinculado del club.

SOBRE LOS AUTORES

Federico Topet nació el 10 de julio de 1967 en Santa Rosa, La Pampa. Se recibió de profesor de Educación Física en el INEF, de San Fernando, en 1990, y de Licenciado en Actividad Física y Deporte en la Universidad de Flores, en 2004. Profesor en distintas instituciones, es titular en la Escuela de Educación Especial N° 504, de Vicente López, desde 1993. Director del Centro de Formación Laboral Nº 1 de Tigre desde el 6 de junio del 2008. Entre 1998 y 2003 fue secretario y, posteriormente, vicepresidente del Club Excursionistas.

Pablo Wildau nació el 27 de abril de 1972 en Capital Federal. Es egresado de la Escuela del Círculo de Periodistas Deportivos. Se inició en la profesión como colaborador de la revista Solo Fútbol, trabajando luego en diversos medios de comunicación. De uno de ellos, la revista Esto es el ascenso, fue su director entre 1996 y 1998. Es autor de tres libros relacionados con la historia del Club Atlético Excursionistas. En 2006 editó el libro 20 años de futsal en la Argentina y en 2011 fue el turno de 25 Años de futsal en la Argentina, obras dedicadas al fútbol de salón de la Asociación del Fútbol Argentino. Actualmente edita la revista La voz del futsal, semanario deportivo referido a la misma actividad. En 2014 escribió el libro Bienvenidos a la radio, acerca de FM Metro. Es miembro del CIHF (Centro para la Investigación de la Historia del Fútbol), entidad que nuclea a periodistas e investigadores de la Argentina y el mundo.

www.ingramcontent.com/pod-product-compliance
Lightning Source LLC
LaVergne TN
LVHW090935230826
846093LV00006BA/52

* 9 7 8 9 8 7 8 9 4 3 0 1 5 *